KB020240

영어독립 VOCA 3000 ❸

영어독립 VOCA 3000 ❸

초판 1쇄 인쇄 2024년 06월 12일
초판 1쇄 발행 2024년 06월 19일

지은이 상상스퀘어 영어독립콘텐츠팀
펴낸이 고영성

기획 김주현 편집 김채원, 박희라 디자인 강지은
영문 감수 Chadwick Mary Katherine

펴낸곳 주식회사 상상스퀘어
출판등록 2021년 4월 29일 제2021-000079호
주소 경기도 성남시 분당구 성남대로 52, 그랜드프라자 604호
팩스 02-6499-3031
이메일 publication@sangsangsquare.com
홈페이지 www.sangsangsquare.com

ISBN 979-11-92389-66-0 (14740)
979-11-92389-63-9 (세트)

영어독립 VOCA 3000

3

상상스퀘어 영어독립콘텐츠팀 지음

상상스퀘어

머리말

여러분은 양질의 정보를 얻고 계십니까?

오늘날 정보 접근성이 과거에 비해 나아진 것은 사실입니다. 하지만 여러분은 정말로 양질의 정보를 얻고 계시나요? 양질의 정보는 어디서 어떻게 얻을 수 있을까요? 양질의 정보를 얻기 위해서 우리가 해야 할 가장 중요한 한 가지가 있습니다. 바로 '영어 읽기'입니다. 영어로 된 정보에 접근하느냐 못하느냐는 전쟁에서 칼로 싸울지 총으로 싸울지에 관한 문제와 같습니다. 영어 읽기가 어려우면 접근할 수 있는 정보가 한국어로 제한됩니다. 게다가 누군가가 번역한 후의 정보를 접한다는 것은 이미 속도에서 뒤처졌다는 의미이기도 합니다. 그래서 영어를 알면 정보 습득의 범위와 속도가 향상되고, 당연히 경쟁에서 유리한 고지를 차지할 수 있습니다.

영어 공부에는 여러 방법이 있지만, 영어 읽기만 놓고 본다면 가장 효과적인 방법은 꽤 명확합니다. 바로 배경지식과 단어를 공부하는 것입니다. 이것만으로도 어느 정도의 독해는 무리 없이 할 수 있습니다. 특히 단어를 공부하는 것이 빠르고 효과적입니다. 그럼 영어 단어를 어떻게 효율적으로 똑똑하게 공부할 수 있을까요? 바로 우선순위가 높은 단어들을 먼저 공략하여 완전히 내 것으로 만드는 것입니다.

〈영어독립〉은 영어 공부를 효율적이고 똑똑하게 할 수 있도록 도와주는 '영어 단어 학습 서비스'입니다. 〈영어독립〉은 최근 20년간 National Public Radio(미국 공영 라디오)

기사에서 사용된 영단어들을 표제어 추출(Lemmatization)을 통해 우선순위를 완벽하게 분석했습니다. 또한 단순히 우선순위가 높은 단어를 제공하는 것을 넘어, 여러분이 암기한 단어가 장기 기억으로 이어질 수 있도록 돕는 '인공지능 퀴즈'를 제공합니다. 이 인공지능 알고리즘은 데이터를 바탕으로 여러분께 틀리기 쉬운 단어를 반복적으로 노출함으로써, 모르는 단어를 확실히 짚고 넘어갈 수 있게 도와줍니다.

《영어독립 VOCA 3000》은 〈영어독립〉에서 가장 핵심적이고 기본이 되는 영어 단어를 책으로 제공하고자 제작되었습니다. 특히 여러 카테고리 중에서도 가장 권위 있는 아동문학상인 뉴베리상과 카네기상을 받은 동화들에서 추출한 3,000개의 단어를 선별하여 총 5권으로 구성하였습니다. p.8에 있는 그래프는 《영어독립 VOCA 3000》의 3,000개 단어 순서와 빈도수를 나타낸 것입니다.

여기서 꼭 기억하셔야 할 부분은 빈도에 따라 분류하였기 때문에 모든 단어가 똑같이 중요한 것이 아니라 빈도가 높은 앞쪽의 단어들을 꼼꼼하게 외우는 것이 중요하다는 점입니다. 처음 학습하실 때는 얼른 레벨이 높은 단어를 학습하고 싶은 마음에 비교적 쉬운 앞 단어는 대충 넘어가기 쉬운데, 하나하나 빠짐없이 외워 모르는 것이 없도록 하는 과정이 매우 중요합니다.

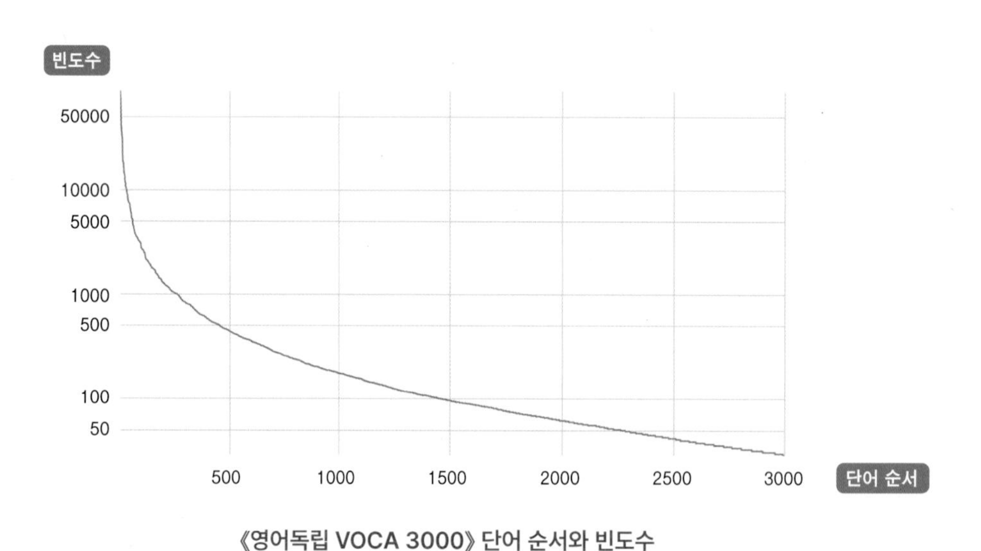

《영어독립 VOCA 3000》 단어 순서와 빈도수

무조건 단시간에 많은 단어를 학습하는 것이 좋은 결과로 이어지지는 않습니다. 똑같이 영어 단어 3,000개를 외우더라도 자주 쓰는 단어인지 아닌지에 따라 결과는 완전히 달라집니다. 따라서 우리는 똑똑하게 노력해야 합니다. 우선순위가 높은 3,000개의 단어를 완전히 내 것으로 만들어 보세요. 이 임계점을 확실히 넘고 나면, 이후에는 같은 노력을 다시 할 필요가 없습니다. 어떤 운동을 하더라도 좋은 결과를 내려면 충분한 힘을 내기 위한 근력 운동이 필수입니다. 《영어독립 VOCA 3000》은 여러분의 영어 실력 향상을 위한 기초 근육을 만들어 줄 것입니다.

《영어독립 VOCA 3000》과 함께 한다면 시간 대비 가장 효과적으로 영어 읽기 실력을 키울 수 있다고 확신합니다. 이 책을 통해 단어 3,000개를 외우는 임계점을 꼭 통과해 보시길 바랍니다. 그 경험이 여러분의 영어 실력과 경쟁력에 날개를 달아 줄 것입니다. 이를 통해 여러분이 원하는 목표를 이룰 수 있기를 진심으로 응원하겠습니다.

상상스퀘어 영어독립콘텐츠팀

영어독립 VOCA 3000의 구성과 특징

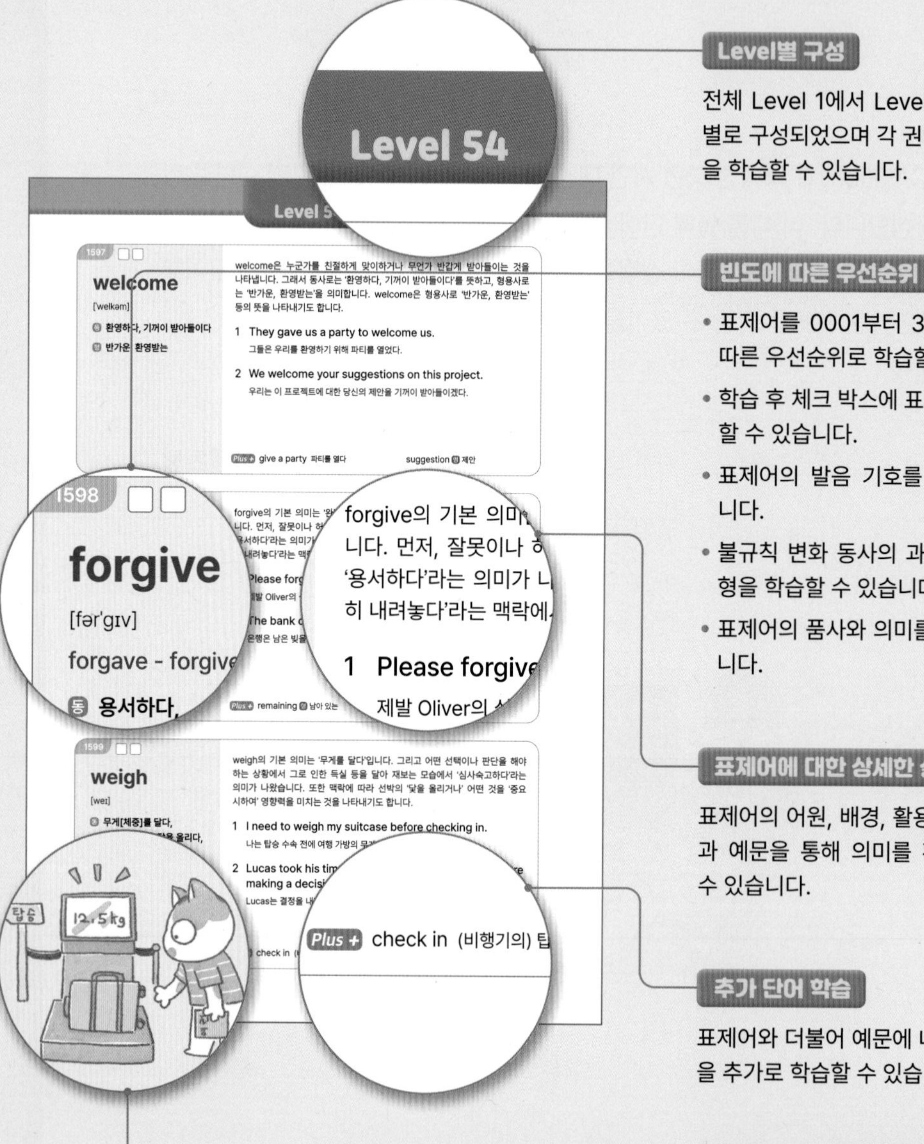

Level별 구성

전체 Level 1에서 Level 100까지 Level별로 구성되었으며 각 권별 20개의 Level을 학습할 수 있습니다.

빈도에 따른 우선순위 학습

- 표제어를 0001부터 3000까지 빈도에 따른 우선순위로 학습할 수 있습니다.
- 학습 후 체크 박스에 표시하며 반복 학습할 수 있습니다.
- 표제어의 발음 기호를 확인할 수 있습니다.
- 불규칙 변화 동사의 과거형과 과거분사형을 학습할 수 있습니다.
- 표제어의 품사와 의미를 학습할 수 있습니다.

표제어에 대한 상세한 설명과 예문

표제어의 어원, 배경, 활용 등 상세한 설명과 예문을 통해 의미를 확실하게 이해할 수 있습니다.

추가 단어 학습

표제어와 더불어 예문에 나온 단어와 구문을 추가로 학습할 수 있습니다.

학습 효과를 돕는 일러스트

재미있는 일러스트를 통해 표제어의 이해도를 높일 수 있습니다.

Review Test

우리말에 맞게 빈칸에 알맞은 단어를 쓰세요.

1 The farmers stored hay in the ___________.
2 Alice played a ___________ on Oliver by hidi
3 The two boys heard a ___________ coming fro
4 The group of people were ___________ to death.
5 We really need a ___________ wage.
6 Put some heat into the hot air balloon's ___________ to g
7 The thief ___________ through the drawers.
8 I couldn't remember what I ate ___________. 나는 어제 무엇을 먹었는지 기억나지 않았다.
9 Jack is ___________ to start school in March. Jack은 3월에 학교에 입학할 예정이다.
10 Sue is ___________ than her sister. Sue는 언니보다 더 똑똑하다.
11 Every ___________ functions independently. 모든 세포들은 독립적으로 기능한다.
12 Leo ___________ the pumpkin for festival. Leo는 축제를 위해 호박을 조각했다.
13 Emma looks ___________ today. Emma는 오늘 이상해 보인다.
14 Asher always ___________ about his boss. Asher는 항상 그의 상사에 대해 불평한다.
15 The rabbit ___________ when it saw the wolf. 토끼는 늑대를 보고 달아났다.
16 It was ___________ to everyone that the festival was canceled. 축제가 취소된 것은 모두에게 명백한 사실이었다.
17 Don't do anything ___________ to touch the fire. 불에 손을 대는 어리석은 짓은 하지 마라.
18 James ___________ his way into the building. James는 힘겹게 건물 안으로 들어갔다.
19 I'm going to see a movie with my ___________ tonight. 나는 오늘 밤 친구랑 영화 보러 갈 것이다.
20 The police officer asked me to ___________ the incident. 경찰관은 내게 그 사건에 대해 자세히 설명해 달라고 요청했다.
21 Tim ___________ the forest in great detail. Tim은 그 숲을 아주 자세하게 묘사했다.
22 My travel ___________ helped me book a hotel. 여행사 직원이 내가 호텔 예약하는 것을 도와주었다.
23 The raccoon used his ___________ to clean his food. 너구리는 먹이를 닦기 위해 발을 사용했다.
24 The desk ___________ is where I keep all my erasers. 책상 서랍은 내가 모든 지우개를 보관하는 곳이다.
25 The ___________ traveled alone across the ocean. 그 나그네는 홀로 바다를 건너 여행했다.
26 Please tie your boat to the ___________. 당신의 배를 부두에 매주십시오.
27 The man drove the car with reckless ___________. 그 남자는 난폭하게 제멋대로 차를 운전했다.
28 He leaned his ___________ on the desk. 그는 책상에 팔꿈치를 기대고 있었다.
29 We went to the ___________ to buy some fruit. 우리는 과일을 좀 사려고 시장에 갔다.
30 Emily has a broad ___________ of biology. Emily는 생물학에 대한 광범위한 지식을 가지고 있다.

26 Review Test

복습하기

예문을 통해 학습한 어휘를 다시 한번 점검할 수 있습니다.

본문 속 품사 및 기호

동 동사	명 명사	형 형용사
부 부사	대 대명사	조 조동사
전 전치사	접 접속사	
V 동사 원형	*pl.* 복수형의 의미	
[ ] 바꾸어 쓸 수 있는 표현		

음원 제공

원어민과 한국인 전문 성우의 목소리로 제작된 음원을 제공합니다.

❶ 영어 표제어, 한글 뜻, 예문 듣기
❷ 영어 표제어 먼저 듣고 한글 뜻 듣기
❸ 한글 뜻 먼저 듣고 영어 표제어 듣기

유튜브

〈영어독립〉채널에서 들으실 수 있습니다.

MP3 파일

QR코드 혹은 상상스퀘어 출판사 홈페이지에서 다운받으실 수 있습니다.
(www.sangsangsquare-books.com)

영어독립

〈영어독립〉은 빅데이터-AI 기반으로 영어 단어를 효과적으로 학습하도록 도와줍니다. 퀴즈를 풀면서 모르는 단어를 찾아 학습하고, 학습한 단어를 다시 퀴즈 형식으로 복습하는 방식으로 이루어져 있습니다.

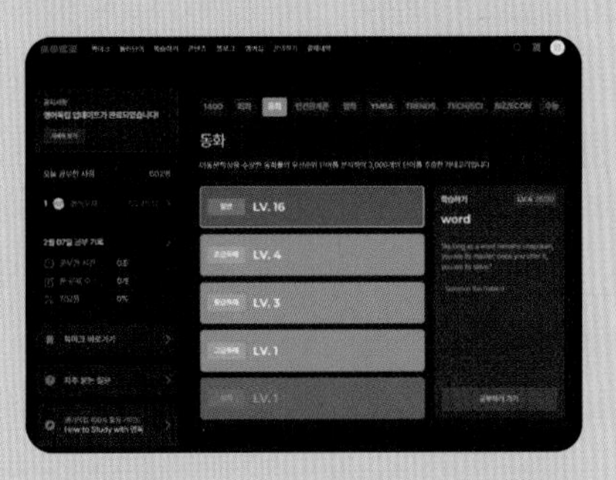

목 차

머리말 6

영어독립 VOCA 3000의 구성과 특징 10

LEVEL 41 표제어 순서 1201 ~ 1230 15

LEVEL 42 표제어 순서 1231 ~ 1260 27

LEVEL 43 표제어 순서 1261 ~ 1290 39

LEVEL 44 표제어 순서 1291 ~ 1320 51

LEVEL 45 표제어 순서 1321 ~ 1350 63

LEVEL 46 표제어 순서 1351 ~ 1380 75

LEVEL 47 표제어 순서 1381 ~ 1410 87

LEVEL 48 표제어 순서 1411 ~ 1440 99

LEVEL 49 표제어 순서 1441 ~ 1470 111

LEVEL 50 표제어 순서 1471 ~ 1500 123

LEVEL 51 표제어 순서 1501 ~ 1530 135

LEVEL 52 표제어 순서 1531 ~ 1560 147

LEVEL 53 표제어 순서 1561 ~ 1590 159

LEVEL 54 표제어 순서 1591 ~ 1620 171

LEVEL 55 표제어 순서 1621 ~ 1650 183

LEVEL 56 표제어 순서 1651 ~ 1680 195

LEVEL 57 표제어 순서 1681 ~ 1710 207

LEVEL 58 표제어 순서 1711 ~ 1740 219

LEVEL 59 표제어 순서 1741 ~ 1770 231

LEVEL 60 표제어 순서 1771 ~ 1800 243

Index 255

영어독립 VOCA 3000 ③ 학습 플래너

Level 41	Level 42	Level 43	Level 44	Level 45
☐ 단어 30개 (1201 ~ 1230) ☐ Review Test	☐ 단어 30개 (1231 ~ 1260) ☐ Review Test	☐ 단어 30개 (1261 ~ 1290) ☐ Review Test	☐ 단어 30개 (1291 ~ 1320) ☐ Review Test	☐ 단어 30개 (1321 ~ 1350) ☐ Review Test
월 일	월 일	월 일	월 일	월 일

Level 46	Level 47	Level 48	Level 49	Level 50
☐ 단어 30개 (1351 ~ 1380) ☐ Review Test	☐ 단어 30개 (1381 ~ 1410) ☐ Review Test	☐ 단어 30개 (1411 ~ 1440) ☐ Review Test	☐ 단어 30개 (1441 ~ 1470) ☐ Review Test	☐ 단어 30개 (1471 ~ 1500) ☐ Review Test
월 일	월 일	월 일	월 일	월 일

Level 51	Level 52	Level 53	Level 54	Level 55
☐ 단어 30개 (1501 ~ 1530) ☐ Review Test	☐ 단어 30개 (1531 ~ 1560) ☐ Review Test	☐ 단어 30개 (1561 ~ 1590) ☐ Review Test	☐ 단어 30개 (1591 ~ 1620) ☐ Review Test	☐ 단어 30개 (1621 ~ 1650) ☐ Review Test
월 일	월 일	월 일	월 일	월 일

Level 56	Level 57	Level 58	Level 59	Level 60
☐ 단어 30개 (1651 ~ 1680) ☐ Review Test	☐ 단어 30개 (1681 ~ 1710) ☐ Review Test	☐ 단어 30개 (1711 ~ 1740) ☐ Review Test	☐ 단어 30개 (1741 ~ 1770) ☐ Review Test	☐ 단어 30개 (1771 ~ 1800) ☐ Review Test
월 일	월 일	월 일	월 일	월 일

레벨별 단어 사용 빈도

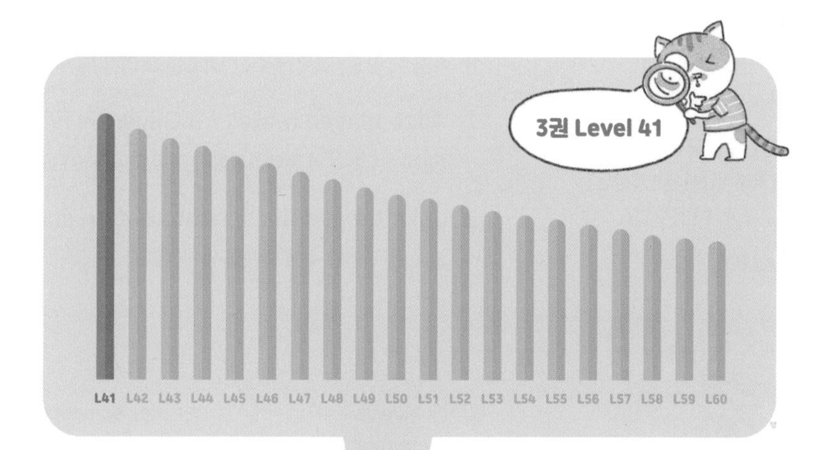

LEVEL 1~20 LEVEL 21~40 **LEVEL 41~60** LEVEL 61~80 LEVEL 81~100

1201

barn

[bɑrn]

명 헛간, 곳간, 텅 빈 건물, (전차나 버스 따위의) 차고

barn은 주로 농장에서 볼 수 있는 보관용 건물을 나타냅니다. 이런 장소를 보통 '헛간'이나 '곳간'이라고 표현하지요. barn은 '넓고 큰 보관 장소'라는 개념을 포괄하므로 비행기나 전차, 버스 등 크고 무거운 물건을 보관할 수 있는 큰 '차고' 등도 나타낼 수 있습니다.

1 The farmers stored hay in the barn.
농부들은 헛간에 건초를 보관했다.

2 Ethan converted the old barn to the shop.
Ethan은 오래된 곳간을 가게로 바꾸었다.

Plus+ store 동 보관[저장]하다　　hay 명 건초
convert to ~으로 바꾸다[전환하다]

1202 

trick

[trɪk]

명 속임수, (교활한) 책략, (악의 없는) 장난[농담], 교묘한 수단[수법]

동 속이다

trick은 지금도 그렇지만 원래도 '속이다'라는 뜻이었습니다. 다만 '사기를 치다'에 가까웠죠. 사기도 계속 치다 보면 무뎌져서 '장난'이 되나 봅니다. 오늘날 trick은 '속임수, 장난, 교묘한 수단' 정도를 의미할 때가 가장 많습니다

1 Alice played a trick on Oliver by hiding his phone.
Alice는 Oliver의 휴대전화를 숨겨서 그에게 속임수를 쳤다.

2 Jake tricked his son into eating some vegetables.
Jake는 아들을 속여 야채를 먹게 했다.

Plus+ hide 동 숨기다　　trick somebody into ~를 속여 …하게 하다
vegetable 명 야채, 채소

1203

hiss

[hɪs]

동 쉬익[쉿] 하는 소리를 내다, 쉬쉬하고 불만의 소리를 내다

명 쉿 하는 소리, 쉭쉭거리는 야유

hiss는 원래 '쉿' 하는 소리를 본떠 만들어진 단어입니다. 그래서 동사로는 '쉿 하는 소리를 내다'를 뜻하고, 명사로는 '쉿 하는 소리'를 의미합니다. 하지만 사람은 유용한 단어일수록 남용하는 경향이 있습니다. 우리가 보통 '쉿' 소리를 내는 경우 중 하나가 불만을 표현할 때입니다. 그래서 hiss는 '쉬쉬하고 불만의 소리를 내다'라는 뜻도 나타내게 되었습니다.

1 The audience hissed when the actor appeared on stage.
그 배우가 무대에 나타나자 관객들이 쉬쉬하며 불만을 표하는 소리를 냈다.

2 The two boys heard a hiss coming from the bushes.
두 소년은 덤불에서 쉿 하는 소리를 들었다.

Plus+ appear 동 나타나다, 등장하다　　bush 명 덤불

1204 

gas

[gæs]

명 **기체[가스], 휘발유**

동 **가스를 공급하다, 독가스로 공격하다**

gas는 우리가 잘 알고 있는 대로 '기체'를 가리키는 명사입니다. 또 다른 뜻으로는 '휘발유'가 있는데, 사실 이건 gasoline을 줄여서 gas라고 부르는 것입니다. 그래서 '주유소'가 gas station이죠. gas는 동사로는 '가스를 공급하다' 또는 '독가스로 공격하다'라는 뜻을 나타내기도 합니다.

1 **Oxygen is a gas that is essential for all the living creatures on Earth.**
산소는 지구상 모든 생명체에게 필요한 기체이다.

2 **The group of people were gassed to death.**
사람들은 가스 중독으로 사망하였다.

Plus+ essential 형 필수적인　　be gassed to death 가스 중독으로 사망하다

1205 

fair

[fer]

형 **공정한[공평한], 타당한, 제법 큰[많은]**

〈마이 페어 레이디My Fair Lady〉라는 영화를 아시나요? fair는 원래 '아름다운, 매력적인'이라는 뜻에서 출발했습니다. 아름답고 매력적인 것은 어디에나 '잘 맞을' 것이고, '어디에나 잘 맞고 적절한' 것을 우리는 '공정하고 타당한' 것이라 여기죠. 또한 '양'의 개념으로 보면 '아름답고 적절한' 양은 '제법 큰, 많은' 양이 될 것입니다.

1 **We really need a fair wage.**
우리는 정말로 공정한 급여가 필요하다.

2 **It is not fair at all!**
그건 전혀 공평하지 않다!

Plus+ wage 명 급여, 임금　　not ~ at all 조금도 ~하지 않다

1206 □□

envelope

['envəloʊp, 'ɑ:nvəloʊp]

명 **봉투, 외피, 씌우개**

envelope은 원래 '안에 넣어서 싸다'라는 뜻에서 출발했습니다. 그리고 안에 넣는 대상이 무엇인지에 따라 생명체를 안에 품어 싸고 있으면 '외피'라고 하고, 무엇이든 안에 넣고 싸는 것은 '씌우개'가 되죠. 마치 편지를 넣으면 편지 봉투, 돈을 넣으면 돈 봉투가 되듯이 말입니다. 결국 envelope의 뜻은 하나인데 이를 어떻게 쓰는지에 따라 새로운 의미가 부여된다고 보시면 됩니다.

1 **Make sure to write your address on the envelope.**
봉투에 주소를 반드시 적으십시오.

2 **Put some heat into the hot air balloon's envelope to go up.**
올라가려면 열기구 씌우개 안에 열을 가하시오.

Plus+ make sure 반드시 ~하다　　go up 올라가다

1207 ☐☐

rifle

['raɪfl]

명 소총[라이플총]

동 샅샅이 뒤지다, 훔쳐가다[약탈하다]

rifle은 원래 총 내부에 있는 나선형 홈을 뜻했습니다. 이 나선형 홈을 따라 탄환이 회전하는 특징을 가진 것이 바로 '소총'의 특징이지요. 그러면 rifle이 왜 '샅샅이 뒤지다'라는 뜻을 가지는지 쉽게 유추할 수 있겠죠? 이곳저곳 모두 손을 대는 모습이 총 안의 탄환과 닮았기 때문입니다.

1 These soldiers always carry rifles on their shoulders.
이 군인들은 언제나 어깨에 소총을 매고 다닌다.

2 The thief rifled through the drawers.
그 도둑은 서랍을 샅샅이 뒤졌다.

Plus+ carry 동 가지고 다니다 drawer 명 서랍

1208 ☐☐

yesterday

['jestərdeɪ]

부 어제

형 어제의

명 어제

yesterday는 '어제'를 뜻하는 명사 또는 '어제, 어제는'에 해당하는 부사로도 쓸 수 있습니다. 많은 전문가들이 '미래'라는 개념보다 '과거'라는 개념이 먼저 생겼을 것이라고 추정하고 있습니다. 사람은 아직 일어나지 않은 일보다 이미 일어난 일을 현재와 다른 것이라고 더 쉽게 구별할 수 있거든요.

1 I couldn't remember what I ate yesterday.
나는 어제 무엇을 먹었는지 기억나지 않았다.

2 What happened at yesterday's workshop?
어제 워크숍에서 무슨 일이 있었니?

Plus+ remember 동 기억하다 happen 동 (일 등이) 발생하다

1209 ☐☐

due

[du:]

형 ~하기로 되어 있는, (돈을) 지불해야 하는, ~때문[덕분]에

due는 '빚지다, 의무가 있다'라는 뜻에서 유래했습니다. 누군가에게 빚을 졌다는 말은 실제 금전적인 빚이 있다는 뜻이기도 하지만 신세를 졌다는 뜻이기도 합니다. 그래서 '~때문에, ~덕분에'를 의미하거나 '(돈을) 지불해야 하는'이라는 뜻도 나타낼 수 있습니다. 또한 be due to~ 구문은 '~할 예정이다'라는 의미로 미래에 계획된 사건이나 예정된 일을 나타냅니다.

1 Jack is due to start school in March.
Jack은 3월에 학교에 입학할 예정이다.

2 Payment is due on the 19th of August.
금액 지불은 8월 19일에 해야 한다.

Plus+ March 명 3월 payment 명 지불, 지급
August 명 8월

1210

smart

[smɑːrt]

형 똑똑한[영리한], 맵시 있는, 세련된, 욱신욱신 쑤시는

smart는 원래 '괴롭히다, 아프게 하다'를 의미했는데 아주 '찌르듯이' 아프게 하는 것을 나타냈습니다. 그런데 이렇게 아주 '찌르듯 뾰족한'이라는 뜻이 '둔탁하지 않고 날카로운'이라는 의미로 느껴지기도 해서 오늘날에는 '똑똑한, 영리한'이라는 뜻으로 쓰이게 되었습니다.

1 **Sue is smarter than her sister.**
Sue는 언니보다 더 똑똑하다.

2 **Jake looks very smart in his black suit.**
Jake는 검은 정장을 입으니 아주 세련돼 보인다.

Plus+ look 동 (모습 등이) ~처럼 보이다 suit 명 정장

1211

cell

[sel]

명 세포, 감방, (작은) 조직, 작은 방

cell의 기본 뜻은 '세포'입니다. 혹시 '세포'에서 '포'가 무슨 뜻인지 아시나요? 한자로 '무엇을 싸고 있는 막'이라고 합니다. 핵심은 바로 '감싸고' 있다는 것입니다. 사람들을 어디에 가두어 놓고 사방을 막아 감싸면 그것이 곧 '감옥'이 되는 것이죠. 이것을 추상적으로 보면 '조직'이 될 수도 있고요. 같은 목적을 가진 몇몇 사람들을 한데 묶은 단위가 곧 '조직'이니까요.

1 **Every cell functions independently.**
모든 세포들은 독립적으로 기능한다.

2 **This is a tiny cell.**
이것은 아주 작은 감방이다.

Plus+ function 동 기능[작용]하다 independently 부 독립적으로
tiny 형 아주 작은[적은]

1212

carve

[kɑːrv]

동 조각하다, (어떤 모양으로) 새기다, (고기 등을) 썰다, (열심히 노력해서) 이뤄 내다

carve는 원래 '자르다, 긁다'라는 뜻에서 출발했습니다. 같은 어원을 가진 단어로 '쓰다'를 뜻하는 graph가 있는데, 옛날에는 종이가 없어서 돌이나 점토에 '긁어서' 무언가를 썼기 때문입니다. 그밖에 열심히 조각해서 무언가를 만들어 낸다는 맥락에서 '(열심히 노력해서) 이뤄내다'라는 뜻으로 쓰이기도 합니다.

1 **Leo carved the pumpkin for the festival.**
Leo는 축제를 위해 호박을 조각했다.

2 **The sculptor carved the figure of a handsome man.**
조각가는 잘생긴 남자의 모습을 조각했다.

Plus+ pumpkin 명 호박 sculptor 명 조각가
figure 명 모습, 인물

Level 41

1213

weird

[wɪrd]

형 기이[기묘]한, 이상[괴상]한

werid는 '기이한, 이상한'을 뜻하는 형용사입니다. 어딘가 기이하거나 이상한 대상을 주로 나타냅니다. 그런데 weird는 원래 '운명'이나 '예언'을 의미했습니다. 요즘 우리와 마찬가지로 옛날 사람들도 '운명'을 예상할 수 없는 '기이한' 것으로 생각했나 봅니다.

1 **I had a very weird dream last night.**
나는 어젯밤에 아주 기묘한 꿈을 꾸었다.

2 **Emma looks weird today.**
Emma는 오늘 이상해 보인다.

Plus + have a dream 꿈을 꾸다 　 look 동 ~처럼 보이다

1214

complain

[kəm'pleɪn]

동 불평[항의]하다, (고통 등을) 호소하다

complain은 어떤 상황이나 조건에 대해 불만족스러운 감정을 나타내며 문제를 제기하는 것을 의미합니다. 물론 정당한 문제 제기인 경우도 있지만 쓸데없는 불평불만을 하는 경우도 complain을 쓸 수 있습니다. 그래서 영어권에서는 Stop complaining!(투덜대지 좀 마!)이라는 말을 종종 하곤 합니다.

1 **Mia complained about the noise outside the window.**
Mia는 창밖의 소음에 대해 불평했다.

2 **Asher always complains about his boss.**
Asher는 항상 그의 상사에 대해 불평한다.

Plus + noise 명 소리, 소음 　 boss 명 (직장의) 상사

1215

flee

[fli:]

fled - fled

동 달아나다, 도망하다, 급속히 지나가다[경과하다]

flee는 다소 강한 어감을 가지고 있습니다. 그냥 도망치는 것이 아니라 비상 상황에서 탈출하는 것처럼 긴급한 상황을 나타내기 때문이죠. 가령 열대 해변에서 휴가를 즐기던 중 해일 경보를 듣고 해변을 떠나는 상황을 나타내는 단어가 바로 flee입니다.

1 **Tourists fled the beach when they heard the warning.**
관광객들은 경보를 듣고 해변에서 도망쳤다.

2 **The rabbit fled when it saw the wolf.**
토끼는 늑대를 보고 달아났다.

Plus + warning 명 경보, 경고 　 wolf 명 늑대

1216

plain

[pleɪn]

형 명백[분명]한, 소박한[꾸미지 않은], 숨김없는[솔직한], 평범한[단조로운]

pain은 주로 '명백한, 소박한' 등을 의미하는 형용사입니다. 영어에서 가장 평범한 옷의 대명사가 바로 'plain white T-shirt'인데 말 그대로 평범한 흰 티셔츠를 의미합니다. 그렇기 때문에 plain은 종종 부정적인 의미를 나타내기도 합니다. 아무것도 없이 '평범'하다는 것은 때로 '단조로운'이라는 뜻이기도 하니까요.

1 **It was plain to everyone that the festival was canceled.**
축제가 취소된 것은 모두에게 명백한 사실이었다.

2 **The walls of the meeting room were painted plain white.**
회의실의 벽은 평범한 흰색으로 칠해졌다.

Plus + cancel 동 취소하다 wall 명 벽, 담

1217

fool

[fu:l]

명 바보 (같은 사람)

형 바보 같은

동 속이다, 바보짓을 하다

fool의 의미는 우리말의 '바보'와 비슷합니다. 하지만 우리가 '바보'를 꼭 비하하는 뜻으로만 쓰지 않듯이 fool은 잠시 멍청한 판단을 한 사람을 뜻하기도 합니다. '바보처럼 굴지 마!'라는 뜻의 Don't be a fool!이 대표적이죠. 그밖에 동사로는 '~를 속이다'라는 의미가 되기도 합니다.

1 **Hank is a fool for not loving you.**
너를 사랑하지 않다니 Hank는 바보야.

2 **I can't believe Max fooled us and took all our money.**
Max가 우릴 속이고 돈을 다 가져갔다니 믿을 수 없다.

Plus + take 동 가져가다

1218

muscle

['mʌsl]

명 근육, 근력[완력], 힘[영향력]

동 우격다짐으로 밀고 나아가다

muscle은 기본적으로 '근육'을 뜻합니다. 근육을 만들기 위해서는 '힘'을 들여 '운동'을 해야 하고 그렇게 하다 보면 '근력'을 기를 수 있지요? muscle은 이런 뜻을 모두 포함하고 있습니다. 사실 운동은 '그냥 열심히' 밀고 나가는 게 제일 중요하죠. 그래서 동사로는 '우격다짐으로 밀고 나아가다'를 뜻하기도 합니다.

1 **He works out with dumbbells to gain muscles.**
그는 근육을 키우기 위해 아령으로 운동한다.

2 **James muscled his way into the building.**
James는 힘겹게 건물 안으로 들어갔다.

Plus + dumbbell 명 아령 gain 동 얻다
muscle one's way to[into] ~을 힘으로 밀고 나아가다

buddy

['bʌdi]

명 친구, 동료, (부르는 말로) 이봐[여보게]

동 (~와) 친해지다

buddy는 친근한 느낌을 가진 단어입니다. 주로 미국 영어에서 남자가 자신의 친구나 지인을 부를 때 많이 쓰입니다. 주로 Hey buddy, how's it going?이라고 가까운 사이에 안부를 묻는 경우가 많습니다. 때로는 buddy up with (~와 친해지다)라는 표현으로 쓰이기도 합니다.

1 I'm going to see a movie with my buddy tonight.
나는 오늘 밤 친구랑 영화 보러 갈 것이다.

2 Don't worry, buddy. We'll get this done together.
걱정 마, 친구야. 우리는 함께 해낼 수 있을 거야.

Plus+ see a movie 영화를 보다 get ~ done 마치다

detail

['di:teɪl, dɪ'teɪl]

명 세부 사항, 지엽적인 일, 사소한 일

동 상세히 알리다[열거하다]

detail의 핵심 의미는 '미세한 부분을 꼼꼼히 살피는 것'에 있습니다. 여기에서 뜻이 확장되어 '세부 사항', '사소한 일'이라는 뜻의 명사로 쓰이기도 하고, '상세히 알리다'라는 뜻의 동사로 쓰이기도 하지요. 영어에는 intimate details라는 표현이 있습니다. intimate는 '친한, 사적인'이라는 뜻인데 intimate details는 '우리끼리만 아는 사적인 내용'을 의미합니다.

1 Evelyn shared intimate details with her best friend.
Evelyn은 가장 친한 친구와 사적인 내용을 나누었다.

2 The police officer asked me to detail the incident.
경찰관은 내게 그 사건에 대해 자세히 설명해 달라고 요청했다.

Plus+ share 동 나누다, 공유하다 ask 동 부탁하다[요청하다]
incident 명 사건

1221

describe

[dɪ'skraɪb]

동 묘사하다, 기술하다, 평하다, (원형 따위를 그리며) 나아가다

describe는 글쓰기, 말하기, 그림 그리기, 사진 찍기 등 다양한 분야에서 많이 쓰입니다. 핵심은 '무언가를 세부적으로 설명하거나 묘사하는 것'입니다. 예를 들어, Can you describe Nick to me?라는 질문은 'Nick이 어떻게 생겼는지 내게 묘사해 줄 수 있어요?'를 뜻합니다.

1 Please describe the drawing you are looking at.
당신이 보고 있는 그림에 대해 설명해 주십시오.

2 Tim described the forest in great detail.
Tim은 그 숲을 아주 자세하게 묘사했다.

Plus+ drawing 명 (색칠을 하지 않은) 그림 look at ~을 보다
forest 명 숲

1222

agent

['eɪdʒənt]

명 대리인, 중개상, 중요한 작용을 하는 사람[것]

일반적으로 agent는 다른 사람 또는 단체의 '대리인'으로서 일하는 사람을 뜻합니다. 이 단어는 원래 '행동하다'라는 뜻에서 파생했습니다. 무슨 일을 하든 실제 그 일을 맡는 '행동대장'이 있죠? 그게 agent의 정확한 어감이라고 보시면 됩니다.

1 My travel agent helped me book a hotel.
여행사 직원이 내가 호텔 예약하는 것을 도와주었다.

2 Jamie promised to meet the real estate agent at 3 p.m.
Jamie는 오후 3시에 부동산 중개인을 만나기로 약속했다.

Plus + book 동 예약하다 real estate 부동산

1223

paw

[pɔ:]

명 (특히 발톱이 있는 동물의) 발, (사람의) 손, 필적, 아빠

동 발로 긁다

paw는 기본적으로 '(동물의) 발'을 의미합니다. 그러나 아주 드물게 '(사람의) 손' 등을 나타내기도 합니다. 특히나 '손발'이라는 뜻으로 뭔가 극적인 효과를 나타내기도 하지요. 우리도 가끔 '손이 발이 되도록'이라는 표현을 쓰죠? 이럴 때는 약간 사람을 동물에 빗대어 표현하는 것입니다.

1 The raccoon used his paw to clean his food.
너구리는 먹이를 닦기 위해 발을 사용했다.

2 The dog pawed the ground to find its bone.
개는 뼈를 찾으려고 땅을 긁었다.

Plus + raccoon 명 미국너구리 clean 동 (깨끗이) 닦다
ground 명 땅, 땅바닥 bone 명 뼈

1224

drawer

[drɔ:r]

명 서랍, 속바지, 어음 발행인, 제도사

drawer는 일반적으로 '서랍'을 의미합니다. 원래 draw(당기다)라는 동사에서 유래했습니다. 우리가 '서랍'이라 부르는 것은 대부분 당겨서 열죠? 그래서 '서랍'을 drawer라 부르게 되었습니다.

1 I opened the top drawer to find my favorite shirt.
나는 가장 좋아하는 셔츠를 찾기 위해 옷장 맨 위 서랍을 열었다.

2 The desk drawer is where I keep all my erasers.
책상 서랍은 내가 모든 지우개를 보관하는 곳이다.

Plus + favorite 형 매우 좋아하는 keep 동 (어떤 위치에) 두다

1225

pilgrim

['pɪlgrɪm]

명 순례자, 나그네[방랑자]

pilgrim은 원래 '외지인'을 뜻하는 단어에서 파생했습니다. 우리가 '순례자'라 부르는 사람들은 종교 등의 의미 있는 곳을 찾아 여러 곳을 방문하는 사람들이죠? 이런 식으로 뜻이 확장되어 문학 작품 등에서는 '나그네, 방랑자'를 의미하는 경우도 많이 있습니다.

1 Every year, thousands of pilgrims visit the city.
매년 수천 명의 순례자들이 그 도시를 방문한다.

2 The pilgrim traveled alone across the ocean.
그 나그네는 홀로 바다를 건너 여행했다.

Plus+ thousands of 수천의, 무수한, 많은 alone 형 부 혼자
ocean 명 바다

1226

dock

[dɑːk]

명 부두, 선창, 항공기의 격납고[수리고], 화물 적하장

dock은 선박을 수리하거나 건조하는 공간인 '선착장, 부두'를 뜻합니다. 비행기가 들어가 있는 '격납고'를 의미하기도 하는데 사실 비행기가 비교적 최근에 발명되어서 배에 썼던 단어들을 그대로 빌려 썼기 때문에 비슷한 표현들이 많습니다. 그래서 배와 비행기를 타는 것을 모두 boarding이라고 하죠.

1 The boat is approaching the dock.
배가 부두에 접근하고 있다.

2 Please tie your boat to the dock.
당신의 배를 부두에 매주십시오.

Plus+ approach 동 접근하다, 가까이 가다 tie 동 묶다

1227

abandon

[ə'bændən]

동 버리다, 포기하다[그만두다], 저버리다

명 방종

abandon은 그냥 버린다는 정도를 떠나 의지를 가지고 어떤 것을 놔두고 가버린다는 뉘앙스를 갖습니다. 그래서 '포기하다, 그만두다, 저버리다'라는 뜻을 나타내지요. abandon이 명사로 사용되는 경우는 자제력이나 거리낌 없이 제멋대로 행동하는 모습을 나타냅니다.

1 She abandoned her dreams of becoming a singer.
그녀는 가수가 되는 꿈을 포기했다.

2 The man drove the car with reckless abandon.
그 남자는 난폭하게 제멋대로 차를 운전했다.

Plus+ drive 동 운전하다, (차량을) 몰다 reckless 형 난폭한

elbow

['elboʊ]

명 **팔꿈치, L자형 이음쇠**

동 **팔꿈치로 밀치다, 밀치고 나아가다**

elbow는 명사로는 '팔꿈치'를, 동사로는 '팔꿈치로 밀치다'를 뜻합니다. 팔꿈치가 가장 단단하고 강한 신체 부위인 만큼 elbow는 어떤 대상을 밀어낼 때도 쓰입니다. 인파로 붐비는 곳에서 팔꿈치로 뚫고 지나가는 모습이 쉽게 그려지시죠?

1 **He leaned his elbow on the desk.**
그는 책상에 팔꿈치를 기대고 있었다.

2 **Grace elbowed a player during the soccer game.**
Grace는 축구 경기 중 한 선수를 팔꿈치로 가격했다.

Plus+ lean on ~에 기대다 during 전 (~하는) 중에

market

['mɑ:rkɪt]

명 **시장, 거래**

동 **시장에서 거래하다**

market은 참 광범위한 뜻을 가진 단어입니다. 일단 명사로는 '시장'을 의미하는데 상품이나 서비스를 구매하거나 판매하는 곳이 '시장'의 정의니 이 세상에서 돈이 돌아가는 모든 곳이 다 market에 해당한다고 보시면 됩니다. 동사로는 '시장에서 거래하다'라는 의미로 쓰입니다.

1 **We went to the market to buy some fruit.**
우리는 과일을 좀 사려고 시장에 갔다.

2 **Jack has been marketing his products in the local market for years.**
Jack은 수년간 지역 시장에서 그의 제품을 거래해 왔다.

Plus+ product 명 제품, 상품 local 형 지역의, 현지의

knowledge

['nɑ:lɪdʒ]

명 **지식, 학식[견문]**

knowledge는 '지식'을 의미합니다. 주로 학습이나 경험을 통해 습득된 것을 말하죠. 학습이나 경험을 쌓으면 그것이 곧 '학식, 견문'이 되겠죠? knowledge가 원래 '알고 있는 것'을 뜻하는 단어에서 유래했다고 하니 '정보'라는 단어와는 또 다른 셈입니다. 내 것으로 만든 정보만이 knowledge가 될 수 있겠죠.

1 **Emily has a broad knowledge of biology.**
Emily는 생물학에 관한 광범위한 지식을 가지고 있다.

2 **Jack's knowledge of languages is incredible.**
Jack의 언어 지식은 믿을 수 없을 정도이다.

Plus+ broad 형 광범위한 biology 명 생물학
language 명 언어 incredible 형 믿을 수 없는

Review Test 41

우리말에 맞게 빈칸에 알맞은 단어를 쓰세요.

(정답은 본문을 확인하세요.)

1	The farmers stored hay in the ____________.	농부들은 헛간에 건초를 보관했다.
2	Alice played a ____________ on Oliver by hiding his phone.	Alice는 Oliver의 휴대전화를 숨겨서 그에게 속임수를 쳤다.
3	The two boys heard a ____________ coming from the bushes.	두 소년은 덤불에서 쉿 하는 소리를 들었다.
4	The group of people were ____________ to death.	사람들은 가스에 질식하여 죽었다.
5	We really need a ____________ wage.	우리는 정말로 공정한 급여가 필요하다.
6	Put some heat into the hot air balloon's ____________ to go up.	올라가려면 열기구 씌우개 안에 열을 가하시오.
7	The thief ____________ through the drawers.	그 도둑은 서랍을 샅샅이 뒤졌다.
8	I couldn't remember what I ate ____________.	나는 어제 무엇을 먹었는지 기억나지 않았다.
9	Jack is ____________ to start school in March.	Jack은 3월에 학교에 입학할 예정이다.
10	Sue is ____________ than her sister.	Sue는 언니보다 더 똑똑하다.
11	Every ____________ functions independently.	모든 세포들은 독립적으로 기능한다.
12	Leo ____________ the pumpkin for the festival.	Leo는 축제를 위해 호박을 조각했다.
13	Emma looks ____________ today.	Emma는 오늘 이상해 보인다.
14	Asher always ____________ about his boss.	Asher는 항상 그의 상사에 대해 불평한다.
15	The rabbit ____________ when it saw the wolf.	토끼는 늑대를 보고 달아났다.
16	It was ____________ to everyone that the festival was canceled.	축제가 취소된 것은 모두에게 명백한 사실이었다.
17	Don't do anything ____________ to touch the fire.	불에 손을 대는 어리석은 짓은 하지 마라.
18	James ____________ his way into the building.	James는 힘겹게 건물 안으로 들어갔다.
19	I'm going to see a movie with my ____________ tonight.	나는 오늘 밤 친구랑 영화 보러 갈 것이다.
20	The police officer asked me to ____________ the incident.	경찰관은 내게 그 사건에 대해 자세히 설명해 달라고 요청했다.
21	Tim ____________ the forest in great detail.	Tim은 그 숲을 아주 자세하게 묘사했다.
22	My travel ____________ helped me book a hotel.	여행사 직원이 내가 호텔 예약하는 것을 도와주었다.
23	The raccoon used his ____________ to clean his food.	너구리는 먹이를 닦기 위해 발을 사용했다.
24	The desk ____________ is where I keep all my erasers.	책상 서랍은 내가 모든 지우개를 보관하는 곳이다.
25	The ____________ traveled alone across the ocean.	그 나그네는 홀로 바다를 건너 여행했다.
26	Please tie your boat to the ____________.	당신의 배를 부두에 매주십시오.
27	The man drove the car with reckless ____________.	그 남자는 난폭하게 제멋대로 차를 운전했다.
28	He leaned his ____________ on the desk.	그는 책상에 팔꿈치를 기대고 있었다.
29	We went to the ____________ to buy some fruit.	우리는 과일을 좀 사려고 시장에 갔다.
30	Emily has a broad ____________ of biology.	Emily는 생물학에 대한 광범위한 지식을 가지고 있다.

레벨별 단어 사용 빈도

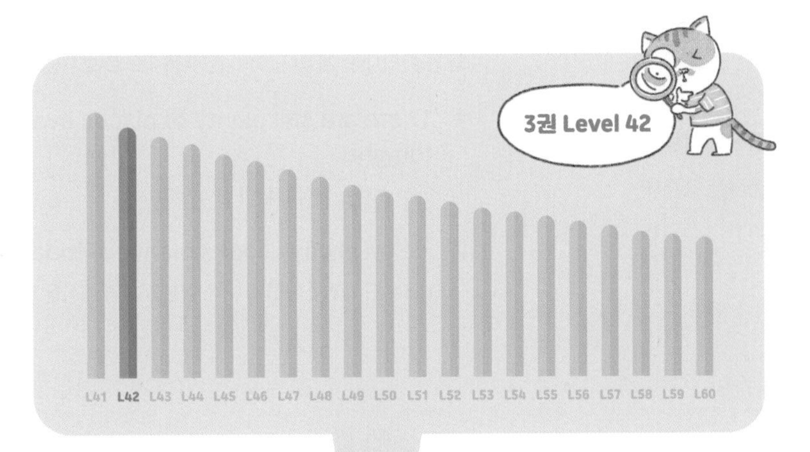

LEVEL 1~20 LEVEL 21~40 **LEVEL 41~60** LEVEL 61~80 LEVEL 81~100

1231 □□

stir

[stɜː(r)]

동 **휘젓다[뒤섞다], (약간) 움직이다[흔들다], 각성시키다, 흥분[감동]시키다**

stir은 동사로 '섞다, 저어주다, 휘젓다' 등을 뜻합니다. 주로 액체를 섞거나 가루 상태의 물질을 저어서 잘 섞이게 하는 것을 나타내지요. 그리고 이런 의미가 추상적으로 확장되어 어떤 것을 일으키거나 활발하게 움직이도록 하는 것도 나타낼 수 있습니다.

1 **The wind stirred the leaves on the ground.**
바람이 땅 위의 잎을 휘저었다.

2 **He stirred his coffee with a spoon.**
그는 커피를 숟가락으로 저어 주었다.

Plus+ ground 명 땅, 지면

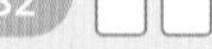

1232 □□

plenty

['plenti]

명 **풍요로움[풍성함], 많음**

형 **풍부한, 충분한**

plenty는 '충분한 양', '많음'을 의미합니다. 정확한 어감은 '부족함'이나 '결핍'을 나타내는 not enough의 반대라고 이해하세요. 즉, 부족하지 않은 상태인 '넉넉함'을 나타내는 게 이 단어의 존재 목적으로 보시면 됩니다.

1 **There are still plenty of places available for the concert tonight.**
아직 콘서트 좌석이 많이 남아 있다.

2 **Helen always cooks plenty of food for her friends.**
Helen은 항상 친구들을 위해 충분한 양의 음식을 만든다.

Plus+ place 명 (사람 등이 앉거나 들어갈) 자리　　available 형 이용할 수 있는

1233 □□

trail

[treɪl]

명 **(지나간) 자국[흔적], 시골[오솔]길**

동 **(질질) 끌다, (자취를 따라) 뒤쫓다**

trail은 명사로 '산책로, 등산로, 자전거 도로' 등을 의미합니다. 보통 산이나 숲, 해안 등의 자연환경에서 자연스럽게 만들어진 길을 나타냅니다. 동사로는 '뒤를 따르다, 추적하다'와 같은 의미로 사용되는데, 원래 이 단어가 '끌다'라는 동사에서 파생했다는 점을 기억하시면 의미가 더 쉽게 이해되실 겁니다.

1 **The birds left a trail of footprints in the snow.**
새들이 길을 따라 눈 위에 발자국을 남겼다.

2 **Henry trailed behind the line of students.**
Henry는 학생들 뒤에서 뒤따라갔다.

Plus+ leave 동 (흔적 등을) 남기다　　footprint 명 발자국

1234

cap

[kæp]

명 모자, (병 등의) 뚜껑, 최고 한도액

동 꼭대기[표면]를 덮다

cap의 가장 기본 뜻은 '무언가를 덮는 것'입니다. 덮는 대상이 무엇인지에 따라 사람의 머리에 적용하면 '모자'가 되고 병에 적용하면 '병뚜껑'을 나타냅니다. 또한 특정한 '제한점'을 가리키기 때문에 어떤 기준의 맨 위, 즉 '한도, 상한선'을 의미하기도 합니다.

1 **Sam and Lucas are talking about the cap they bought.**
Sam과 Lucas는 그들이 산 모자에 대해 이야기하고 있다.

2 **The bottle cap was easy to twist off.**
그 병뚜껑은 비틀어 열기 쉬웠다.

Plus+ talk about ~에 대해 이야기하다 / twist ~ off ~을 비틀어 열다

1235

leather

['leðə(r)]

명 (무두질한) 가죽, 가죽 제품, (사람의) 피부

동 무두질하다

leather는 명사로 '가죽'을 의미하는데 정확히는 동물의 가죽으로 만든 재료를 뜻합니다. 예를 들어, 우리가 날씨가 조금 쌀쌀해지면 즐겨 입는 것이 바로 leather jacket(가죽 자켓)이지요. leather는 동사로는 가죽을 만드는 행위인 '무두질하다'라는 뜻을 갖습니다.

1 **She bought a leather purse to match her new coat.**
그녀는 새로운 코트와 어울리는 가죽 지갑을 샀다.

2 **The carpenter leathered the couch.**
목수가 소파에 가죽을 씌웠다.

Plus+ purse 명 지갑 / carpenter 명 목수 / couch 명 소파

1236

speed

[spi:d]

sped/speeded - sped/speeded

명 속도[속력], 빠름[신속]

동 더 빠르게 하다, 가속화하다

speed는 명사로 '속도'를 의미합니다. 물리학적인 정의로 '거리를 시간 단위로 나눈 양'을 의미하죠. speed는 영어권에서 동사로도 참 많이 쓰인답니다. '빠르게 움직이다, 가속하다'라는 뜻으로 매우 빈번하게 사용된다는 점을 꼭 기억하세요!

1 **The train gained speed as it left.**
열차는 출발하면서 속도를 높였다.

2 **Kyle sped down the highway.**
Kyle은 고속도로를 빠르게 달렸다.

Plus+ gain 동 (속도 등을) 늘리다 / leave 동 (장소에서) 출발하다, 떠나다

rabbit

['ræbɪt]

명 토끼

동 토끼 사냥하다

우리에게 '토끼'로 익숙한 단어 rabbit은 원래 '큰, 둥근 물체'를 의미하는 단어에서 유래했습니다. 생각해 보니 토끼의 생김새가 전체적으로 둥근 모습이네요. rabbit은 동사로는 '토끼 사냥을 하다'라는 뜻을 나타냅니다. 사전에는 아예 Go rabbiting(토끼 사냥을 가다)이라는 표현이 등재되어 있기도 합니다.

1 **The rabbit hopped through the grass.**
토끼가 풀밭을 뛰어다녔다.

2 **We go rabbiting every winter.**
우리는 겨울마다 토끼를 사냥하러 간다.

Plus+ hop 동 깡충깡충 뛰다　grass 명 풀밭

duck

[dʌk]

명 오리

동 (몸이나 머리를) 홱 숙이다, (머리나 몸을 움직여) 피하다, (힘든 의무를) 피하다[모면하다]

duck은 우리가 잘 알고 있는 대로 '오리'를 의미합니다. 그런데 이 단어가 가진 의외의 면모가 있으니 바로 동사로 '몸을 낮추다, 피하다'라는 뜻을 나타낸다는 점입니다. 오리들이 물속에서 먹이를 찾거나 위험을 피하려고 머리를 물 아래로 빠르게 숙이는 모습을 사람에게 적용한 뜻으로 보입니다.

1 **The duck is swimming in the pond.**
오리가 연못에서 수영하고 있다.

2 **John ducked behind the wall when he heard the explosion.**
John은 폭발 소리를 듣자마자 벽 뒤로 몸을 숨겼다.

Plus+ pond 명 연못　explosion 명 폭발

wine

[waɪn]

명 포도주, 과실주, 암적색

형 와인색의

wine은 보통 '포도주'를 의미합니다. 예를 들어, wine cellar라고 하면 '포도주 저장실'을 의미하고, a chilled wine은 '차게 식힌 포도주'를 뜻합니다. 또한 포도주와 같은 색인 '암적색'을 뜻하기도 하는데, 이런 경우 보통 뒤에 -colored라는 말이 붙어 wine-colored라고 표현하기도 합니다.

1 **She likes to drink red wine with cheese.**
그녀는 치즈와 함께 적포도주를 마시는 것을 즐긴다.

2 **Ann dyed her hair a dark wine red color.**
Ann은 머리를 진한 와인 레드색으로 염색했다.

Plus+ dye 동 염색하다　dark 형 (색이) 진한

1240

surface

['sɜːrfɪs]

명 표면[표층], 겉보기[외관]

형 외관의, 표면의

surface는 물체의 바깥쪽 면이나 경계를 나타내는 단어입니다. 물리적인 개체의 외부 또는 접촉할 수 있는 부분뿐만 아니라 추상적 개념이나 문제에 대한 외적인 특성을 나타내기도 하지요. 예를 들어, scratch the surface of는 '~의 겉만 핥다'라는 뜻으로 문제의 핵심까지 파고들지 않는 것을 나타냅니다.

1 The surface of the table is smooth.
그 탁자의 표면은 매끄럽다.

2 We only scratched the surface of the problem.
우리는 문제의 표면만 긁어본 것뿐이다.
(= 우리는 수박 겉핥기식으로 그 문제를 다룬 것뿐이다.)

Plus+ smooth 형 매끈한, 매끄러운　　scratch 동 긁다

1241

somehow

['sʌmhaʊ]

부 어떻게든, 어찌된 일인지, 어떻게 해서든지, 아무튼

somehow는 어떤 방법이나 원인을 구체적으로 설명하지 않고 일이 일어난 사실에 대해 이야기할 때 사용되는 부사입니다. 우리말의 '어떻게든, 아무튼' 정도에 해당하니 약간 '무책임한' 뉘앙스로 기억하시면 좋겠습니다.

1 We'll get through this crisis somehow.
우리는 어떻게든 이 위기를 극복할 것이다.

2 This math problem somehow seems wrong.
이 수학 문제는 왠지 잘못된 것 같다.

Plus+ get through ~을 빠져 나가다　　crisis 명 위기
seem 동 ~인 것 같다　　wrong 형 잘못된, 틀린

1242

shade

[ʃeɪd]

명 그늘, 응달[음지], 으슥한 곳, 차양[빛을 가리는 것]

shade는 빛이 가려진 상태나 그런 상태에 있는 공간을 나타냅니다. 예를 들어, in the shade라고 하면 '그늘에서'를 뜻하지요. 또한 전등의 갓이나 빛 가리개를 나타내기도 해서 lampshade는 '램프의 갓'을, sunshade는 '햇빛 가리개'를 가리킵니다. 한편 shade가 빛의 강도에 따른 색상의 차이를 나타내기도 하는데, 이 의미는 미술 등의 분야에서 많이 쓰인답니다.

1 Let's sit in the shade under this tree.
이 나무 그늘 아래에 앉자.

2 The sunshade will protect us from the sunlight.
그 햇빛 가리개가 햇빛으로부터 우리를 보호해 줄 것이다.

Plus+ protect 동 보호하다, 지키다　　sunlight 명 햇빛, 햇살

1243

examine

[ɪg'zæm]

동 조사[검토]하다, 시험을 보다, 심문하다, 진찰하다

examine은 주로 사물이나 상황, 아이디어 등을 자세히 살피거나 이해하기 위해 '조사 또는 분석하는' 것을 나타냅니다. 쓰이는 분야에 따라 뉘앙스가 조금씩 달라집니다. 예를 들어, 의료 분야에서 쓰일 경우, '(환자를) 검진하다, 진찰하다'를 뜻합니다.

1 Please examine the document carefully.
그 서류를 주의 깊게 검토해 주십시오.

2 The doctor is going to examine the patient.
의사가 환자를 진찰할 것이다.

Plus+ document 명 서류, 문서 patient 명 환자

1244

supply

[sə'plaɪ]

동 공급[제공]하다, 보충하다

명 공급, 보급품

supply는 '채우다, 완성하다'라는 뜻에서 유래했습니다. 창고에 부족한 물품을 채우는 장면을 머릿속에 그려보세요. '공급하다, 제공하다'라는 의미가 바로 연상되시죠? 그밖에 명사로는 '(공급되는) 물품, 재고, 자원' 등을 의미합니다.

1 The store will supply the materials.
그 상점에서 재료를 공급할 것이다.

2 We need to increase our water supply.
우리는 물 공급을 늘려야 한다.

Plus+ material 명 (물건의) 재료 increase 동 증가하다, 늘리다

1245

court

[kɔːrt]

명 법정, (운동을 하는) 코트, 안마당

동 ~을 얻으려고 하다

court는 원래 '닫힌 마당'이라는 뜻에서 유래했습니다. 그러다 의미가 확장되면서 지금은 주로 '법정, 궁전', 또는 '농구 코트' 등을 의미합니다. 예를 들면 appear in court(법원에 출두하다), a squash court(스쿼시 코트) 등이 있어요. 또한 court는 동사로는 무언가를 얻기 위해 노력하는 것을 나타냅니다.

1 He stood before a court for theft.
그는 절도죄로 법정에 서게 되었다.

2 My friend and I played basketball on the court.
나는 친구와 함께 코트에서 농구를 했다.

Plus+ stand before the cour 법정에 서다

1246

burst

[bɜːrst]

burst - burst

동 터지다[파열하다], 폭발하다, 불쑥 가다[오다], (터질 듯이) 가득 차다

burst는 무언가 갑자기, 급격하게 터져서 퍼져 나가는 뉘앙스를 표현합니다. 물리적인 터짐뿐만 아니라 감정이나 정보의 폭발적인 증가를 나타낼 때도 사용됩니다. 예를 들어, 갑자기 감정이 올라와서 눈물이 '왈칵' 쏟아지는 것을 burst로 표현할 수 있어요.

1 The balloon suddenly burst.
풍선이 갑자기 터졌다.

2 The bank will burst under the pressure.
그 둑은 압력을 받아 터질 것이다.

Plus+ bank 명 둑, 제방 / under 전 (~의 영향을) 받아 [못 이겨] / pressure 명 압력

1247

downstairs

[ˌdaʊn'sterz]

부 아래층에[으로]

형 아래층의

downstairs는 down(아래로)과 stairs(계단)가 결합한 단어로 직역하면 '아래층으로 가는 계단'이라는 의미를 나타냅니다. 그래서 일반적으로 건물의 아래층, 즉 지하나 1층과 같은 낮은 층을 나타내거나 건물의 한 층에서 한 단계 아래층으로 내려갈 때 사용됩니다.

1 I ran downstairs to get some water.
나는 물을 마시려고 아래층으로 뛰어 내려갔다.

2 The meeting room is downstairs.
회의실은 아래층에 있다.

Plus+ get 동 (식사 등을) 먹다

1248

potato

[pə'teɪtoʊ]

명 감자

'감자'를 뜻하는 potato는 유래가 꽤 복잡한 단어입니다. 지금의 페루 지역에서는 원래 papa라고 불렀는데, 유럽으로 넘어가면서 스페인어로 patata로 불렀다가 이후 영어로 들어오면서 지금의 potato가 되었답니다. 참고로 영어에는 couch potato라는 말이 있는데 소파에서 감자칩을 먹으며 하루 종일 TV만 보는 사람을 의미합니다. 우리말로 '집돌이, 집순이' 느낌이랄까요?

1 Noah has a potato farm in Ireland.
Noah는 아일랜드에서 감자 농장을 운영하고 있다.

2 I had mashed potato for lunch.
나는 점심으로 으깬 감자를 먹었다.

Plus+ mash 동 (음식을 부드럽게) 으깨다

1249 □□

priest

[priːst]

명 성직자, (가톨릭) 사제[신부]

동 사제[목사]로 임명하다

priest는 '신부, 사제'를 가리키는 명사입니다. 동사로는 '사제로 임명하다'라는 뜻이 되죠. 원래는 '연장자'를 의미하는 단어에서 유래했습니다. 인류 역사 속 어떤 사회에서든 연장자 대부분이 권위와 지혜가 있다는 점에서 지금의 뜻이 나온 것으로 추정합니다.

1 The priest gave a sermon about love.
신부는 사랑에 대한 설교를 했다.

2 The priest blessed the congregation.
사제가 신도들을 위하여 축복하였다.

Plus + sermon 명 설교 / bless 동 (신의) 축복[가호]을 빌다 / congregation 명 신도[신자]들

1250 □□

puff

[pʌf]

동 (숨, 연기 등을) 훅 내뿜다[나오다], (기차가 연기 등을) 내뿜으며 이동하다, 숨을 헐떡거리다, (담배 등을) 뻐끔뻐끔 피우다

puff는 '부풀린 것'이나 '팽창한 것'을 의미하는 단어에서 유래했습니다. 무언가 부풀었다가 공기나 연기를 '내뿜는' 모습에서 의미가 확장된 것으로 보입니다. 그래서 맥락에 따라 숨을 내쉬거나 기차가 연기를 뿜으며 이동하는 것, 또는 담배를 피우는 모습을 표현합니다.

1 The baker puffed up the dough before putting it into the oven.
제빵사는 반죽을 오븐에 넣기 전에 부풀렸다.

2 The little steam train puffed along the track.
작은 증기 기관차가 연기를 내뿜으며 기차 길을 따라 달려갔다.

Plus + dough 명 밀가루 반죽 / steam train 증기 기관차 / track 명 (기차) 선로, 길

1251 □□

captain

[ˈkæptɪn]

명 (팀의) 주장, 선장, 기장, 우두머리

captain은 원래 '머리'를 의미하는 단어에서 나왔습니다. 우리말에도 '우두머리'와 같이 '머리'가 들어가는 단어가 윗사람을 의미하는 경우가 많이 있죠. captain도 영어에서 '선장, 팀장, 기장' 등의 지도자나 지휘자를 의미합니다.

1 The captain is very experienced in navigating a ship in a storm.
그 선장은 폭풍우 속에서 배를 조종하는 데 매우 노련하다.

2 Irene is the captain of the baseball team.
Irene은 야구팀의 주장이다.

Plus + experienced 형 노련한, 경험이 풍부한 / navigate 동 (배 등을) 조종하다

1252

stove

[stoʊv]

명 난로, (요리용) 화덕[레인지], 온실[건조실]

stove는 '난로, 가스레인지, 전기레인지'와 같은 조리 기구를 의미합니다. 원래는 '난로'를 의미했지만 기술이 발전하면서 그와 유사한 기능을 하는 모든 것들을 나타내게 되었죠. 그래서 음식을 요리하거나 집을 따뜻하게 하기 위해 사용되는 도구 또한 모두 stove에 해당합니다.

1 She is cooking breakfast on the stove.
그녀는 (요리용) 레인지에서 아침 식사를 만드는 중이다.

2 The old cabin has a wood-burning stove.
그 오래된 오두막집에는 장작을 때서 쓰는 난로가 있다.

Plus+ cabin 명 (나무로 된) 오두막집 wood 명 나무, 목재
burn 동 태우다

1253

reveal

[rɪ'vi:l]

동 드러내다[밝히다], 적발[폭로]하다

reveal은 '드러내다, 공개하다, 밝히다' 등을 의미하는 동사입니다. 정확한 뉘앙스는 '숨겨진 것이나 숨겨야 할 것을 밝히는 행위'라고 생각하면 됩니다. 예를 들어, reveal one's character라고 하면 '본성을 드러내다'를 뜻하고 reveal the motives는 '동기를 밝혀내다'를 의미합니다.

1 The investigation revealed the truth.
수사를 통해 진실이 밝혀졌다.

2 Helen hesitated to reveal her feelings.
Helen은 자신의 감정을 드러내는 것을 주저했다.

Plus+ investigation 명 (범죄 등에 대한) 수사[조사]
hesitate 동 주저하다[망설이다]

1254

private

['praɪvət]

형 사적인, 개인적인, 사립의, 은밀한

private은 '사적인, 개인적인, 비공개의' 등을 뜻하는 형용사입니다. 개인에 관련된 것이나 공개되지 않은 것을 주로 나타내죠. 실제 대화에서 This is private.이라고 하면 '이건 너와 나만 알아야 하는 정보야.'라는 암시를 많이 나타냅니다.

1 Jamie doesn't share much about her private life.
Jamie는 사생활에 대해 많이 공유하지 않는다.

2 Luna sent me a private message.
Luna는 나에게 개인적인 메시지를 보냈다.

Plus+ share 동 (무엇을 다른사람과) 공유하다 life 명 (일상적인) 삶, 생활

1255

spill

[spɪl]

동 흘리다, 엎지르다, 쏟아져 나오다, (비밀 따위를) 누설하다

spill은 동사로 '흘리다, 넘어지다, 무너뜨리다' 등을 의미합니다. 주로 액체나 물체가 용기에서 넘쳐흐르거나 떨어지는 것을 나타냅니다. 추상적으로는 '(정보 등을) 누설하다'라는 뜻을 갖습니다. 예를 들어, spill out은 '넘쳐 흘리다'를 의미하고, spill the truth는 '진실을 털어놓다'를 뜻해요.

1 I accidentally spilled coffee on my clothes.
나는 실수로 옷에 커피를 흘렸다.

2 Leo spilled the beans about their secret project.
Leo는 그들의 비밀 프로젝트에 대해 무심코 말해 버렸다.

Plus+ accidently 부 실수로 spill the beans (비밀을) 무심코 말해 버리다

1256

pit

[pɪt]

명 (크고 깊은) 구덩이, (지면의) 구멍, 뜻밖의 위험, 함정

pit은 '구멍, 홀, 구덩이' 등을 뜻하는 명사입니다. 주로 지면이나 표면에 있는 작은 움푹한 공간이나 구멍을 나타냅니다. 추상적으로는 '위험'이나 '함정'을 나타내기도 합니다. 참고로 사람의 '겨드랑이(armpit)'를 묘사할 때도 pit이 쓰인답니다. 겨드랑이가 팔과 몸 사이에 있는 움푹한 공간이라는 걸 생각해 보세요!

1 The dog dug a pit in the garden.
개가 정원에 구덩이를 팠다.

2 Owen fell into a pit at the construction site.
Owen은 공사 현장의 구덩이에 빠졌다.

Plus+ dig 동 (구멍 등을) 파다 fall 동 빠지다, 떨어지다
construction 명 (도로 등의) 공사, 건설 site 명 (건물 등의 건설) 현장

1257

service

['sɜːrvɪs]

명 공공 사업, (상업적인) 서비스, 병역, 봉사

동 점검하다

service는 '노예의 일'이라는 뜻의 라틴어 *servitium*에서 유래했습니다. 과거에는 음식을 대접하고 사람을 응대하는 일은 대부분 노예들이 했거든요. 이런 의미가 확장되어 오늘날은 '공공 사업, (상업적인) 서비스' 등을 나타냅니다. 맥락에 따라 무언가를 '점검하다'를 뜻하기도 하지요.

1 The restaurant is known for its excellent service.
그 식당은 훌륭한 서비스로 유명하다.

2 The company established a customer service department.
그 회사는 고객 서비스팀을 신설했다.

Plus+ be known for ~로 유명하다 establish 동 설립하다

1258 □□

curse

[kɜ:rs]

명 저주, 악담[독설]

동 저주하다, 욕을 하다

curse는 '저주'를 의미하는 명사로도, '저주하다, 욕을 하다' 등을 뜻하는 동사로도 쓰여 상당히 센 어감을 나타냅니다. 그래서 under a curse라고 하면 '악운에 시달리는'이라는 뜻이 되고, put a curse on은 '~을 저주하다'라는 뜻이 됩니다.

1 The ancient curse has haunted them for generations.
고대의 저주가 대대로 그들을 괴롭혀 왔다.

2 Suzy cursed her bad luck.
Suzy는 자신의 불운을 저주했다.

Plus+ ancient 형 고대의 | haunt 동 (오랫동안) 괴롭히다 | generation 명 세대, 대 | bad luck 불운

1259 □□

pillow

['pɪloʊ]

명 베개, 베이스, 루

동 올려놓다, 베개를 베다

pillow는 명사로 '베개'를 뜻하고, 동사로는 '올려놓다'나 '베개를 베다' 등의 의미를 나타냅니다. 흔히 우리가 '베개 싸움'이라 부르는 것을 영어로 a pillow fight라고 합니다. 그밖에 pillow one's head on one's arm이라고 하면 '팔베개를 하다'를 의미합니다.

1 Lily bought a new pillow for her kids.
Lily는 자신의 아이들을 위해 새로운 베개를 샀다.

2 Sam pillowed the book on the table while reading.
Sam은 책을 읽다가 잠시 탁자 위에 책을 올려놓았다.

Plus+ while 접 ~하는 동안[사이]

1260 □□

prove

[pru:v]

동 입증[증명]하다, 판명되다, 시험[실험]하다

prove는 '(어떤 주장 또는 이론이 올바르거나 정확함을) 입증하거나 확인하다'라는 의미를 나타냅니다. 논리적으로 생각해 보면 무엇을 입증하거나 확인하기 위해서는 반드시 시험과 실험을 거쳐야겠죠? 그래서 prove는 '시험하다, 실험하다'를 의미하기도 합니다.

1 She wants to prove that she is the best candidate for the position.
그녀는 자신이 그 자리에 가장 어울리는 후보자임을 증명하고 싶어한다.

2 Can you prove that this theory is wrong?
이 이론이 틀렸다는 것을 증명할 수 있니?

Plus+ candidate 명 (일자리의) 후보자 | position 명 (일)자리, 직위 | theory 명 이론, 학설

Review Test 42

우리말에 맞게 빈칸에 알맞은 단어를 쓰세요. (정답은 본문을 확인하세요.)

1 He ____________ his coffee with a spoon. 그는 커피를 숟가락으로 저어 주었다.

2 Helen always cooks ____________ of food for her friends. Helen은 항상 친구들을 위해 충분한 양의 음식을 만든다.

3 The birds left a ____________ of footprints in the snow. 새들이 길을 따라 눈 위에 발자국을 남겼다.

4 The bottle ____________ was easy to twist off. 그 병뚜껑은 비틀어 열기 쉬웠다.

5 The carpenter ____________ the couch. 목수가 소파에 가죽을 씌웠다.

6 The train gained ____________ as it left. 열차는 출발하면서 속도를 높였다.

7 We go ____________ every winter. 우리는 겨울마다 토끼를 사냥하러 간다.

8 The ____________ is swimming in the pond. 오리가 연못에서 수영하고 있다.

9 She likes to drink red ____________ with cheese. 그녀는 치즈와 함께 적포도주를 마시는 것을 즐긴다.

10 The ____________ of the table is smooth. 그 탁자의 표면은 매끄럽다.

11 We'll get through this crisis ____________. 우리는 어떻게든 이 위기를 극복할 것이다.

12 Let's sit in the ____________ under this tree. 이 나무 그늘 아래에 앉자.

13 Please ____________ the document carefully. 그 서류를 주의 깊게 검토해 주십시오.

14 The store will ____________ the materials. 그 상점에서 재료를 공급할 것이다.

15 He stood before a ____________ for theft. 그는 절도죄로 법정에 서게 되었다.

16 The balloon suddenly ____________. 풍선이 갑자기 터졌다.

17 The meeting room is ____________. 회의실은 아래층에 있다.

18 Noah has a ____________ farm in Ireland. Noah는 아일랜드에서 감자 농장을 운영하고 있다.

19 The ____________ gave a sermon about love. 신부는 사랑에 대한 설교를 했다.

20 The little steam train ____________ along the track. 작은 증기 기관차가 연기를 내뿜으며 기차 길을 따라 달려갔다.

21 Irene is the ____________ of the baseball team. Irene은 야구팀의 주장이다.

22 The old cabin has a wood-burning ____________. 그 오래된 오두막집에는 장작을 때서 쓰는 난로가 있다.

23 Helen hesitated to ____________ her feelings. Helen은 자신의 감정을 드러내는 것을 주저했다.

24 Luna sent me a ____________ message. Luna는 나에게 개인적인 메시지를 보냈다.

25 Leo ____________ the beans about their secret project. Leo는 그들의 비밀 프로젝트에 대해 무심코 말해 버렸다.

26 The dog dug a ____________ in the garden. 개가 정원에 구덩이를 팠다.

27 The restaurant is known for its excellent ____________. 그 식당은 훌륭한 서비스로 유명하다.

28 Suzy ____________ her bad luck. Suzy는 자신의 불운을 저주했다.

29 Lily bought a new ____________ for her kids. Lily는 자신의 아이들을 위해 새로운 베개를 샀다.

30 Can you ____________ that this theory is wrong? 이 이론이 틀렸다는 것을 증명할 수 있니?

레벨별 단어 사용 빈도

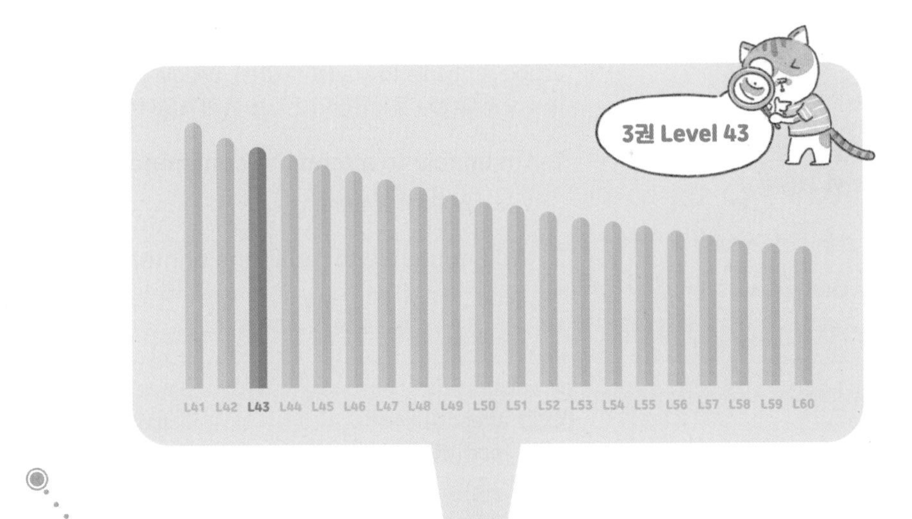

LEVEL 1~20
LEVEL 21~40
LEVEL 41~60
LEVEL 61~80
LEVEL 81~100

1261

bang

[bæŋ]

동 **쾅 하고 치다[때리다], 쾅 하고 닫다[닫히다], (총을) 탕 쏘다, (지식 등을) 무리하게 주입하다**

bang은 '쾅 하고 치다, 쾅 하고 닫다' 등을 뜻하는 동사입니다. 이와 관련한 재미있는 유래가 있습니다. 혹시 the Big Bang Theory(빅뱅 이론)이라는 말 들어 보셨나요? 처음 이 이론을 들은 물리학자가 "아니, 우주가 그냥 '쾅' 하고 폭발해서 만들어졌다니? 그럼 그건 '큰 쾅' 이론인가?"라며 비꼰 일화에서 지금의 표현이 나왔답니다.

1 Nick was surprised when the door banged open.
문이 쾅 하고 열리자 Nick은 놀랐다.

2 He banged his fist on the dining table with anger.
그는 화가 나서 주먹으로 식탁을 쾅 하고 내리쳤다.

Plus + fist 명 주먹

1262

unable

[ʌn'eɪbl]

형 **~할 수 없는, ~하지 못하는, 약한, 무능한**

영어에서 un-으로 시작하는 단어들은 대부분 부정의 뜻을 갖습니다. unable도 un-(아닌)과 able(~할 수 있는)이 결합한 단어로 '~할 수 없는'을 의미하지요. unable은 unable to buy(살 수 없는), unable to walk(걸을 수 없는) 등과 같이 주로 뒤에 'to + 동사원형'이 온다는 점 함께 알아두시면 좋겠군요.

1 I'm unable to attend the conference tomorrow.
나는 내일 회의에 참석할 수 없다.

2 We are unable to repair the printer.
우리는 프린터를 수리할 수 없다.

Plus + attend 동 참석하다 / conference 명 회의 / repair 동 수리하다

1263

decision

[dɪ'sɪʒn]

명 **결정, 결단, 판단**

decision은 정확히 '어떤 상황이나 문제에 대해 판단하고 선택한 결과'를 의미합니다. decision에서 앞에 de-는 '떨어져, 떨어진'을 뜻하고 뒤에 cision은 '잘라냄'을 뜻합니다. 주어진 것에서 특정 부분을 선택한 후 '잘라서 떼어낸 것'이라는 뜻이죠. 이것이 바로 '결정, 결단, 판단'입니다!

1 Sophia made the decision to quit her job.
Sophia는 직장을 그만두기로 결정했다.

2 It was not an easy decision to make.
그것은 쉬운 결정이 아니었다.

Plus + make a decision 결정을 내다 / quit 동 (직장 등을) 그만두다

1264

lid

[lɪd]

명 뚜껑[덮개], 눈꺼풀, 규제[제한]

lid는 명사로 '뚜껑'이나 '덮개'를 의미합니다. 주로 용기, 상자, 냄비 등의 상단을 덮는데 사용되는 것을 뜻하는데, 신체 부위에 쓰이기도 합니다. 우리의 눈을 덮는 것은 무엇일까요? 바로 '눈꺼풀'이죠. 그래서 영어로 눈꺼풀을 eyelid라고 부릅니다. 또한 어떤 '(행위 등의) 범주'를 정하는 '덮개'로 사용되는 경우에는 '규제, 제한'을 의미합니다.

1 **Make sure to close the lid of the jar tightly.**
반드시 항아리 뚜껑을 꽉 닫아 주십시오.

2 **Ryan blinked his eyelids repeatedly.**
Ryan은 계속해서 눈꺼풀을 깜박였다.

Plus+ jar 명 항아리 / tightly 부 단단히, 꽉 / blink 동 눈을 깜박이다 / repeatedly 부 반복해서, 계속해서

1265

shop

[ʃɑːp]

명 가게, 상점, (공예가의) 작업장

동 물건을 사다

shop은 너무나 유명한 단어죠? 원래는 '거래나 작업을 위한 창고'를 의미했습니다. 그래서 오늘날 명사로는 '가게, 상점, 작업장' 등의 뜻을 나타내죠. 동사로는 일반적으로 '물건을 사기 위해 상점을 찾아 다니는 행위'를 뜻합니다. 그래서인지 shopping을 할 때마다 상당한 체력을 소모하는 것 같군요!

1 **I went to the eyeglass shop to buy a new pair of glasses.**
나는 새 안경을 사러 안경점에 갔다.

2 **They opened a new shop in the city.**
그들은 그 도시에 새로운 가게를 열었다.

Plus+ glasses 안경 / open 동 개업하다

1266

ghost

[goʊst]

명 유령[귀신], 환영[허깨비], 희미한 흔적, 아주 적은 양

ghost라는 단어는 '유령, 귀신, 영혼' 등의 개념을 포함하며 일반적으로 '죽은 사람의 혼'이나 '영적인 존재'를 의미합니다. 원래 '생명, 정신' 등을 의미했습니다. 이를 보면 서구인들이 유령이나 귀신을 어떻게 인지했는지 알 수 있습니다.

1 **I had a dream with a ghost.**
나는 유령이 나오는 꿈을 꾸었다.

2 **Hazel used to believe in ghosts and spirits.**
Hazel은 유령과 영혼을 믿곤 했다.

Plus+ dream 명 꿈 / used to V ~하곤 했다 / spirit 명 영혼, 정신

1267 □□

fare

[fer]

명 (교통) 요금[운임], (요금을 내는) 승객

동 (사람이) 살아가다[지내다], (일이) 되어가다[일어나다]

fare는 원래 '여행, 이동'을 의미하는 단어에서 유래했습니다. 오늘날에는 주로 '(교통수단의) 요금' 또는 그 요금을 내는 '승객' 등의 개념을 나타내는 단어로 쓰입니다. 동사로는 '사람이 살아가다' 또는 '일이 되어간다'는 뜻을 갖는데, 이것은 '여행, 이동'의 개념이 확장된 것입니다. 어차피 살아간다는 것은 하나의 여행이니까요.

1 How much is the taxi fare?
택시 요금은 얼마입니까?

2 Alex is faring better than expected.
Alex는 예상보다 더 잘 지내고 있다.

Plus+ better 부 더 잘 expected 형 예상되는

1268 □□

grand

[grænd]

형 웅장한, 위대한, 근사한[훌륭한], 원대한

grand는 크기, 중요도 등에서 매우 '크거나 웅장한' 것을 나타냅니다. 이러한 '웅장함'을 잘 느낄 수 있는 헬렌켈러(Helen Keller)의 명언이 있는데, 바로 Life is a grand adventure or nothing at all.(인생은 웅장한 모험이거나 아무것도 아니다.)입니다. 어떻게 사는지에 따라 자신의 인생이 결정된다는 뜻이죠.

1 She wants to live in a grand house.
그녀는 웅장한 집에 살고 싶어 한다.

2 The queen made her grand entrance at the party.
여왕은 파티에 근사하게 등장했다.

Plus+ entrance 명 등장, 입장

1269 □□

fat

[fæt]

명 지방[비계]

형 뚱뚱한, 비만인, (고기가) 지방분이 많은, (토지가) 기름진

fat은 명사로는 '지방'을, 형용사로는 물체의 두께나 부피가 크다는 것을 나타냅니다. 예를 들어, low-fat은 '저지방의'를 뜻하고, grow fat은 '살찌다'를 의미하지요. 생각해 보면 지방은 실제로 근육에 비해 무게 대비 부피가 훨씬 크지요? 이렇듯 fat은 은근히 과학적인 형용사입니다.

1 The dog is getting fat.
그 개는 점점 뚱뚱해지고 있다.

2 Some doctors recommend that you eat less fat for your health.
일부 의사들은 건강을 위해 지방을 적게 먹을 것을 권장한다.

Plus+ get 동 (어떤 상태가) 되다[되게 하다] recommend 동 권고[권장]하다, 추천하다
less 형 (양·정도가) 보다 적은 health 명 건강

1270 

wound

[wu:nd]

명 상처, 부상

동 상처를 입히다, 감정을[명성 따위를] 상하게 하다

wound는 명사로는 '상처'를, 동사로는 '상처를 입히다'를 뜻합니다. 보통은 몸에 물리적 손상이나 상처를 내는 것을 나타냅니다. 그래서 How deep is the wound?라고 물으면 '상처가 얼마나 깊습니까?'라는 뜻이 됩니다. 또한 wound는 추상적으로 '(누군가의 마음이나 명성 따위를) 상하게 하다'라는 뜻으로 쓰일 수도 있습니다.

1 **The wound will take a long time to heal.**
그 상처가 아물려면 오랜 시간이 걸릴 것이다.

2 **Aaron was wounded in the leg during the war.**
Aaron은 전쟁 중에 다리를 다쳤다.

Plus+ take 동 (얼마의 시간이) 걸리다 / heal 동 낫다, 치유하다 / during 전 ~동안, (~하는) 중에 / war 명 전쟁

1271 

excuse

[ɪk'skju:s] [ɪk'skju:z]

명 변명, 구실[핑계]

동 용서하다, 변명하다[핑계를 대다]

excuse는 재미있는 어원을 가지고 있습니다. 이 단어에서 ex-는 '밖으로, 떨어져'라는 뜻이고 cuse는 cause, 즉 '이유, 원인'을 뜻하는데, 이 둘을 합치면 '이유, 원인을 밖으로 끄집어 내다'라는 의미가 됩니다. 이제 왜 excuse가 '변명, 구실, 핑계'라는 뜻으로 쓰이는지 아시겠죠? "그냥 그런 게 아니라 뭔가 이유가 있었다고!" 이런 게 바로 '핑계'지요!

1 **Samuel made an excuse for not finishing his homework.**
Samuel은 숙제를 끝내지 못한 것에 대해 변명했다.

2 **"Please excuse my tardiness," Aaron said.**
"늦어서 죄송합니다." Aaron이 말했다.

Plus+ finish 동 끝내다[마치다] / tardiness 명 지각

1272 

cadaver

[kə'dævə(r)]

명 (특히 해부용) 시체

cadaver는 '사람의 시체'를 의미하는 명사입니다. 주로 의학 연구나 교육 목적으로 사용되는 사체를 가리키며, 의료 전문가들이 해부학을 연구하거나 의학적 절차를 배울 때 사용됩니다.

1 **The students studied the cadaver to learn about human anatomy.**
그 학생들은 인체 해부학을 배우기 위해 시체를 연구했다.

2 **The cadaver was donated to the university for the research.**
그 시체는 연구를 위해 대학에 기증되었다.

Plus+ anatomy 명 해부학 / donate 동 기증[기부]하다 / research 명 연구(조사)

1273

poison

['pɔɪzn]

명 독[약], 악영향을 끼치는 것[사람]

동 ~에 독을 넣다, ~을 독살하다

poison은 몸에 해로운 물질, 특히 '독'을 의미합니다. 원래 '마시는 것, 음료'라는 뜻을 가진 단어에서 유래했습니다. 아마도 과거에는 독을 액체에 풀어 썼기 때문에 지금의 뜻으로 이어지지 않았나 하는 생각도 드네요. 그밖에 동사로는 '독을 넣다, 독살하다'라는 뜻이 됩니다.

1 The detective discovered the poison in the kitchen.
형사는 부엌에서 독극물을 발견했다.

2 The fish were poisoned by chemicals in the water.
물고기는 물속의 화학 물질로 인해 독살되었다.

Plus+ detective 명 형사, 탐정 chemical 명 화학 물질

1274

horrible

['hɔ:rəbl, 'hɑ:rəbl]

형 끔찍한, 무시무시한, 무서운, 지긋지긋하게 싫은

horrible은 '끔찍한, 무서운, 혐오스러운' 등을 의미하는 형용사로, 매우 부정적인 감정을 표현하는 데 사용됩니다. 정말 귀신이나 괴물처럼 무섭고 끔찍한 것을 묘사할 수도 있지만, 너무 싫어하는 것을 묘사할 때도 곧잘 쓰이곤 합니다. 하긴 너무 싫으면 끔찍하게 보기 싫으니 둘 다 비슷하긴 하네요.

1 The soup tasted horrible.
그 수프는 맛이 끔찍했다.

2 Emma had a horrible nightmare.
Emma는 무서운 악몽을 꾸었다.

Plus+ taste 동 ~한 맛이 나다 nightmare 명 악몽

1275

grave

[greɪv]

명 무덤, 죽음[파멸]

grave는 원래 '무거운, 중요한, 심각한'이라는 뜻을 가진 단어에서 유래했습니다. 우리 삶에서 가장 '무겁고, 중요하고, 심각한' 사건이 뭘까요? 나의 또는 사랑하는 사람의 '죽음'이나 가치 있게 여기는 무언가의 파멸이겠지요. 이러한 맥락에서 grave는 '무덤'이라는 뜻도 나타내게 되었습니다.

1 Some Koreans visit their family's graves on a big holiday.
일부 한국인들은 명절에 가족의 묘를 방문한다.

2 Flowers are in full bloom near my grandfather's grave.
할아버지 무덤 근처에 꽃이 활짝 피어 있었다.

Plus+ in full bloom 꽃이 활짝 핀

handful

['hændfʊl]

명 **한 움큼, 소량[소수], 다루기 힘든 사람[동물, 일]**

handful의 기본 의미는 '한 손으로 쥘 수 있는 양'입니다. 우리말의 '한 줌, 한 움큼'에 가장 가깝습니다. 그리고 여기서 많은 의미들이 파생되었는데 그 중 하나가 바로 '다루기 힘든 사람이나 상황'입니다. 손에 한 움큼 무언가 쥐고 있으면 그걸 다루기 어렵겠죠? 무엇이든 적당히 쥐고 있어야 다루기 쉬우니까요. 이런 맥락에서 나온 의미로 보시면 됩니다.

1 **Sarah gave me a handful of candies.**
Sarah는 내게 사탕을 한 움큼 주었다.

2 **Taking care of children can sometimes be a real handful.**
아이들을 돌보는 것은 때로 정말 다루기 힘든 일일 수 있다.

Plus+ take care of ~을 돌보다　　sometimes 부 때때로, 가끔

patient

['peɪʃnt]

명 **환자**

형 **인내심 있는**

patient는 명사로 '환자'를 의미하고, 형용사로는 '인내심이 강한, 참을성이 있는'을 뜻합니다. 원래 '인내심 있고 참을성 있는 사람'을 지칭했는데, 이것이 통증을 참고 견디는 사람에게 적용되어 '환자'라는 뜻도 갖게 되었습니다. 재미있는 흐름이죠?

1 **The doctor carefully treated a patient.**
의사가 환자를 꼼꼼히 진료했다.

2 **He took a deep breath to be patient.**
그는 인내심을 유지하려고 심호흡을 했다.

Plus+ treat 동 치료하다, 처치하다　　deep 형 깊은
breath 명 숨, 호흡

1278

blame

[bleɪm]

동 **비난하다, ~의 탓으로 돌리다**

명 **비난[책망], 책임[탓]**

blame은 동사로는 '비난, 책임을 묻다, (나쁜 결과나 상황에 대한) 책임을 돌리다' 등을 의미하고, 명사로는 '비난, 책망, 책임, 탓'이라는 뜻이 됩니다. 예를 들어, be blamed for the mistake는 '실수를 해서 비난 받다'를 의미하고, take the blame이라고 하면 '잘못의 책임을 지다'를 뜻합니다.

1 **Judy was blamed for bullying Suzy.**
Judy는 Suzy를 괴롭힌다는 비난을 받았다.

2 **Don't blame yourself for what already happened.**
이미 일어난 일에 대해 자책하지 마라.

Plus+ bully 동 (약자를) 괴롭히다　　weak 형 (신체적으로) 약한, 힘이 없는
already 부 이미, 벌써　　happen 동 일어나다

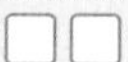

1279

scary

['skeri]

형 무서운[두려운], 무시무시한, 겁나는, 겁 많은

scary는 동사 scare(겁주다, 놀라게 하다)의 형용사형입니다. 그래서 기본적으로 '무서운, 무시무시한, 겁나는' 등을 의미하지요. 우리가 수확철에 논이나 밭에 가면 '허수아비'가 있죠? 영어로는 scarecrow라고 합니다. crow가 '까마귀'니까 scarecrow는 말 그대로 '까마귀가 공포를 느끼게 하다'라는 말인 셈입니다. crow 입장에서는 scarecrow가 scary하겠죠!

1 **The movie was really scary.**
그 영화는 정말 무서웠다.

2 **A scary thought came into my mind.**
나는 무서운 생각이 떠올랐다.

Plus+ thought 명 생각 / come into one's mind 생각이 나다

1280

crouch

[krautʃ]

동 (두렵거나 숨기 위해 몸을) 웅크리다[웅크리다, 쭈그리다], (비굴하게) 굽실거리다

명 웅크리기[구부리기, 움츠리기]

crouch는 보통 몸을 낮추고 앉거나 엎드리는 동작을 의미합니다. 감이 잘 안올 것 같아서 잠시 예를 들어 볼게요. 우리가 헬스장에서 하는 squat(스쿼트)는 무릎을 굽히고 엉덩이를 뒤쪽으로 빼면서 몸을 낮추는 안정적인 동작을 의미하죠? 반면 crouch는 안정적인 것과 관계없이 숨기 위해 웅크리는 동작을 나타냅니다.

1 **She crouched down to pick up the coins.**
그녀는 동전을 주우려고 쭈그리고 앉았다.

2 **James got down in a crouch to examine the floor.**
James는 바닥을 살펴보기 위해 쭈그리고 앉았다.

Plus+ pick up ~을 집다[들어 올리다] / examine 동 조사하다

1281

bore

[bɔ:(r)]

동 지루[따분]하게 하다, (깊은 구멍을) 뚫다[파다], 밀치고 나아가다

명 지겨운 사람

bore는 동사로 지루함을 느끼거나 무언가 구멍을 뚫어 관통하는 것을 나타냅니다. 구멍을 뚫는 작업이 너무 지루해서 '지루하게 하다'라는 뜻이 되었다는 정말 재미있는 설이 있기도 하지요. 그밖에 명사로는 '지겨운 사람'이라는 뜻도 됩니다.

1 **The meeting was so boring that I almost fell asleep.**
나는 회의가 너무 지루해서 거의 잠들 뻔했다.

2 **Peter bored a hole in the wall to hang the frame.**
Peter는 액자를 걸기 위해 벽에 구멍을 뚫었다.

Plus+ almost 부 거의 / fall asleep 잠들다 / hang 동 걸다, 매달다

1282 

proud

[praʊd]

형 자랑스러운, 자존심[자부심]이 강한, 당당한

proud는 주로 어떤 대상에 대해 기뻐하고 자랑스럽게 느끼는 것을 의미하는 형용사입니다. 때로는 우월감이나 거만함의 뉘앙스도 가질 수 있습니다. 미국에서 유명한 〈God bless the USA〉라는 노래에 I am proud to be an American, where at least I know I'm free.라는 가사가 등장합니다. 이럴 때 proud는 당연히 '자랑스러운'이라는 긍정의 뜻이겠죠?

1 **You must be very proud of yourself.**
분명 네 자신이 아주 자랑스러울 것이다.

2 **Smith was proud of his son for learning to ride a bike.**
Smith는 자전거 타는 법을 배운 아들이 자랑스러웠다.

Plus+ learn 동 배우다 ride 동 타다

1283 

frame

[freɪm]

명 틀[액자], 뼈대, (영화 등의) 한 장면[프레임], (추상적인) 구조

동 틀[액자]에 넣다, ~의 계획을 세우다

frame은 명사로 '(그림 또는 사진을 고정시키거나 보호하기 위한) 틀, (건물 등의) 골격' 등을 의미하며, 동사로는 어떤 사물을 만들거나 조직, 계획하는 것을 뜻합니다. 원래 '성공적으로 전진하다'라는 말에서 유래했는데, 거기서 '만들다, 조직하다, 계획하다'라는 뜻이 파생되었습니다.

1 **The picture was framed in a gold frame.**
그 사진은 금색 액자에 담겨 있었다.

2 **The frame of the cabin was made of wood.**
그 오두막집의 뼈대는 나무로 만들어졌다.

Plus+ gold 명 금빛, 황금색 형 금빛의 cabin 명 (나무로 된) 오두막집
wood 명 나무, 목재

1284 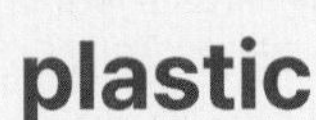

plastic

['plæstɪk]

명 합성수지, 가소성 물질, 신용카드

형 성형의

plastic의 어원은 참 재미있습니다. 원래 '형태를 바꾸거나 조각할 수 있는 것'을 의미하는 라틴어 *plasticus*에서 유래했는데, 시간이 지나면서 '모양을 만들거나 형성하다'라는 동사의 뜻도 갖게 되었습니다. 그리고 이런 맥락에서 '성형의'라는 뜻도 파생된 것으로 보입니다.

1 **The plastic bottle is light and easy to carry.**
플라스틱 병은 가볍고 들고 다니기 쉽다.

2 **Many countries are trying to reduce plastic waste.**
많은 나라들이 플라스틱 폐기물을 줄이기 위해 노력하고 있다.

Plus+ light 형 가벼운 try 동 노력하다
reduce 동 (규모, 양 등을) 줄이다 waste 명 폐기물, 쓰레기

1285

lump

[lʌmp]

명 덩어리, 혹

동 한 덩어리로 하다

형 일괄적인

lump는 뭉쳐놓은 무언가를 나타냅니다. 그래서 우리말로 '덩어리'라 표현하죠. 또한 '여러 가지를 함께 묶거나 일괄 처리하다'를 뜻하기도 합니다. '덩어리'가 '뭉치다'가 되는 셈이죠. 예를 들어, You have to lump them!이라고 하면 '그것들을 한꺼번에 묶어두어야 해!'라는 뜻이 됩니다.

1 The candies were stuck together in a lump.

사탕들이 덩어리로 뭉쳐져 있었다.

2 James lumped all his assignments together to save time.

James는 시간을 절약하려고 모든 일을 함께 처리하기로 했다.

Plus+ stick 동 달라[들러]붙다 / assignment 명 할당된 일, 과제 / save 동 절약하다, 아끼다

1286

interrupt

[ˌɪntəˈrʌpt]

동 방해하다[중단시키다], (진행 등을) 가로막다, 저지하다

명 중단[차단]

interrupt라는 단어를 가만히 보면 앞에 inter-가 보이시죠? 바로 '사이'라는 뜻입니다. 그리고 뒤에 나오는 rupt는 '부수다'라는 뜻입니다. 자, 이제 아시겠죠? 무언가 사이에 끼어들어서 부숴버린다는 개념이 바로 interrupt입니다. 그러면 결과는 어떻게 될까요? '방해하고 중단시키며 가로막고 저지하게' 되겠죠!

1 I'm really sorry to interrupt, but I have an urgent message for you.

방해해서 정말 미안하지만, 긴급한 메시지가 있어.

2 Her phone call interrupted our conversation.

그녀의 전화가 우리의 대화를 방해했다.

Plus+ urgent 형 긴급한, 시급한 / conversation 명 대화

1287 

nature

[ˈneɪtʃə(r)]

명 자연, 천성[본성], 본질[특징]

'자연'이라는 뜻으로 많이 알려져 있는 nature는 원래 '태어나다'라는 말에서 유래했습니다. 그런데 이 '자연'이라는 것의 본질이 바로 '스스로 그러한' 것이지요? 그래서 영어에는 human nature라는 말이 있습니다. 사람이 '원래 타고난 것', 이게 바로 '천성, 본성'이라는 뜻이지요.

1 We should protect the environment and nature.

우리는 환경과 자연을 보호해야 한다.

2 It is in her nature to be kind and generous.

친절하고 너그러운 것은 그녀의 본성이다.

Plus+ protect 동 보호하다 / environment 명 환경 / generous 형 관대한, 마음이 넓은

1288 

curious

['kjʊriəs]

형 호기심이 강한, 궁금한, 이상한[별난]

curious는 새롭거나 알려지지 않은 것에 관해 관심을 두고 탐구하거나 알아보려는 성질을 나타냅니다. 원래 '신중한, 주의 깊은'이라는 뜻이었음을 생각해 보면 '호기심이 강한, 궁금한'이라는 뜻을 나타내는 게 쉽게 이해되는군요. 어떤 것을 신중하고 주의 깊게 관찰하는 사람은 거기에 호기심과 궁금증이 있는 사람이겠죠.

1 **Nancy has been curious since she was a child.**
Nancy는 어렸을 때부터 호기심이 강했다.

2 **John was curious about who lived in the house.**
John은 그 집에 누가 사는지 궁금했다.

Plus + since 접 ~이래(죽), ~한 때부터 내내　　child 명 아이

1289 

fog

[fɔ:g, fɑ:g]

명 안개, 혼란[당황]

동 흐리게 하다, 혼란하게 하다

fog는 '안개'를 의미하죠. 원래는 '털이나 고깔'을 의미하는 단어에서 유래했다고 합니다. 이는 물방울이나 빙결 입자가 공기 중에 떠다니는 모습이 마치 털이나 고깔처럼 보이는 것과 관련이 있다고 해요. fog는 동사로 '흐리게 하다, 혼란하게 하다'라는 뜻을 나타내기도 합니다.

1 **We couldn't see far because of the thick fog.**
우리는 짙은 안개 때문에 멀리 볼 수 없었다.

2 **Steam fogged up the mirror.**
수증기로 거울이 뿌옇게 되었다.

Plus + thick 형 (안개 따위가) 짙은　　fog up 김이 서리다

1290

tomb

[tu:m]

명 무덤

동 매장하다

tomb은 '무덤'을 뜻합니다. 종종 고대 문명이나 역사적인 장소, 고고학적 발견과 관련이 있지요. 무덤을 뜻하는 또 다른 단어 grave는 주로 일반인이나 가족의 묘지와 관련된 이야기에서 쓰이는 반면, tomb은 고대 문명, 역사적 사건, 귀족 또는 왕족, 중요한 역사적 인물들과 관련된 이야기에서 주로 쓰입니다.

1 **They discovered an ancient tomb in China.**
그들은 중국에서 고대 무덤을 발견했다.

2 **The tomb was filled with artifacts.**
무덤에는 유물이 가득했다.

Plus + discover 동 발견하다, 찾다　　be filled with ~로 가득차다
artifact 명 유물

Review Test 43

우리말에 맞게 빈칸에 알맞은 단어를 쓰세요.

(정답은 본문을 확인하세요.)

1 Nick was surprised when the door ____________ open. 문이 쾅 하고 열리자 Nick은 놀랐다.
2 I'm ____________ to attend the conference tomorrow. 나는 내일 회의에 참석할 수 없다.
3 Sophia made the ____________ to quit her job. Sophia는 직장을 그만두기로 결정했다.
4 Make sure to close the ____________ of the jar tightly. 반드시 항아리 뚜껑을 꽉 닫아 주십시오.
5 They opened a new ____________ in the city. 그들은 그 도시에 새로운 가게를 열었다.
6 I had a dream with a ____________. 나는 유령이 나오는 꿈을 꾸었다.
7 How much is the taxi ____________? 택시 요금은 얼마입니까?
8 She wants to live in a ____________ house. 그녀는 웅장한 집에 살고 싶어 한다.
9 The dog is getting ____________. 그 개는 점점 뚱뚱해지고 있다.
10 The ____________ will take a long time to heal. 그 상처가 아물려면 오랜 시간이 걸릴 것이다.
11 "Please ____________ my tardiness," Aaron said. "늦어서 죄송합니다." Aron이 말했다.
12 The ____________ was donated to the university for the research. 그 시체는 연구를 위해 대학에 기증되었다.
13 The detective discovered the ____________ in the kitchen. 형사는 부엌에서 독극물을 발견했다.
14 Emma had a ____________ nightmare. Emma는 무서운 악몽을 꾸었다.
15 Some Korean visit their family's ____________ on big holiday. 일부 한국인들은 명절에 가족의 묘를 방문한다.
16 Sarah gave me a ____________ of candies. Sarah는 내게 사탕을 한 움큼 주었다.
17 The doctor carefully treated a ____________. 의사가 환자를 꼼꼼히 진료했다.
18 Judy was ____________ for bullying Suzy. Judy는 Suzy를 괴롭힌다는 비난을 받았다.
19 The movie was really ____________. 그 영화는 정말 무서웠다.
20 She ____________ down to pick up the coins. 그녀는 동전을 주우려고 쭈그리고 앉았다.
21 Peter ____________ a hole in the wall to hang the frame. Peter는 액자를 걸기 위해 벽에 구멍을 뚫었다.
22 You must be very ____________ of yourself. 분명 네 자신이 아주 자랑스러울 것이다.
23 The ____________ of the cabin was made of wood. 그 오두막집의 뼈대는 나무로 만들어졌다.
24 The ____________ bottle is light and easy to carry. 플라스틱 병은 가볍고 들고 다니기 쉽다.
25 The candies were stuck together in ____________. 사탕들이 덩어리로 뭉쳐져 있었다.
26 Her phone call ____________ our conversation. 그녀의 전화가 우리의 대화를 방해했다.
27 It is in her ____________ to be kind and generous. 친절하고 너그러운 것은 그녀의 본성이다.
28 Nancy has been ____________ since she was a child. Nancy는 어렸을 때부터 호기심이 강했다.
29 Steam ____________ up the mirror. 수증기로 거울이 뿌옇게 되었다.
30 The ____________ was filled with artifacts. 무덤에는 유물이 가득했다.

레벨별 단어 사용 빈도

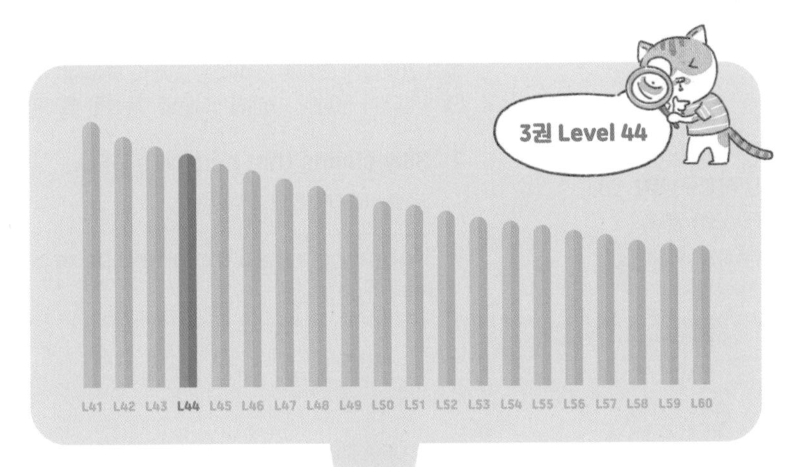

LEVEL 1~20 LEVEL 21~40 LEVEL 41~60 LEVEL 61~80 LEVEL 81~100

flip

[flɪp]

동 뒤집다[뒤집히다], 홱 넘기다[움직이다], 스위치를 찰칵 누르다[돌리다], (손가락으로) 튀기다

flip은 원래 손가락을 사용해 무언가를 빠르게 뒤집는 것을 나타냈습니다. 여기에서 여러 가지 의미가 파생되었죠. 하지만 모든 뜻이 '손가락으로 뒤집다'라는 기본 뜻에서 파생했다는 점을 기억하시면 굳이 '뒤집다, 넘기다, 돌리다' 등 다양한 뜻을 따로 외우실 필요는 없을 것 같군요!

1 The chef flipped the pizza in the air.
그 요리사는 공중에서 피자를 뒤집었다.

2 I flipped through the pages of my textbook.
나는 교과서 페이지를 빠르게 넘겼다.

Plus+ chef 명 요리사
textbook 명 교과서
flip through (책장을) 휙휙 넘기다

claim

[kleɪm]

동 (~이 사실이라고) 주장하다, 요구[청구]하다, 얻다, (관심을) 끌다, (목숨을) 빼앗다

claim은 뜻이 참 많습니다. 원래 '외치다, 소리치다'라는 말에서 유래했답니다. 이 점을 기억하시고 '주장하다, 요구하다, 청구하다'를 읽어 보면 모두 '~이 …하다'라고 강력하게 외치는 것이라는 것을 느끼실 겁니다. 여기서 의미가 더 확장되면 '앗아가다'가 됩니다. 그래서 claim은 '목숨을 빼앗다'를 의미하기도 합니다.

1 Billy claims that he saw a UFO.
Billy는 UFO를 봤다고 주장한다.

2 Nobody claimed the grand prize.
아무도 대상을 받지 못했다.

Plus+ UFO 미확인 비행 물체
prize 명 상

coffin

['kɔːfɪn]

명 관, 금고

동 관에 넣다[봉해 넣다]

coffin은 원래 상자나 그릇을 의미했습니다. 옛날에는 주로 나무, 금속, 석재 등의 소재로 만들어진 상자를 coffin이라고 많이 불렀는데, 이게 사람의 시신을 담아 묻는 데 유용했던 모양입니다. 그래서 시간이 지나면서 '관'을 뜻하게 되었지요. coffin은 동사로는 '관에 넣다, 봉해 넣다'를 의미하기도 합니다.

1 The coffin was made of wood.
그 관은 나무로 만들어졌다.

2 We placed the body in the coffin.
우리는 그 시신을 관에 넣었다.

Plus+ be made of ~로 구성되다, 만들어지다
body 명 (인간, 동물의) 시체, 사체
place 동 놓다, 두다

Level 44

1294 

academy

[ə'kædəmi]

명 학원, (전문) 학교, 학회[협회]

academy는 원래 그리스 역사 속 전설적인 장군의 이름 *Akademus*(아카데모스)에서 유래했습니다. 고대 그리스 시절 플라톤이 이 장군을 기리는 장소에 철학 학교를 설립했고 그래서 학교 이름도 '아카데모스'가 되었죠. 그러다 로마 시대에 이 그리스 단어를 그대로 차용하였고 이후 영어로 넘어오면서 오늘날의 academy가 되었습니다.

1 Amy will enter the police academy.
Amy는 경찰 학교에 입학할 예정이다.

2 The academy focuses on teaching senior citizens.
그 학교는 노인 교육에 중점을 둔다.

Plus+ enter 동 입학하다　　focus on ~에 주력하다
senior (citizen) 노인, 고령자

1295 

rocket

['rɑːkɪt]

동 급증[급등]하다, 로켓을 발사하다, (로켓처럼) 날아오르다

명 로켓

rocket은 고속으로 움직이는 우주선이나 미사일, 즉 '로켓'을 뜻합니다. 동사로는 이런 로켓을 발사하는 것을 나타내지요. 그리고 하늘로 로켓을 발사하는 모습에서 의미가 확장되어 '급증하다'라는 뜻으로 무언가 빠르게 상승하는 것을 비유적으로 표현하기도 합니다.

1 Demand for electric vehicles has rocketed recently.
최근 전기 자동차에 대한 수요가 급증하고 있다.

2 The rocket entered space and headed toward the moon.
로켓은 우주로 진입하여 달을 향해 나아갔다.

Plus+ demand 명 수요　　vehicle 명 차량, 탈것
enter 동 진입하다　　head 동 (특정 방향으로) 향하다

1296 

skull

[skʌl]

명 두개골, 해골, (경멸적으로) 머리[두뇌]

skull을 뭔가 음산한 뜻으로 많이 알고 계실 것 같은데, 원래는 그냥 '껍질'이나 '외피'라는 뜻이었습니다. 그러다 언제부터인가 '두개골'을 의미하게 되었고 그에 걸맞게 부정적인 의미가 더해졌습니다. 그래서 비유적으로 '사망, 위험, 불길한 기운' 등을 상징하기도 합니다.

1 The skull protects our brain.
두개골은 우리의 뇌를 보호한다.

2 Scientists discovered fossils of dinosaur skulls in the cave.
과학자들은 동굴에서 공룡 두개골 화석을 발견했다.

Plus+ discover 동 발견하다　　fossil 명 화석
dinosaur 명 공룡　　cave 명 동굴

1297 □□

fortune

['fɔːrtʃuːn]

명 **운[행운], 재산[부(富)], 운명[운수]**

fortune은 '행운, 운명' 또는 '부, 재산'을 의미합니다. 원래 로마 신화 속 운명과 우연의 여신인 *Fortuna*(포르투나)의 이름에서 유래했습니다. '행운'이 받쳐준다면 당연히 돈을 많이 벌 수 있다는 생각 때문인지 언젠가부터 '재산'과 '부'라는 뜻으로도 쓰이게 되었습니다.

1 Tim made his fortune in the stock market.
Tim은 주식 시장에서 부를 쌓았다.

2 The expedition had the good fortune to find a rare artifact.
탐험대는 운 좋게도 희귀한 유물을 발견했다.

Plus + stock 명 주식　expedition 명 탐험대
rare 형 희귀한[진귀한]　artifact 명 유물

1298 □□

enormous

[ɪ'nɔːrməs]

형 **거대한, 막대한, 극악[흉악]한**

enormous는 매우 크거나 극도로 많은 것을 나타내는 형용사입니다. enormous를 자세히 살펴보면 가운데 norm이라는 단어가 숨어 있죠? norm은 '표준, 규범'을 뜻합니다. 그리고 그 앞에 ex-는 '밖으로'를 의미합니다. 풀어 말하면 '표준에서 벗어난' 상태를 뜻하지요. 그 표준은 상황에 따라 대상의 크기가 될 수도 있고, 어떤 일의 정도가 될 수 있어요.

1 The giraffe is an enormous animal.
기린은 거대한 동물이다.

2 We all made enormous efforts to finish the project.
우리는 모두 그 프로젝트를 마치기 위해 엄청난 노력을 기울였다.

Plus + giraffe 명 기린　effort 명 노력

1299 □□

system

['sɪstəm]

명 **체계, 계(系), 조직, 체제**

system은 워낙 우리에게 외래어 '시스템'으로 익숙한 단어지요? 사전적 정의를 살펴보면 '서로 연관된 구성 요소들이 일정한 목적을 달성하기 위해 상호 작용하는 집합체'인데요. 바로 여기서 '체계, 조직, 체제' 등의 의미로 확장되었어요. 그래서 solar system(태양계), heating system(난방 장치) 등으로 표현할 수 있지요.

1 The alarm system is very reliable.
경보 시스템은 매우 믿을만하다.

2 The political system of my country is a democracy.
우리나라의 정치 체제는 민주주의이다.

Plus + reliable 형 믿을 만한, 믿을 수 있는　political 형 정치의, 정치적인
democracy 명 민주주의

1300

waist

[weɪst]

명 허리(부분)

waist의 사전적 정의는 '몸통의 중앙 부분'인데, 우리는 이곳을 '허리'라고 부르지요. 그럼 다음 단어들의 뜻을 한번 유추해볼까요? waistband, waistcoat. 네, 바로 각각 '(치마·바지 등의 허리 부분에 있는) 띠'와 '(옷의 허리를 감싸는 형태의) 조끼'를 뜻합니다.

1 **Levi has a narrow waist.**
Levi는 허리가 가늘다.

2 **She measured her waist to buy a new belt.**
그녀는 허리띠를 새로 사기 위해 허리둘레를 측정했다.

Plus+ narrow 형 가는, (폭이) 좁은 measure 동 (치수 등을) 측정하다

1301

dip

[dɪp]

동 (액체에) 살짝 담그다,
(국자 따위로) 떠내다,
~에게 빚을 지게 하다,
(상승 전에) 갑자기 내려가다

dip의 기본 의미는 '담그다, 적시다'입니다. 그리고 여기서 다양한 의미로 확장되었습니다. 일단 무엇을 담그거나 적시기 위해서는 아래로 내려야 하겠죠? 그래서 주식 시장에서는 '가격이 하락하다'라는 뜻으로 쓰기도 합니다. 그밖에 양팔로 봉을 잡고 자신의 몸을 내렸다 올리는 운동을 나타내기도 합니다.

1 **Bella dipped her potato chips in ketchup.**
Bella는 감자칩을 케첩에 찍어 먹었다.

2 **I dipped my toe in the water to see how cold it is.**
나는 물이 얼마나 차가운지 보려고 발가락을 물에 살짝 담갔다.

Plus+ toe 명 발가락 see 동 확인하다

1302

dawn

[dɔːn]

명 새벽, 동틀녘,
(일의) 처음[발단], 날이 새다

dawn은 원래 '낮'이나 '낮이 되다'라는 뜻에서 유래했습니다. 옛날 사람들은 해가 떠서 어둠이 물러가기 시작하면 그것이 '낮'의 시작이라고 생각했던 모양입니다. 그래서 dawn은 해가 떠서 어둠이 물러가기 시작하는 순간인 '새벽'을 의미합니다. 그리고 추상적인 맥락에서는 어떤 일의 '처음, 발단'을 뜻하기도 합니다.

1 **I often wake up at dawn.**
나는 종종 새벽에 잠이 깬다.

2 **It's always darkest before the dawn.**
동트기 전이 가장 어둡다.
(= 가장 어려울 때야말로 곧 좋은 일이 시작되기 직전이다.)

Plus+ wake up 잠을 깨다, 일어나다

1303 □□

dump

[dʌmp]

동 (쓰레기 같은 것을) 버리다, 헐값으로 팔다, (문제 따위를) 떠넘기다, (애인을) 차다

dump의 기본 뜻은 '버리다'입니다. 그런데 그냥 버리는 게 아니라 무언가를 '내다 버린다'라는 어감에 가까워서 dump는 '헐값으로 팔다'라는 뜻으로 쓰이기도 합니다. 심지어 애인을 '차다'라는 의미가 되기도 하지요. 이래저래 참 잔인한 단어네요!

1 **Henry dumped his old toys in the bin.**
Henry는 그의 오래된 장난감들을 쓰레기통에 버렸다.

2 **Factories should not dump waste water into the ocean.**
공장은 폐수를 바다에 버려서는 안 된다.

Plus+ bin 명 쓰레기통　waste water 폐수
ocean 명 바다, 해양

1304 □□

acorn

['eɪkɔ:rn]

명 도토리

acorn은 '도토리'를 의미합니다. 영어권에는 도토리를 활용한 재미있는 말이 있는데, 바로 Great oaks from little acorns grow.입니다. 우리말로 풀어 말하자면 '작은 도토리에서도 큰 참나무(떡갈나무)가 자라난다.' 정도 됩니다. '소소한 시작에서 큰 성과가 나올 수 있다'라는 뜻의 격언으로 자주 인용된답니다.

1 **The squirrels collected acorns for the winter.**
다람쥐들은 겨울에 대비해 도토리를 모았다.

2 **An acorn fell from the tree.**
도토리 한 개가 나무에서 떨어졌다.

Plus+ squirrel 명 다람쥐　collect 동 모으다, 수집하다
fall 동 떨어지다

1305 □□

speech

[spi:tʃ]

명 연설, 말하기, 말투

speech의 기본 의미는 '말하기'입니다. 다만 그냥 '말하는 행위'보다는 '의사소통'이나 '연설'에 가까운 뉘앙스를 나타냅니다. 아! speech가 들어간 재미있는 영어 속담이 하나 떠오르네요. 바로 Speech is silver, silence is golden.입니다. 이는 '말은 은이지만, 침묵은 금이다.'라는 뜻으로 때로는 아무 말도 하지 않는 것이 말하는 것보다 나을 수 있다는 일종의 충고입니다.

1 **Lucy gave a speech about her favorite novel.**
Lucy는 자신이 가장 좋아하는 소설에 대해 연설했다.

2 **His speech was not very persuasive.**
그의 연설은 별로 설득력이 없었다.

Plus+ novel 명 소설　persuasive 형 설득력 있는

1306

rib

[rɪb]

명 갈비, 늑골 모양의 것, 조롱

동 늑골을 붙이다, (친근하게) 놀리다

rib은 '갈비뼈'를 뜻합니다. 성경에 아담의 갈비뼈로 하와를 만들었다는 이야기가 나오죠? 바로 그 '아담의 갈비뼈'를 영어로 Adam's rib이라고 합니다. 물론 우리에겐 baby back ribs라는 '돼지 등뼈' 요리가 더 익숙하지만요! 또한 rib은 갈비뼈와 비슷하게 생긴 것들을 가리키기도 해서 구조적인 지지대를 나타내기도 합니다.

1 Eden broke his rib while playing football.

Eden은 축구를 하다가 갈비뼈가 부러졌다.

2 The tent has metal ribs for support.

그 천막에는 지탱하기 위한 금속 지지대가 있다.

Plus + break 동 부서지다, 깨다 / metal 형 금속(제)의 / support 명 버팀대, 지지

1307

club

[klʌb]

명 동호회, 사교 단체, 곤봉

동 곤봉으로 때리다[혼내주다]

club은 참 독특한 단어입니다. 도무지 연관 없어 보이는 '동호회, 사교 단체, 곤봉, 곤봉으로 때리다'와 같은 뜻들이 한데 엮어 있기 때문인데, 원래는 '긴 둥근 막대'를 의미했습니다. 이런 긴 둥근 막대로 어떤 요소들을 둥글게 뭉치면 그것이 하나로 모여 '단체'를 이루겠죠? 이런 맥락에서 서로 다른 뜻이 동시에 파생된 것으로 보입니다.

1 Our club celebrated its 10th anniversary.

우리 동호회는 10주년을 기념했다.

2 Long ago, people hunted with clubs.

오래 전, 사람들은 곤봉으로 사냥했다.

Plus + celebrate 동 기념하다 / anniversary 명 〈몇〉 주년제 / hunt 동 사냥하다

1308

tin

[tɪn]

명 주석, 양철, 깡통[통조림]

tin은 원소 기호로는 Sn, 원자 번호는 50인 금속 원소 '주석'을 뜻합니다. 그리고 이 '주석'을 활용하여 만드는 '양철, 깡통' 등도 의미하지요. 그래서 tin-opener라고 하면 통조림 뚜껑을 따는 '따개'를 의미하고, a tin mine은 '주석 광산'을 뜻합니다.

1 The trash can is made of tin.

그 쓰레기통은 주석으로 만들어졌다.

2 Tin is often used to make alloys with other metals.

주석은 종종 다른 금속과 합금을 만드는 데 사용된다.

Plus + trash 명 쓰레기 / alloy 명 합금 / metal 명 금속

accept

[ək'sept]

동 받아들이다[인정하다], 감내하다, 수락하다

accept의 기본 뜻은 '받아들이다'입니다. 우리는 상대방의 제안이나 조건, 아이디어 등을 받아들이는 것을 '수락한다, 인정한다'라고 표현하죠. 그래서 accept는 흐름에 따라 '감내하다, 수락하다' 등을 뜻하기도 합니다. 받아들이는 대상에 따라 다양한 의미로 확장된다고 보시면 됩니다.

1 Amy accepted the offer.
Amy는 그 제안을 받아들였다.

2 I accepted Sam's apology.
나는 Sam의 사과를 받아들였다.

Plus+ offer 명 제의, 제안　　apology 명 사과

alley

['æli]

명 골목(길), 오솔길, (볼링) 레인[볼링장], 구슬(치기)

alley는 원래 '걷다'라는 뜻의 라틴어 *ambulare*에서 유래했습니다. 그래서 사람이나 사물이 지나다닐 수 있는 통로를 의미하죠. 그것은 '골목길'이나 '오솔길'일 수도 있고 볼링장에서는 '레인'을 의미할 수 있습니다. 예를 들어, back alley는 '뒷골목'을 의미하고, a blind alley는 '막다른 골목'을 뜻해요.

1 The stray cat likes to hide in the alley.
길고양이는 골목에 숨는 것을 좋아한다.

2 The alley looks dark and narrow.
그 골목은 어둡고 좁아 보인다.

Plus+ stray 형 길 잃은, 주인이 없는　　narrow 형 좁은

cousin

['kʌzn]

명 사촌, 친척[일가], 같은 계통의 것, 형제 같은 사람들

영어권은 우리보다 친족 명칭이 비교적 단순한 편입니다. 그래서 cousin은 '사촌'뿐만 아니라 같은 항렬의 일가친척 모두를 가리킬 수 있습니다. 즉, 어머니, 아버지와 같은 피를 나눈 분들의 자녀들은 모두 나의 cousin인 셈이죠.

1 My cousin and I love to play together at family gatherings.
사촌과 나는 가족 모임에서 함께 노는 것을 좋아한다.

2 I haven't seen my cousin since 2008.
나는 2008년 이후로 내 사촌을 본 적이 없다.

Plus+ gathering 명 (특정 목적을 위한) 모임　　since 전 ~부터[내내]

1312

loose

[luːs]

형 느슨한, 헐거운, 매여 있지 않은, 자유로운

loose를 보면 동사 lose(잃다)와 어딘가 비슷하지 않나요? 사실 두 단어는 같은 뿌리를 가지고 있습니다. 무언가를 '잃어버린다'는 것은 곧 '놓친다'는 것을 뜻하겠죠? 그러면 대부분 '매여있지 않고 자유로운' 상태가 되겠지요. 그래서 loose는 맥락에 따라 '느슨한, 헐거운, 매여 있지 않은, 자유로운'이라는 뜻을 나타냅니다.

1 The knot was too loose.
그 매듭은 너무 헐거웠다.

2 I want to tighten my loose shoelaces.
나는 느슨해진 신발 끈을 조이고 싶다.

Plus+ knot 명 매듭 / tighten 동 (꽉) 조이다[조여지다] / shoelace 명 신발[구두]끈

1313

east

[iːst]

명 동쪽, 동부

형 동쪽에 있는

부 동쪽으로

east는 잘 알고 계시듯이 기본적으로 '동쪽'과 관련된 뜻을 나타냅니다. 이와 관련한 예시로 Austria(오스트리아)라는 나라를 이야기 할 수 있습니다. 이 나라 이름의 앞 부분 Aust가 원래 East를 뜻했습니다. 즉, 동쪽의 영토라는 뜻이죠. 아마 독일어를 쓰는 나라들 중 가장 동쪽에 있기 때문에 이런 이름이 붙여진 것 같네요.

1 The compass accurately pointed east.
나침반은 정확히 동쪽을 가리켰다.

2 Please move east quietly and quickly.
조용히 그리고 빠르게 동쪽으로 이동해 주십시오.

Plus+ compass 명 나침반 / quietly 부 조용히

1314

fetch

[fetʃ]

동 가지고 오다, 가서 데리고 오다, 팔리다, (눈물, 피 등이) 나오게 하다

fetch의 기본 의미는 '잡다'입니다. 맥락에 따라 개에게 공을 던진 후에 그것을 찾아오게 하는 행위를 가리키기도 하는데, 개가 공을 다시 물어오는 모습을 떠올리시면 '가서 데리고 오다'라는 의미가 와 닿으실 겁니다. 그밖에 fetch tears(눈물을 흘리다)처럼 '(눈물, 피 등이) 나오게 하다'를 뜻하기도 합니다.

1 Can you fetch me some water?
물 좀 가져다 줄래?

2 The dog fetched the ball we threw.
그 개가 우리가 던진 공을 가지고 왔다.

Plus+ throw 동 던지다

1315

match

[mætʃ]

명 경기[시합], 성냥, 경쟁 상대[호적수], 아주 잘 어울리는 사람[것]

match는 원래 '적합한 상대'를 뜻하는 단어에서 유래했습니다. 그러고 보니 '성냥'도 판에 잘 맞추어 긁어야 불이 붙죠? 또한 서로 잘 맞는 것을 뜻하기 때문에 '경쟁 상대'라는 뜻이 파생되었고, 여기서 한 번 더 확장되어 '경기, 시합'이라는 뜻까지 이어졌습니다.

1 The team members' skills are a perfect match.
그 팀 선수들의 실력은 완벽한 조화를 이룬다.

2 I was looking for a match to light a fire.
나는 불을 붙이기 위해 성냥을 찾고 있었다.

Plus+ skill 명 기량, 기술
light 동 불을 붙이다
look for 찾다

1316

character

['kærəktə(r)]

명 특징, 성격[기질], 등장인물, 기호[부호]

우리에게 '캐릭터'라는 외래어로 익숙한 character를 보면 만화 속 인물이 먼저 떠오르실 겁니다. character는 원래 무언가 '특징'을 나타내는 단어로 출발했는데 이것이 확장되어 특징을 연기로 나타내는 경우에는 극의 '등장인물'을 뜻하게 되었고, 특징을 기록할 때는 '기호, 부호'를 의미하게 되었습니다.

1 Stanley is a man of good character.
Stanley는 성품이 좋은 사람이다.

2 The main character in my favorite book is a brave and kind girl.
내가 가장 좋아하는 책의 주인공은 용감하고 친절한 소녀이다.

Plus+ main 형 주된, 가장 큰
brave 형 용감한

1317

occur

[ə'kɜ:(r)]

동 발생하다, 일어나다, 존재하다

occur는 '일어나다, 발생하다'라는 뜻을 나타내는 동사로 주로 우연한 사건이나 예상하지 못한 일이 발생할 때 사용됩니다. occur는 원래 '우연히 만나다'라는 뜻으로 출발했습니다. 이렇게 보니 왜 지금의 뜻을 갖게 되었는지 유추가 되시죠?

1 The car accident occurred at the crossroads.
그 차 사고는 교차로에서 발생했다.

2 Earthquakes frequently occur in that region.
그 지역에서는 지진이 자주 발생한다.

Plus+ crossroad 명 교차로
frequently 부 자주, 흔히
earthquake 명 지진
region 명 지역, 지방

1318 ☐☐

cast

[kæst]

cast - cast

동 **던지다[보내다], (금속을) 주조하다, 배역을 정하다, 표를 던지다**

cast의 기본 의미는 '던지다'입니다. 여기에서 많은 의미가 파생되었죠. 맥락에 따라 녹인 금속을 틀에 부어 새로 만드는 과정, 즉 '주조하다'를 뜻하기도 합니다. 또는 우리말에도 '표를 던지다'라는 표현처럼 어떤 후보에게 '표를 던지는' 것을 나타내기도 합니다.

1 He cast a stone into the pond.
그는 연못에 돌을 던졌다.

2 This sculpture was cast in bronze.
이 조각상은 청동으로 주조되었다.

Plus+ pond 명 연못 sculpture 명 조각(품)
bronze 명 청동

1319 ☐☐

personal

['pɜːrsənl]

형 **개인의, 개인적인, 본인의[직접의], 인격의[인간성의]**

personal은 명사 person(인물)의 형용사형입니다. 그래서 주로 '개인의, 개인적인, 사적인' 등을 의미하지요. 개인의 특성, 취향, 경험, 사생활 등과 관련된 것을 설명한다고 보시면 됩니다.

1 Susan showed a strong personal interest in the project.
Susan은 그 프로젝트에 강한 개인적인 관심을 보였다.

2 The movie is based on the director's personal experience.
그 영화는 감독의 개인적인 경험에 기반을 두고 있다.

Plus+ show 동 보이다[드러내다] be based on ~에 근거하다, 기초하다
director 명 (영화·연극의) 감독

1320 ☐☐

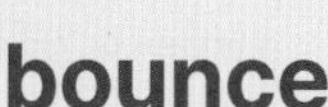

bounce

[baʊns]

동 **(공 등이) 튀다[뛰어오르다], 깡충깡충 뛰다, (수표 따위가) 지불이 거절되어 되돌아오다, (이메일 등이) 반송되다**

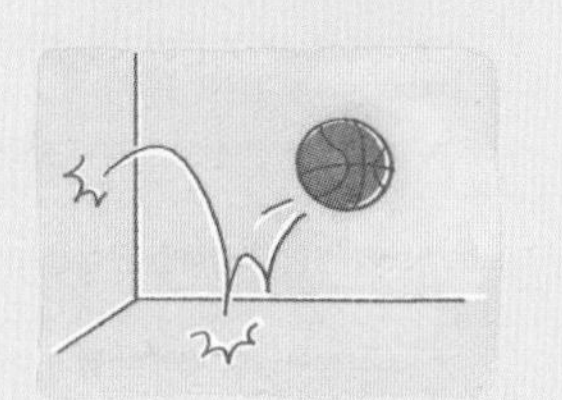

bounce의 기본 의미는 '튕기다, 뛰어오르다'입니다. 그리고 여기서 다양한 뜻이 파생되었는데, 그중에는 '(수표 따위가) 지불이 거절되어 되돌아오다'나 '(이메일 등이) 반송되다'라는 재미있는 뜻도 있답니다. 우리도 무언가 받아들여지지 않았을 때 '튕겨 나왔다'라고 표현할 때가 있죠? 그런 추상적인 모습을 표현한 것으로 이해하시면 됩니다.

1 The basketball bounced off the wall.
농구공이 벽에서 튕겨 나왔다.

2 Aaron sent an e-mail, but it bounced back.
Aaron이 메일을 보냈지만 반송되었다.

Plus+ wall 명 벽, 담 send 동 (이메일·무선 등으로) 보내다
back 부 (이전의 장소·상태 등으로) 다시

Review Test 44

우리말에 맞게 빈칸에 알맞은 단어를 쓰세요.

(정답은 본문을 확인하세요.)

1	I ______________ through the pages of my textbook.	나는 교과서 페이지를 빠르게 넘겼다.
2	Billy ______________ that he saw a UFO.	Billy는 UFO를 봤다고 주장한다.
3	We placed the body in the ______________.	우리는 그 시신을 관에 넣었다.
4	The ______________ focuses on teaching senior citizens.	그 학교는 노인 교육에 중점을 둔다.
5	Demand for electric vehicles has ______________ recently.	최근 전기 자동차에 대한 수요가 급증하고 있다.
6	The ______________ protects our brain.	두개골은 우리의 뇌를 보호한다.
7	The expedition had the good ______________ to find a rare artifact.	탐험대는 운 좋게도 희귀한 유물을 발견했다.
8	The giraffe is an ______________ animal.	기린은 거대한 동물이다.
9	The alarm ______________ is very reliable.	경보 시스템은 매우 믿을만하다.
10	She measured her ______________ to buy a new belt.	그녀는 허리띠를 새로 사기 위해 허리둘레를 측정했다.
11	Bella ______________ her potato chips in ketchup.	Bella는 감자칩을 케첩에 찍어 먹었다.
12	It's always darkest before the ______________.	동트기 전이 가장 어둡다.
13	Henry ______________ his old toys in the bin.	Henry는 그의 오래된 장난감들을 쓰레기통에 버렸다.
14	An ______________ fell from the tree.	도토리 한 개가 나무에서 떨어졌다.
15	His ______________ was not very persuasive.	그의 연설은 별로 설득력이 없었다.
16	Eden broke his ______________ while playing football.	Eden은 축구를 하다가 갈비뼈가 부러졌다.
17	Our ______________ celebrated its 10th anniversary.	우리 동호회는 10주년을 기념했다.
18	The trash can is made of ______________.	그 쓰레기통은 주석으로 만들어졌다.
19	Amy ______________ the offer.	Amy는 그 제안을 받아들였다.
20	The ______________ looks dark and narrow.	그 골목은 어둡고 좁아 보인다.
21	I haven't seen my ______________ since 2008.	나는 2008년 이후로 내 사촌을 본 적이 없다.
22	The knot was too ______________.	그 매듭은 너무 헐거웠다.
23	The compass accurately pointed ______________.	나침반은 정확히 동쪽을 가리켰다.
24	The dog ______________ the ball we threw.	그 개가 우리가 던진 공을 가지고 왔다.
25	The team members' skills are a perfect ______________.	그 팀 선수들의 실력은 완벽한 조화를 이룬다.
26	Stanley is a man of good ______________.	Stanley는 성품이 좋은 사람이다.
27	Earthquakes frequently ______________ in that region.	그 지역에서는 지진이 자주 발생한다.
28	This sculpture was ______________ in bronze.	이 조각상은 청동으로 주조되었다.
29	Susan showed a strong ______________ interest in the project.	Susan은 그 프로젝트에 강한 개인적인 관심을 보였다.
30	The basketball ______________ off the wall.	농구공이 벽에서 튕겨 나왔다.

레벨별 단어 사용 빈도

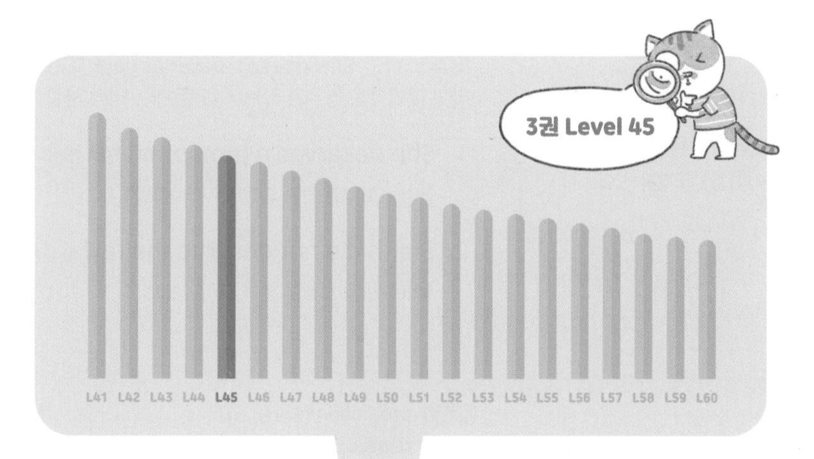

LEVEL 1~20 LEVEL 21~40 LEVEL 41~60 LEVEL 61~80 LEVEL 81~100

1321 

convince

[kən'vɪns]

동 확신시키다, 납득시키다

convince는 '누군가를 확신시키다, 납득시키다, 설득하다' 등을 나타내는 동사입니다. convince에서 vinc가 원래 '이기다, 정복하다'는 뜻을 가지고 있는데 실제로 victory라는 단어도 여기서 유래했습니다. 누군가를 완전히 이기고 정복한다는 뜻에서 바라보니 확신이 되고 납득이 되는군요!

1 I am convinced that Sarah will win the race.
나는 Sarah가 경주에서 이길 것이라고 확신한다.

2 It took a long time to convince him of the truth.
그에게 그 사실을 납득시키기까지 오랜 시간이 걸렸다.

Plus+ take 동 (얼마의 시간이) 걸리다　　truth 명 사실, 진실, 진상

1322 

deserve

[dɪ'zɜːrv]

동 마땅히 받을 만하다, ~할[될] 가치가 있다

deserve는 영어권에서 정말 많이 쓰이는 동사입니다. 주로 '~을 받을 만 하다'라는 뜻으로 자주 쓰여요. 보통 남녀가 싸운 뒤 각자 친구들에게 자기 편을 들어달라고 하면 She doesn't deserve you! 또는 He doesn't deserve you! 라고 얘기하는 경우가 있는데 바로 '걔는 너랑 사귈 자격이 없어!'라는 뜻입니다.

1 She deserves a promotion for her efforts.
그녀는 노력한 만큼 승진할 자격이 있다.

2 Smith did not deserve the reward.
Smith는 그 보상을 받을 자격이 없었다.

Plus+ promotion 명 승진, 진급　　effort 명 노력, 수고
reward 명 보상, 사례

1323 

weather

['weðə(r)]

명 날씨, 기상(氣象)

동 풍화되다[시키다], (역경 등을) 견디다

weather는 명사로는 '날씨'를 나타내지만 동사로 쓰이면 '풍화되다, 풍화시키다'라는 뜻으로 쓰이기도 합니다. 원래는 '바람'이라는 뜻에서 출발했다고 하니 '풍화'와 관련된 뜻으로 쓰이는 것도 이해가 되긴 합니다. 또 '바람을 맞고 자라면' 강해진다고 하죠? 그런 흐름에서 '(역경 등을) 견디다'라는 뜻도 나타냅니다.

1 It started to rain, contrary to the weather forecast.
일기 예보와는 달리 비가 내리기 시작했다.

2 They successfully weathered adversity.
그들은 성공적으로 역경을 견뎌냈다.

Plus+ contrary to ~와 반대로, 상반되는　　weather forecast 일기 예보
adversity 명 역경

1324

drown

[draʊn]

동 익사하다[시키다], 흠뻑 젖게 하다, ~에 몰두하다, (작은 소리를) 안 들리게 하다

drown은 물에 빠져 질식해 사망하는 것을 나타내는 동사입니다. 여기까지만 보면 매우 끔찍한 상황에서만 쓰일 것 같지만, 의외로 무언가에 '푹 빠져있다'라는 의미로 확장되어 '~에 몰두하다'라는 뜻으로 쓰이기도 합니다. 예를 들어, drown oneself in work라고 하면 '일에 몰두하다'라는 의미가 됩니다.

1 She nearly drowned in the pool.
그녀는 하마터면 수영장에서 익사할 뻔했다.

2 Leah drowned herself in work to forget about the breakup.
Leah는 이별을 잊기 위해 일에 몰두했다.

Plus+ nearly 부 하마터면 (~할 뻔하여) breakup 명 이별

1325

bath

[bæθ]

명 목욕[탕], 욕조[실], 용액, (물 등을 활용한) 온도조절장치

bath의 원래 의미는 '물에 담그다'였습니다. 그러다 시간이 지나면서 '목욕, 목욕탕' 등을 나타내게 되었지요. 우리가 흔히 말하는 '욕조'를 영어로 bath tub이라고 부르는 경우가 많습니다. 그밖에 take a bath(목욕을 하다), sun bath(일광욕) 등의 표현으로 자주 쓰입니다.

1 A bath is good for relaxing the muscles.
목욕은 근육을 이완시키는 데 좋다.

2 He filled the bath with warm water.
그는 욕조에 따뜻한 물을 채웠다.

Plus+ relax 동 (근육 등의) 긴장이 풀리다 muscle 명 근육
fill 동 (가득) 채우다

1326

journal

['dʒɜːrnl]

명 신문[잡지], 학술지, 일기[일지]

Jour(쥬르)는 프랑스어로 '날, 하루'라는 뜻인데 여기서 바로 '일기'를 뜻하는 명사 journal이 유래했습니다. 일기는 날마다 쓰는 것이니까요. 그리고 이 의미가 확장되면서 '신문, 잡지, 학술지'라는 뜻도 나타내게 되었습니다.

1 Alice keeps a travel journal to document her adventures.
Alice는 그녀의 모험을 기록하기 위해 여행 일지를 썼다.

2 The journal published a groundbreaking article.
그 학술지는 획기적인 논문을 발행했다.

Plus+ document 동 (상세한 내용을) 기록하다 publish 동 발행[출판]하다
groundbreaking 형 획기적인 article 명 (학술지 등의) 논문

1327

freeze

[fri:z]

froze - frozen

동 얼다[얼리다], 냉동하다[냉동 보관하다], 정지시키다, 동결시키다[되다]

freeze는 '얼다, 얼리다'라는 뜻의 동사입니다. 그리고 이런 의미에서 '냉동하다, 정지시키다, 동결시키다'와 같은 뜻이 파생되기도 했습니다. 예를 들면 어떤 식품을 '동결 건조 시키는 것'을 freeze-dry라고 하고, '(영화의) 정지 화면'을 freeze-frame이라고 표현합니다.

1 In the winter, water can freeze and turn into ice.
겨울에는 물이 얼어서 얼음이 될 수 있다.

2 As the monster approached, he froze in horror.
괴물이 다가오자 그는 무서워서 얼어붙었다.

Plus+ turn into ~으로 되다[바뀌다] approach 동 다가오다[가다]
in horror 무서워서

1328

flow

[floʊ]

명 흐름, 밀물

동 흐르다, 흐르듯이 움직이다[지나가다]

flow라는 단어는 참 여러 분야에서 쓰입니다. 주로 무언가 물처럼 '흘러가는' 것을 나타냅니다. 그래서 명사로는 '흐름, 밀물' 등을 의미하고, 동사로는 '흐르다'등을 뜻하지요. 예를 들어, go with the flow라고 하면 '(자연스러운) 흐름에 맡기다'라는 뜻이 되고, flow in은 어딘가에 '흘러 들어가다'를 뜻합니다.

1 The large boulder halted the flow of the stream.
큰 바위가 개울의 흐름을 멈추게 했다.

2 The river flows gently.
그 강은 완만하게 흐른다.

Plus+ boulder 명 (물 등에 씻겨 반들반들해진) 바위 halt 동 멈추다
gently 부 완만하게, 부드럽게

1329

hip

[hɪp]

명 둔부[엉덩이]

형 (옷이) 엉덩이에 닿는, 유행에 밝은

동 고관절을 어긋나[다치]게 하다

hip은 '엉덩이'를 나타냅니다. 그래서 맥락에 따라 옷이 '엉덩이에 닿는' 것을 표현하기도 합니다. 우리가 즐겨 듣는 hiphop(힙합)에 들어있는 hip이 바로 이 단어라는 걸 아셨나요? 이럴 때 hip은 '유행에 밝은'이라는 뜻으로 쓰이기도 합니다. hop이 '경쾌하게 춤추는 것'을 뜻하니 hiphop 음악의 느낌과 잘 맞는 뜻 같군요.

1 Cindy broke her hip in an accident.
Cindy는 사고로 엉덩이뼈를 다쳤다.

2 This new coffee shop is hip.
이 새로운 카페는 힙하다. (= 그 새로운 카페는 유행에 밝다.)

Plus+ break 동 (뼈를) 부러뜨리다 accident 명 사고

1330 

gentle

['dʒentl]

형 너그러운[온화한], 부드러운[조용한], 품위[예의] 있는, 가벼운

gentle의 기본 의미는 '고귀한 출신의'입니다. 여기서 다양한 의미가 파생되었습니다. 지금과 달리 신분제가 있던 과거에는 출신이 고귀하면 그 사람의 성품이 너그럽고 온화하며 품위 있다고 여겼는지 시간이 지나면서 gentel은 이러한 특징을 나타내게 되었습니다. 그밖에 어떠한 일의 영향이 '가벼운' 상황이나 날씨와 같은 자연현상이 '잠잠한' 상태를 의미하기도 합니다.

1 Denny looks scary, but he is calm and gentle.
Denny는 무서워 보이지만 차분하고 온화하다.

2 I felt better in the gentle wind.
나는 부드러운 바람을 맞아 기분이 좋아졌다.

Plus + calm 형 차분한　　feel better 기분이 좋아지다

1331 

avenue

['ævənu:]

명 (도시의) 대로[큰 거리], (목적에 이르는) 수단[길]

미국에서 가장 유명한 avenue는 Fifth Avenue입니다. 미국 뉴욕시 맨해튼에 있는 이곳은 부의 상징이며, 우리말로는 '5번가'쯤으로 말할 수 있겠군요. 이렇게 avenue는 '대로, 거리'를 의미합니다. 한국어에서 '길'이라는 단어가 그렇듯 영어의 avenue도 추상적으로는 '(목적에 이르는) 수단[길]'을 나타내기도 합니다.

1 We went shopping on Fifth Avenue during our trip to New York.
우리는 뉴욕 여행 중에 Fifth Avenue에서 쇼핑을 했다.

2 I explored every avenue to success.
나는 성공을 위한 모든 수단을 모색했다.

Plus + explore 동 탐구하다, 조사하다　　success 명 성공

1332

fancy

['fænsi]

명 공상[상상], (일시적인) 기호[욕망], 변덕[홀연히 내킨 생각]

형 장식이 많은

fancy는 우리가 잘 알고 있는 단어인 fantasy와 뿌리가 같아요. fantasy가 '상상, 공상'을 의미하듯 fancy 또한 그런 뜻을 나타냅니다. 명사로는 '공상, 상상' 등을 의미하고, 형용사로는 '장식이 많은' 등을 뜻하지요. 그리고 맥락에 따라 의미가 확장되어 누군가의 '기호'나 '변덕'을 의미하기도 해요.

1 Andy had fancies of becoming a famous actor.
Andy는 유명한 배우가 되는 것에 대한 환상이 있었다.

2 Carter bought a fancy suit for the party.
Carter는 파티를 위해 화려한 정장을 샀다.

Plus + actor 명 배우　　suit 명 정장

1333 □□

tilt

[tɪlt]

동 기울이다, 넘어뜨리다, 습격하다, 경사지다

tilt의 기본 의미는 '기울이다'입니다. 그런데 얼마나 기울이는지에 따라 그냥 기울수도 있지만 반대로 넘어질 수도 있지요? 그래서 tilt는 맥락에 따라 '넘어뜨리다' 또는 '(어떤 곳이) 경사지다'라는 의미로도 사용됩니다.

1 **The table was tilted, so the plate fell off.**
테이블이 기울어져서 접시가 떨어졌다.

2 **He tilted his head to the side in confusion.**
그는 혼란스러워 고개를 옆으로 갸웃거렸다.

Plus+ fall off 떨어지다 / in confusion 혼란하여

1334 □□

startle

['stɑːrtl]

동 깜짝 놀라게 하다

startle이라는 단어를 보면 뭔가 start(시작하다)와 비슷한 느낌이 들지요? 네, 맞습니다. 원래 startle도 '시작하다'라는 뜻이었는데, 무언가 '갑자기 움직이다'라는 뜻에 가까웠어요. 그러다 보니 startle은 start와는 또 다르게 '깜짝 놀라게 하다'라는 뜻으로 쓰이게 되었습니다. 그래서 우리가 흔히 말하는 '세상을 깜짝 놀라게 하다'는 startle the world라고 말할 수 있습니다.

1 **The sudden noise startled him.**
갑작스러운 소음이 그를 깜짝 놀라게 했다.

2 **The baby was startled by the dog's barking.**
개가 짖는 소리에 아기가 깜짝 놀랐다.

Plus+ sudden 형 갑작스러운 / noise 명 (시끄러운) 소리, 소음 / barking 명 짖는 소리

1335 □□

spit

[spɪt]

spit/spitted/spat - spit/spitted/spat

동 뱉다, (욕 등을) 내뱉다, (분노, 경멸 등의 표시로) 침을 뱉다

spit은 상당히 불손한 느낌의 단어입니다. 일단 기본 뜻이 '침을 뱉다'인데, 여기서 여러 가지 부정적인 의미들이 파생되었죠. 대표적인 예가 바로 '(욕 등을) 내뱉다'입니다. '말을 하다'와 '말을 뱉다'의 뉘앙스 차이가 크듯이, 아마 '뱉다'라는 말이 주는 고유한 어감 때문에 이런 부정적인 의미들이 나오지 않았나 생각됩니다.

1 **Sally spat on the ground.**
Sally는 땅에 침을 뱉었다.

2 **Spitting is prohibited in public places.**
공공장소에서 침을 뱉는 것은 금지되어 있다.

Plus+ prohibit 동 (특히 법으로) 금지하다 / public 형 공공의, 대중을 위한

1336

waste

[weɪst]

동 낭비[허비]하다, 소모시키다

명 낭비[허비], 쓰레기, 폐기물

waste는 동사로는 '낭비하다', 명사로는 '낭비'를 의미합니다. 원래는 '황폐한'이라는 뜻을 가진 단어에서 유래했습니다. 텅 비어있는 '황폐한' 공간은 '낭비되는' 공간이기 마련이고 '쓰레기'를 버리는 곳이 되기도 하지요. 아마도 이런 흐름에서 의미가 변하면서 지금의 뜻이 되었을 것으로 생각됩니다.

1 Do not waste food. Many people are starving.

음식을 낭비하지 마. 많은 사람들이 굶주리고 있어.

2 The plant generates a large amount of waste.

그 공장에서 많은 양의 폐기물이 발생한다.

Plus+ starve 동 굶주리다, 굶어 죽다 plant 명 공장
generate 동 발생시키다, 만들어 내다

1337

length

[leŋθ]

명 길이[거리], 시간[기간]

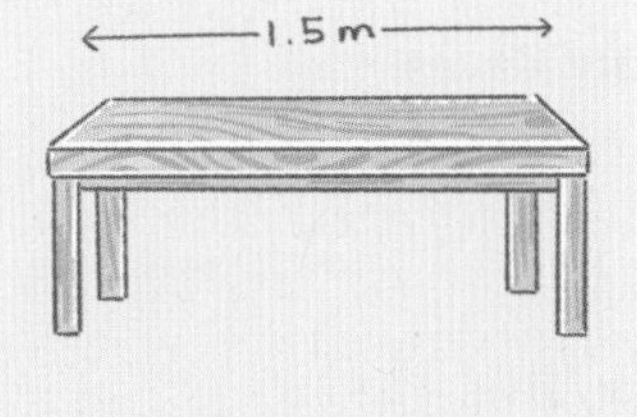

length의 기본 뜻은 '길이'입니다. 우리가 잘 알고 있는 long과 같은 뿌리에서 나왔습니다. '길이'라는 것은 어디에 적용하느냐에 따라 '거리' 또는 '기간'이 되죠? 그래서 length는 '두 점 사이의 거리, 시간, 글의 길이' 등 다양한 상황에서 쓰일 수 있어요.

1 The length of the table is 1.5 meters.

그 테이블의 길이는 1.5미터이다.

2 The length of an English lesson is 50 minutes.

영어 수업 시간은 50분이다.

Plus+ lesson 명 수업

1338

sheriff

[ˈʃerɪf]

명 보안관

sheriff는 '보안관'이라는 뜻으로 주로 미국에서 '한 지역의 최고 경찰관'을 지칭하는 명사입니다. sheriff의 sher-는 원래 '지역 감독관'을 의미했다고 하는데 과거 영국의 행정단위였던 -shire에서 영향을 받았습니다. 오늘날 sheriff는 영화 등에서 종종 미국 서부의 전형적인 모습을 나타낼 때 많이 쓰입니다.

1 The sheriff handcuffed the criminal.

보안관이 범인에게 수갑을 채웠다.

2 Ben was elected as the new sheriff.

Ben이 새로운 보안관으로 선출되었다.

Plus+ handcuff 동 수갑을 채우다 criminal 명 범인
elect 동 선출[선임]하다

1339 □□

mood

[mu:d]

명 **기분, 분위기, 풍조[경향], 감정**

영어권에서 정말 자주 쓰는 말로 'I am in a ~mood.'가 있습니다. 우리말로는 '나는 ~할 기분이 아니다.'라는 뜻입니다. 이렇듯 mood는 기본적으로 우리가 '기분'이라 여기는 것을 나타냅니다. 이 기분이 개인의 것이면 그냥 '기분'이겠지만 전체가 느끼는 것이면 '분위기'가 되겠죠?

1 He is in a good mood today.
그는 오늘 기분이 좋다.

2 The weather affects your mood.
날씨는 기분에 영향을 준다.

Plus+ affect 동 영향을 미치다

1340 □□

lick

[lɪk]

동 **핥다, (불길, 물길 등이) 집어삼키다, 패배시키다, 때리다**

lick의 기본 뜻은 '핥다'입니다. 강아지가 사람 손을 핥는 그런 것 말이죠. 그런데 '핥는다'라는 말은 어떻게 쓰는지에 따라 다양한 의미를 나타낼 수 있습니다. 우리말에는 '화마가 할퀴고 지나간'이라는 표현이 있습니다. 불이 어떤 곳을 마치 동물의 발톱처럼 '할퀸다'는 표현이죠. 마찬가지로 영어에서도 lick은 '(불길, 물길 등이) 집어삼키다'라는 뜻도 나타냅니다.

1 The puppy licked her hand.
강아지가 그녀의 손을 핥았다.

2 The fire quickly licked up the dry leaves.
불길이 마른 잎들을 빠르게 집어삼켰다.

Plus+ quickly 부 빠르게 dry 형 마른, 건조한

1341 □□

ruin

['ru:ɪn]

동 **망치다[엉망으로 만들다], 파산[파멸]시키다, 황폐[쇠퇴]하게 하다**

명 **붕괴[몰락], (파괴된 건물의) 폐허, 유적**

ruin의 기본 의미는 '붕괴'입니다. 그래서 동사로는 '망치다, 파멸시키다'라는 뜻을, 명사로는 '붕괴, 몰락' 그 자체를 의미합니다. 또한 파괴되거나 손상된 건물, 구조물, 문화유산 등을 의미할 수도 있는데, 이 모든 뜻을 관통하는 하나의 그림은 '붕괴'라는 점을 꼭 기억하세요!

1 The city was ruined by the tornado.
그 도시는 토네이도로 인해 폐허가 되었다.

2 The ruins of the ancient city still stand.
그 고대 도시의 유적은 여전히 남아있다.

Plus+ ancient 형 고대의 stand 동 ~에 있다

arrest

[ə'rest]

동 체포하다, 억류[억제]하다, (관심을) 끌다

명 체포

arrest는 주로 범죄 혐의가 있는 사람을 '체포하는' 것을 의미하는데, 원래 '멈추다'라는 뜻에서 유래했습니다. 생각해 보면 용의자를 움직이지 못하게 멈추는 것이 체포하는 것이라 볼 수 있겠군요. 그밖에 arrest는 여러 맥락에서 무언가를 '억제하거나' 누군가의 '관심을 끄는' 것을 의미하기도 합니다.

1 The police officer arrested the suspect.
경찰관이 용의자를 체포했다.

2 Joey was arrested for stealing.
Joey는 절도 혐의로 체포되었다.

Plus+ suspect 명 용의자, 혐의자　　stealing 명 절도, 훔침

tumble

['tʌmbl]

동 넘어지다,
붕괴[폭락, 전락]하다,
허둥지둥 가다[오다],
재주 넘다[텀블링을 하다]

tumble은 주로 넘어지거나 굴러가는 움직임을 표현하는 동사입니다. 그리고 추상적인 맥락에서는 '붕괴[폭락, 전락]하다'를 뜻할 수 있습니다. 예를 들면 주식 시장이 '폭락'하거나 누군가의 상황이 '전락'하는 것을 나타낼 수 있지요. 그 외에도 원래 의미를 기반으로 어딘가를 급하게 가거나 재주를 넘는 모습을 나타내기도 합니다.

1 She tumbled down the stairs.
그녀는 계단에서 굴러 떨어졌다.

2 The stock market tumbled due to the housing crisis.
주택난으로 인해 주식 시장이 폭락했다.

Plus+ stair 명 계단　　stock 명 주식
housing 명 주택 (공급)　　crisis 명 위기

1344

ticket

['tɪkɪt]

명 입장권, 표, (벌금) 딱지

동 표를 발행하다[주다]

우리가 '티켓'이라는 외래어로 자주 쓰는 ticket은 '표'를 의미합니다. 주로 어떤 상황에서 주고 받는 '표'인지에 따라 뜻이 결정됩니다. 그래서 '입장권, 벌금 딱지' 등 다양한 '표' 자체를 의미할 수 있고, '표를 발행하다[주다]' 처럼 누군가에게 '표' 를 건네는 행위를 나타내기도 합니다.

1 I forgot my ticket at home.
나는 집에 표를 두고 왔다.

2 Ticketing closes at 4 p.m.
발권은 오후 4시에 마감한다.

Plus+ forget 동 (가져올 것 등을) 잊어버리다　　close 동 마감하다, 끝나다

1345 □□

faint

[feɪnt]

형 희미한, 약한[가냘픈], 마지못해, 현기증이 나는 [기절할 것 같은]

faint의 기본 의미는 '희미한'입니다. 그런데 혹시 faint chance가 무슨 뜻인지 그려지시나요? 바로 '희미한 기회', 즉 '희박한 기회'를 의미합니다. 이는 성공 가능성이 그지 않다는 뜻이죠. 이걸 사람에게 적용하면 '현기증이 나는'이라는 뜻이 되기도 합니다. 정신이 '희미한' 상태니까요.

1 **Joe could hear a faint sound from the next room.**
Joe는 옆방에서 나는 희미한 소리를 들을 수 있었다.

2 **She felt faint from hunger.**
그녀는 배가 고파서 현기증이 났다.

Plus+ feel faint 현기증이 나다 hunger 명 배고픔

basement

['beɪsmənt]

명 지하층[실], (구조물의) 최하부

basement는 생김새에서 유추할 수 있듯이 base(기초, 기반)에서 파생한 단어입니다. 건물의 가장 아래층이 그 건물의 시작 부분이라는 것을 생각해 보면 basement가 '지하실'을 의미하는 것은 매우 당연해 보입니다.

1 **We store our old furniture in the basement.**
우리는 지하실에 오래된 가구를 보관한다.

2 **The basement will be converted into a bedroom.**
그 지하실은 침실로 개조될 것이다.

Plus+ store 동 보관[저장]하다 furniture 명 가구
convert into ~으로 바꾸다[전환하다]

cabin

['kæbɪn]

명 (배의) 객실, (항공기의) 선실, (통나무) 오두막집

동 (좁은 곳에) 가두다

cabin은 원래 '간이 건물'이나 '오두막'을 뜻하는 단어에서 유래했습니다. 오늘날은 맥락에 따라 다양한 뜻을 표현하는데, 이는 변화하고 발전하는 흐름에 걸맞은 새로운 단어를 만들어 내지 못해 벌어진 현상 같습니다. cabin이 '(배의)객실, (항공기의) 선실, (통나무) 오두막집' 중 무엇을 의미하든 그 기본 그림은 같습니다.

1 **We rented a cabin in the mountains for our vacation.**
우리는 휴가를 위해 산속 오두막을 빌렸다.

2 **The airplane's cabin was not very comfortable.**
비행기의 선실은 별로 편안하지 않았다.

Plus+ rent 동 빌리다 comfortable 형 편안한

1348 □□

robe

[roʊb]

명 예복, 덮개

robe는 길고 넓은 소매와 느슨한 모양새를 가진 옷을 의미합니다. 이렇게만 보면 잘 와닿지 않죠? robe가 들어간 단어들을 한번 살펴볼게요. bathrobe(목욕 후 입는 가운), graduation robe(졸업식을 위해서 입는 가운), priest's robe(사제복). 어떤가요? 이제 눈앞에 robe가 그려지죠?

1 **Mia wore a beautiful robe to the opening ceremony.**
Mia는 개막식에서 아름다운 예복을 착용했다.

2 **The judge put on her black robe.**
판사는 검은색 법복을 입었다.

Plus + opening ceremony 개막식, 개회식 judge 명 판사
put on 몸에 걸치다

1349 □□

stack

[stæk]

명 더미[퇴적], 많음[다량], (도서관의) 서가[서고], 굴뚝

동 쌓다[포개다]

stack은 기본적으로 물건을 차곡차곡 쌓아 올린 상태를 나타냅니다. 여기에서 '더미, 퇴적, 많음' 등의 의미가 파생되었어요. 예를 들면 pancake stack은 '팬케이크를 여러 장 쌓아 올린 상태'를 의미하고, haystack은 '건초 더미'를 의미합니다.

1 **There is a stack of books that I have to read.**
내가 읽어야 할 책이 산더미처럼 쌓여 있다.

2 **The dishes are stacked in the cupboard.**
그릇들이 찬장에 쌓여있다.

Plus + have to V ~해야 한다 cupboard 명 찬장

1350 □□

freedom

['fri:dəm]

명 자유, 면제

freedom은 '자유'를 의미하는 명사입니다. 오늘날 인류에게 가장 중요한 가치 중 하나가 바로 freedom이죠. 이 단어의 정확한 정의는 '억압이나 제한 없이 원하는 것을 선택하거나 원하는 대로 행동할 수 있는 능력'입니다. 이 freedom을 활용한 격언이 있는데 바로 Freedom is never free.입니다. '자유는 공짜가 아니다.'라는 뜻이지요.

1 **Everyone has the freedom of expression.**
누구에게나 표현의 자유가 있다.

2 **They are fighting for the freedom of their country.**
그들은 조국의 자유를 위해 분투하고 있다.

Plus + expression 명 표현 fight 동 (무엇을 얻기 위해) 분투하다

Review Test 45

우리말에 맞게 빈칸에 알맞은 단어를 쓰세요.

(정답은 본문을 확인하세요.)

1 I am ____________ that Sarah will win the race. 나는 Sarah가 경주에서 이길 것이라고 확신한다.

2 Smith did not ____________ the reward. Smith는 그 보상을 받을 자격이 없었다.

3 It started to rain, contrary to the ____________ forecast. 일기 예보와는 달리 비가 내리기 시작했다.

4 She nearly ____________ in the pool. 그녀는 하마터면 수영장에서 익사할 뻔했다.

5 A ____________ is good for relaxing the muscles. 목욕은 근육을 이완시키는 데 좋다.

6 The ____________ published a groundbreaking article. 그 학술지는 획기적인 논문을 발행했다.

7 As the monster approached, he ____________ in horror. 괴물이 다가오자 그는 무서워서 얼어붙었다.

8 The river ____________ gently. 그 강은 완만하게 흐른다.

9 Cindy broke her ____________ in an accident. Cindy는 사고로 엉덩이뼈를 다쳤다.

10 I felt better in the ____________ wind. 나는 부드러운 바람을 맞아 기분이 좋아졌다.

11 I explored every ____________ to success. 나는 성공을 위한 모든 수단을 모색했다.

12 Andy had ____________ of becoming a famous actor. Andy는 유명한 배우가 되는 것에 대한 환상이 있었다.

13 The table was ____________, so the plate fell off. 테이블이 기울어져서 접시가 떨어졌다.

14 The baby was ____________ by the dog's barking. 개가 짖는 소리에 아기가 깜짝 놀랐다.

15 ____________ is prohibited in public places. 공공장소에서 침을 뱉는 것은 금지되어 있다.

16 The plant generates a large amount of ____________. 그 공장에서 많은 양의 폐기물이 발생한다.

17 The ____________ of the table is 1.5 meters. 그 테이블의 길이는 1.5미터이다.

18 Ben was elected as the new ____________. Ben이 새로운 보안관으로 선출되었다.

19 He is in a good ____________ today. 그는 오늘 기분이 좋다.

20 The fire quickly ____________ up the dry leaves. 불길이 마른 잎들을 빠르게 집어삼켰다.

21 The ____________ of the ancient city still stand. 그 고대 도시의 유적은 여전히 남아있다.

22 The police officer ____________ the suspect. 경찰관이 용의자를 체포했다.

23 She ____________ down the stairs. 그녀는 계단에서 굴러 떨어졌다.

24 ____________ closes at 4 p.m. 발권은 오후 4시에 마감한다.

25 Joe could hear a ____________ sound from the next room. Joe는 옆방에서 나는 희미한 소리를 들을 수 있었다.

26 We store our old furniture in the ____________. 우리는 지하실에 오래된 가구를 보관한다.

27 The airplane's ____________ was not very comfortable. 비행기의 선실은 별로 편안하지 않았다.

28 The judge put on her black ____________. 판사는 검은색 법복을 입었다.

29 The dishes are ____________ in the cupboard. 그릇들이 찬장에 쌓여 있다.

30 They are fighting for the ____________ of their country. 그들은 조국의 자유를 위해 분투하고 있다.

Level 46

레벨별 단어 사용 빈도

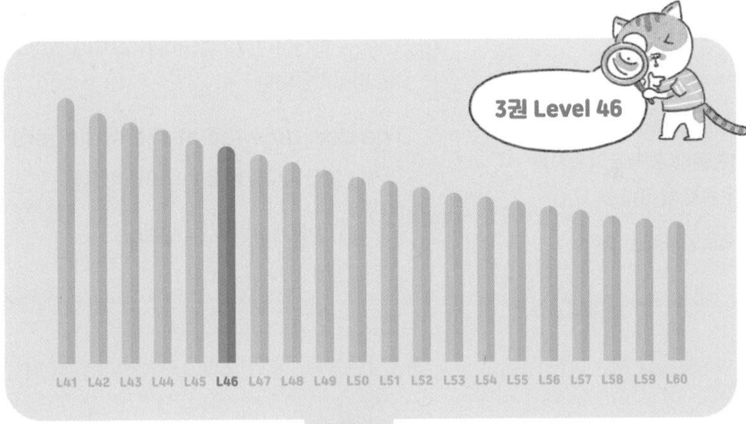

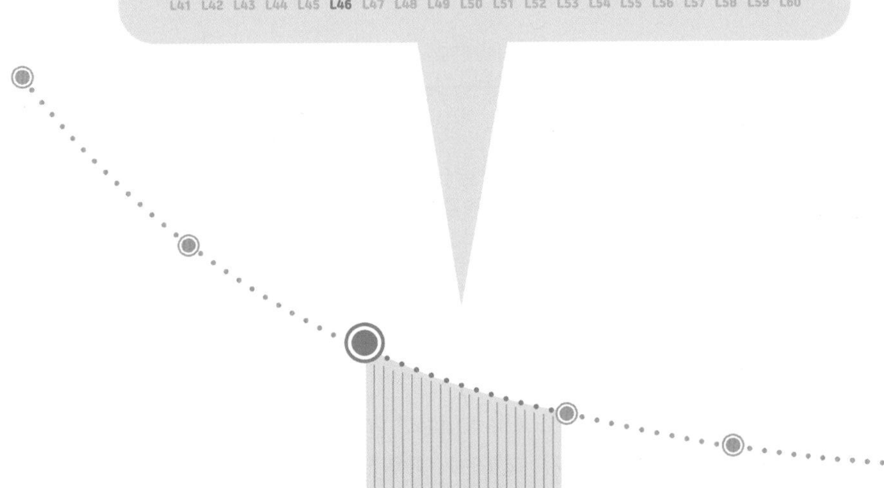

1351

million

['mɪljən]

명 100만

형 100만의

million은 '100만'을 의미하는 단어입니다. 영어권에서 자주 쓰는 표현 중에 One in a million이라는 말이 있는데, 말 그대로 '100만 중 하나'라는 뜻입니다. 그만큼 드물다는 의미로 종종 쓰이지요. 그 외에도 '100만'이라는 의미를 좀 더 확장하여 a million things to do(해야 할 무수한 일들) 등의 표현을 쓰기도 합니다.

1 He won a million dollars in the lottery.
그는 복권에서 백만 달러에 당첨되었다.

2 The population of the city was over two million.
그 도시의 인구는 200만 명이 넘었다.

Plus+ lottery 명 복권 population 명 인구

1352

growl

[graʊl]

동 으르렁거리다, 투덜거리다, (천둥이나 대포 따위가) 우르르 울리다

명 으르렁거리는 소리

growl은 동사로 '으르렁 거리다, 투덜 거리다' 등을 뜻하고, 명사로는 으르렁거리는 소리 자체를 의미합니다. growl의 뜻을 활용한 것으로 락음악의 그로울링(growling) 창법이 있습니다. 마치 사자나 호랑이가 으르렁거리듯이 소리를 내는 것을 의미한답니다.

1 The dog growled at the strangers.
그 개는 낯선 사람들을 향해 으르렁거렸다.

2 He growled in frustration.
그는 불만에 차서 투덜거렸다.

Plus+ stranger 명 낯선[모르는] 사람 scare 동 겁먹게 하다

1353

tone

[toʊn]

명 음조[음색], 어조[말투], 색조, 분위기[논조]

tone은 원래 '늘이다, 긴장시키다'라는 뜻에서 유래했습니다. 음악에서 악기를 다룰 때 줄을 얼마나 팽팽하게 잡아 당기는지에 따라 음이 변하죠? 이런 맥락에서 지금의 뜻이 파생되었습니다. 그리고 이런 뜻이 사람의 목소리나 색깔, 또는 분위기 등에도 적용되어 '어조, 색조, 논조'를 나타내기도 합니다.

1 Jane played a beautiful tone on the violin.
Jane은 바이올린으로 아름다운 음색을 연주했다.

2 His tone of voice was very friendly.
그의 말투는 매우 친절했다.

Plus+ voice 명 목소리 friendly 형 친절한

1354

haul

[hɔːl]

동 (아주 힘들여) 끌다,
세게 잡아당기다,
(억지로) 끌고 가다[오다],
운반하다[차로 나르다]

haul의 기본 의미는 '끌다' 입니다. 주로 무거운 물건이나 짐을 장거리로 끌거나 운반하는 것을 의미합니다. 맥락에 따라서 '아래에서 위로 끌어올리다'라는 뜻을 나타내기도 합니다. 예를 들어, He hauled fish.라고 하면 '그는 물고기를 건져올렸다.'를 의미합니다.

1 They hauled the furniture up the stairs.
그들은 계단을 올라가며 가구를 끌어올렸다.

2 Alex hauled a heavy load of bricks.
Alex는 무거운 벽돌을 운반했다.

Plus + brick 명 벽돌

1355

comfortable

['kʌmfərtəbl]

형 편안한, 안락한,
풍족한[넉넉한]

comfortable의 기본 뜻은 '편안한'입니다. 그리고 맥락에 따라 매우 다양한 뉘앙스를 표현해서 물리적인 편안함 뿐만 아니라 정신적으로 안락함, 편안함, 또는 쾌적함을 느낄 때 쓰이기도 합니다. 예를 들어, '안락하게 살다'는 make a comfort living으로, '마음이 편해지다'는 get to feel comfortable로 표현할 수 있어요.

1 These new shoes are very comfortable.
이 새 신발은 매우 편하다.

2 The doctor asked me to sit in a comfortable position.
의사는 내게 편안한 자세로 앉아 있으라고 했다.

Plus + ask 동 (어떻게 해 달라고) 요청하다 position 명 자세

1356

precious

['preʃəs]

형 귀중한, 값비싼,
소중한[가치가 있는],
(말씨 따위가) 점잔 빼는

precious는 명사 price(값, 가격)와 같은 뿌리를 가지고 있습니다. 원래는 '가격, 값어치'가 있는 것을 precious라고 불렀는데 그 뜻이 확장되어 물질적 가치가 높은 귀중하거나 값비싼 보석, 금속이나 무언가 감정적으로 매우 소중한 것을 의미하기도 합니다. 참고로 expensive(비싼), valuable(소중한) 등이 precious와 비슷한 단어들이니 함께 외워 두세요!

1 Ava wore a precious necklace.
Ava는 값비싼 목걸이를 착용하고 있었다.

2 Thank you for sparing your precious time.
귀한 시간을 내 주셔서 감사합니다.

Plus + spare 동 (시간 등을) 할애하다

1357 

handle

['hændl]

명 **손잡이**

동 **다루다[처리하다], (상품을) 취급[매매]하다**

handle은 겉모습에서 알 수 있듯이 명사 hand(손)에서 파생된 단어입니다. 그래서 손으로 잡아 돌리는 '손잡이'를 뜻하거나 '다루다, 처리하다'를 의미합니다. 우리도 어떤 일을 다루거나 처리할 때 무언가를 '주무르나'라고 표현할 때가 있지요? 역시 사람의 생각은 다 비슷한 것 같습니다.

1 The door handle fell off the door.
문 손잡이가 문에서 떨어졌다.

2 Josh carefully handled the fragile vase.
Josh는 깨지기 쉬운 꽃병을 조심스럽게 다뤘다.

Plus+ fall off 떨어지다 / fragile 형 깨지기 쉬운 / vase 명 꽃병

1358 

energy

['enərdʒi]

명 **기운, 동력 자원, 정력**

energy를 우리말로는 어떻게 표현할까요? 사실 우리도 '에너지'라는 외래어를 너무 자주 쓰다 보니 그냥 '에너지'라고 해야 더 이해하기 쉬울 것 같기도 합니다. energy는 물리학적 개념으로는 '일을 하거나 열을 전달하는 능력'을 나타내고, 일상에서는 '활력, 기운, 열정' 등을 나타냅니다.

1 He has so much energy, even after a long day.
그는 긴 하루를 보내고도 기운이 넘친다.

2 Solar energy is a popular renewable resource.
태양 에너지는 인기 있는 재생 가능한 자원이다.

Plus+ solar 형 태양의 / popular 형 인기 있는 / renewable 형 재생 가능한 / resource 명 자원, 재원

1359 

doll

[dɑ:l]

명 **인형, (모욕적으로) 인형 같은 여자**

동 **예쁘게[화려하게] 차려입다**

우리가 잘 알고 있듯이 doll의 기본 의미는 '인형'입니다. 하지만 이를 사람에게 쓸 때는 주의해야 합니다. 어린아이들에게는 '인형'이라는 말이 말 그대로 '마치 인형처럼 생겼구나'라는 식의 칭찬일 수 있지만 성인 여자에게 doll이라는 말은 모욕적인 말이 될 수 있기 때문입니다.

1 Judy has an extensive collection of dolls.
Judy는 방대한 양의 인형을 소장하고 있다.

2 Susan got dolled up for the holiday party.
Susan은 연말 파티를 위해 예쁘게 차려입었다.

Plus+ collection 명 소장품, 수집품 / doll up 치장하다

1360 

border

['bɔːrdə(r)]

명 국경, 경계, 가장자리

동 인접하다

border의 기본 뜻은 '테두리, 경계'입니다. 그래서 맥락에 따라 국가 사이의 '국경'을 나타내거나 '경계, 가장자리'를 의미하기도 합니다. 동사로는 '인접하다'라는 뜻을 갖습니다. 예를 들어, '국경을 넘다'는 cross the border라고 표현하고, '~의 인근에 있다'는 border on으로 나타낼 수 있어요.

1 **The river forms a border between the two nations.**
그 강은 두 나라 사이의 경계를 이루고 있다.

2 **Alex lives near the border of Mexico and the United States.**
Alex는 멕시코와 미국의 국경 근처에 살고 있다.

Plus+ form 동 형성하다, 만들어 내다 nation 명 국가

1361 

suffer

['sʌfə(r)]

동 (고통에) 시달리다,
고통 받다,
(상실 등을) 겪다[당하다],
(서서히) 나빠지다

suffer의 기본 의미는 '부담을 짊어지다'입니다. 그리고 맥락에 따라 '고통 받다, 시달리다'와 같이 물리적 고통을 겪는 상황을 나타내기도 합니다. 또한 추상적 의미로 부정적인 상황을 견디거나 어떠한 상실 등을 당하는 경우를 의미하기도 합니다.

1 **James is suffering from a rare disease.**
James는 희귀 질환으로 고통받고 있다.

2 **Helen suffered a lot of pain in her leg after the accident.**
Helen은 사고 이후 다리에 심한 통증을 느꼈다.

Plus+ rare 형 희귀한 disease 명 질병
pain 명 (육체적) 통증

1362 □□

focus

['foʊkəs]

동 집중하다[시키다],
초점을 맞추다

명 초점

focus는 광학 분야에서 빛이 한 점으로 모이는 현상을 설명하는 용어입니다. 이 점을 가만히 생각해 보면 왜 focus가 '집중하다, 집중시키다'를 뜻하는지 쉽게 아실 수 있을 겁니다. 그밖에 명사로는 '초점'을 의미하기도 합니다.

1 **Daniel decided to focus on his work.**
Daniel은 그의 일에 집중하기로 결심했다.

2 **We need to change our focus to prepare for global warming.**
우리는 지구 온난화에 대비하기 위해 초점을 바꿔야 한다.

Plus+ prepare 동 대비하다 global warming 지구 온난화

1363 □□

pine

[paɪn]

명 소나무

동 (사람이 죽거나 떠난 후) 몹시 슬퍼하다[비통해 하다]

pine이라는 단어는 참으로 특이합니다. '소나무'를 뜻하면서 동시에 '몹시 슬퍼하다'라는 의미를 나타내기 때문이죠. 사실 아주 옛날에 '소나무'와 '몹시 슬퍼하다'를 뜻하는 두 단어가 있었는데, 이들의 철자와 발음이 매우 비슷했고 결국 시간이 지나면서 pine이라는 한 단어로 합쳐졌답니다.

1 Pine trees are considered as a symbol of longevity.
소나무는 장수의 상징으로 여겨진다.

2 He pined for Julia for years follwing her death.
그는 Julia가 죽은 후 몇 년을 슬퍼했다.

Plus+ consider 동 여기다 symbol 명 상징
longevity 명 장수

1364 □□

boil

[bɔɪl]

동 끓다[끓이다], 삶다[데치다]

명 끓음, 종기(腫氣)

boil의 기본 의미는 '끓다'입니다. 어떤 대상이 끓고 있는 모습을 나타내기도 하고 무언가를 끓이는 것을 표현할 수도 있습니다. 혹시 boiled egg가 뭔지 아시나요? 직역하면 '끓여진 계란'인데, 바로 우리가 좋아하는 '삶은 계란'을 뜻하는 표현입니다.

1 He boiled water for tea.
그는 차를 마시려고 물을 끓였다.

2 I don't know how long I should boil the eggs.
나는 계란을 얼마나 오래 삶아야 하는지 모르겠다.

Plus+ how long (길이, 시일 등이) 얼마나(오래)

1365 

bent

[bent]

형 휘어진, 정직하지 못한, 작정을 한, 향한

bent는 동사 bend(굽히다, 휘다)의 형용사형입니다. 즉, 이미 휘어져서 특정 방향을 향하고 있는 것을 표현하지요. 그래서 bent는 특정한 목적이나 경향을 가진 상태를 나타내기도 합니다. 특히 관심사나 성향 등을 표현할 때 주로 쓰입니다. 쉽게 말해 어떤 대상을 향해 휘어져 있는 것이라고 보시면 됩니다.

1 The bent tree fell and blocked the entrance to the town.
구부러진 나무가 쓰러져서 마을 입구를 막았다.

2 My grandfather was bent with age.
할아버지는 나이가 드셔서 허리가 굽으셨다.

Plus+ block 동 막다 entrance 명 입구
be bent with age 나이를 먹어 허리가 굽다

1366

action

['ækʃn]

명 행동[활동], 동작[행위], 소송, 작용

action은 '행동, 동작' 등을 의미하는 명사입니다. 맥락에 따라 '소송, 작용' 등으로 의미가 확장되기도 합니다. 영어권에는 Actions speak louder than words. 라는 표현이 있는데 '행동이 말보다 더 큰 소리를 낸다.'라는 뜻으로 말보다 행동으로 보여 주는 것이 중요함을 말합니다.

1 **Individual actions are prohibited in group activities.**
단체 활동에서 개별 행동은 금지된다.

2 **The government's action plan was quite effective.**
정부의 행동 계획은 꽤 효과적이었다.

Plus + individual 형 개인의 / prohibit 동 금지하다 / quite 부 꽤, 상당히 / effective 형 효과적인

1367

greet

[gri:t]

동 환영하다, 인사하다, 반응을 보이다, 감지되다

greet은 원래 '마주치다, 만나다'를 뜻하는 단어에서 유래했습니다. 생각해보면 누군가를 마주쳤을 때 가장 먼저 해야 할 것이 '인사'겠지요? 이런 맥락에서 지금의 뜻이 파생된 것으로 보입니다. 그래서 greet은 누군가를 반갑게 맞이하거나 인사하는 동작 전반을 나타낼 수 있습니다.

1 **He greeted me with a warm smile.**
그는 따뜻한 미소로 내게 인사했다.

2 **Sally greeted her old friend at the airport.**
Sally는 공항에서 오랜 친구를 반갑게 맞아 주었다.

Plus + airport 명 공항

1368

dirty

['dɜ:rti]

형 더러운[불결한], 비열한, 상스러운[추잡한], 불쾌한

dirty는 우리가 잘 알고 있듯이 '더러운, 불결한'을 뜻하는 형용사입니다. 물리적으로 어떤 대상이 더러워진 상태를 나타내기도 하지만, 추상적으로 비열하거나 불쾌한 상태를 뜻하기도 합니다. 그래서 누군가의 비열한 짓이나 계략을 dirty trick이라 표현하기도 하고, 운동 경기에서 비열하게 행동하는 것을 play dirty라고 표현할 수 있어요.

1 **Jack was embarrassed by how dirty his car was.**
Jack은 차가 너무 더러워서 당황했다.

2 **Tony is a dirty little liar!**
Tony는 더러운 거짓말쟁이야!

Plus + embarrassed 형 당황스러운 / liar 명 거짓말쟁이

1369

claw

[klɔː]

명 (동물 등의 날카로운) 발톱, (게, 전갈 등의) 집게발, 발톱 모양의 물건

동 (발톱 등으로) 할퀴다 [움켜잡다]

claw는 주로 '(동물의) 날카로운 발톱'을 의미합니다. 또한 '(게, 전갈 등의) 집게발'을 뜻하거나 발톱 모양처럼 생긴 물건을 나타내기도 해요. 그밖에 동사로는 '(발톱 등으로) 할퀴다' 등을 뜻합니다. claw를 활용한 속담으로 Claw me and I'll claw you.가 있는데, 이는 '네가 할퀴면 나도 할퀼 것이다.'라는 뜻으로 '오는 말이 고와야 가는 말이 곱다.'와 같은 표현입니다.

1 **Eagles have sharp claws for catching preys.**
독수리는 먹이를 잡기 위한 날카로운 발톱을 가지고 있다.

2 **The cat used its claws to climb the tree.**
고양이는 발톱을 이용해 나무에 올라갔다.

Plus+ prey 명 먹이

1370

eventually

[ɪ'ventʃuəli]

부 결국, 최후에는, 마침내

eventually를 자세히 보면 event(사건)와 형태가 비슷하죠? '사건'이라는 것은 어떤 요소들의 '결과'로 볼 수 있습니다. 이러한 맥락에서 eventually는 '결국, 최후에는' 등을 뜻하게 되었습니다. 대개는 어떤 일이 결국, 마침내, 끝내 일어나게 되는 상황을 나타냅니다.

1 **Adam eventually achieved his goals.**
Adam은 결국 자신의 목표를 달성했다.

2 **She eventually found her keys.**
그녀는 마침내 열쇠를 찾았다.

Plus+ achieve 동 달성하다　　goal 명 목표

1371

community

[kə'mjuːnəti]

명 공동체, (지역) 사회, 주민, (생물의) 군집

community의 기본 의미는 '모임'입니다. 주로 서로 비슷한 관심사나 목적을 가진 사람들의 집합체를 나타내죠. 흔히 '상식'을 영어로 common sense라고 하는데 여기에서 common이 community 안에 녹아 있습니다. 즉, '공통적인' 사람들이 모인 것이 '공동체'인 셈이죠.

1 **The local community is now organizing a fundraising event.**
현재 지역 사회에서 모금 행사를 준비하고 있다.

2 **We live in a nice community where everyone is friendly.**
우리는 모두가 친절한 멋진 공동체에 살고 있다.

Plus+ organize 동 준비하다, 조직하다　　fundraising 명 모금

1372 □□

price

[praɪs]

명 가격, 대가

동 값을 비교하다, 가격을 매기다

price의 기본 뜻은 '값'입니다. 생각해 보면 우리말의 '값'도 다양한 의미를 나타내지요? price도 비슷합니다. 상품이나 서비스의 가치에 따라 측정되는 '가격'을 의미하기도 하고 추상적으로는 무언가에 대한 '대가'를 뜻하기도 합니다. 그밖에 동사로는 값을 비교하거나 매기는 행위를 나타내지요.

1 The price of this bracelet is very resonable.
이 팔찌의 가격은 그렇게 비싸지 않다.

2 Nate paid the price for deceiving his family.
Nate는 가족을 속인 대가를 치렀다.

Plus+ bracelet 명 팔찌 / reasonable 형 (가격이) 너무 비싸지 않은, 적정한 / pay the price 대가를 치루다 / deceive 동 속이다

1373 □□

pan

[pæn]

명 냄비[팬], 냄비 모양의 그릇

동 혹평하다[헐뜯다], 냄비로 요리하다

pan은 일반적으로 '냄비'를 의미합니다. 우리가 가장 잘 알고 있는 pan은 아마 frying pan(후라이팬)일 겁니다. 영어권에는 roasting pan(오븐에 들어가는 직사각형 팬), muffin pan(여러 개의 원형 홈이 있는 팬) 등 다양한 종류의 pan이 있습니다. 그밖에 동사로는 '혹평하다, 헐뜯다'를 뜻하기도 합니다.

1 I need a bigger pan for this recipe.
이 요리법대로 하려면 나는 더 큰 냄비가 필요하다.

2 Amy put all the ingredients into the pan.
Amy는 냄비에 모든 재료를 넣었다.

Plus+ recipe 명 요리[조리법] / ingredient 명 재료

1374 □□

planet

['plænɪt]

명 행성

planet은 '행성'을 뜻합니다. 원래는 '방랑자'를 뜻하는 단어였다고 합니다. 과거 하늘에서 별이 움직이는 모습이 마치 방랑자처럼 보였던 모양입니다. 그러다 시간이 지나면서 '행성'으로 의미가 확장되었습니다. 우리가 사는 지구도 행성이죠? 그래서 지구를 Planet Earth라고 부르기도 하는데 이때는 '행성 지구', 즉 지구를 전체 행성 중 하나의 개념으로 본 것입니다.

1 The Earth is the third planet from the Sun.
지구는 태양으로부터 세 번째에 위치한 행성이다.

2 Jupiter is the largest planet in the Solar System.
목성은 태양계에서 가장 큰 행성이다.

Plus+ jupiter 명 목성 / the solar system 태양계

1375 □□

uniform

['ju:nɪfɔ:rm]

명 제복[교복]

형 한결같은, 균일한, 불변의[일정한]

우리에게 '유니폼'이라는 외래어로 익숙한 uniform은 uni-(하나)와 form(형태)이 결합된 단어입니다. 직역하면 '하나의 형태, 모양'을 뜻합니다. 이런 의미가 확장되어 하나의 통일된 디자인인 '교복'이나 '제복'을 의미하기도 하고 '한결같은, 균일한' 등을 뜻하기도 합니다.

1 The girl in the firefighter uniform is my little sister.
소방관 제복을 입은 소녀가 나의 여동생이다.

2 All students have to wear a school uniform.
모든 학생들은 교복을 입어야 한다.

Plus + have to V ~해야 한다

1376 □□

create

[kri'eɪt]

동 창조하다, 창작하다, (작위를) 수여하다

create의 기본 의미는 '창조하다'입니다. 주로 예술, 문학, 과학 등 다양한 분야에서 새로운 것을 만들어 내는 것을 나타냅니다. 물리적 형태가 있는 것뿐만 아니라 추상적인 아이디어를 만드는 것도 표현할 수 있습니다. 그래서 맥락에 따라 '(작위를) 수여하다'를 뜻하기도 합니다.

1 The chef created a new recipe for the restaurant.
그 주방장은 레스토랑을 위해 새로운 요리법을 만들었다.

2 The artist created beautiful paintings that inspire people.
그 예술가는 사람들에게 영감을 주는 아름다운 그림을 그렸다.

Plus + inspire 동 영감을 주다

1377 □□

spy

[spaɪ]

명 정보원, 첩자[간첩]

동 염탐하다

spy는 원래 '관찰하다, 가까이 지켜보다'라는 뜻의 옛 프랑스어 *espiier*에서 유래되었습니다. 그래서 기본적으로 '감시'를 의미하다가 시간이 지나면서 지금의 뜻인 '정보원, 간첩'을 뜻하게 되었습니다. 동사로는 무언가를 '염탐하다'라는 의미를 나타내기도 합니다. 그래서 spy out이라고 하면 '~에 대해 정보를 캐다'라는 뜻이 됩니다.

1 Jack trained as a spy from an early age.
Jack은 어려서부터 정보원으로 훈련받았다.

2 Detective spied on suspect to gather evidence.
형사는 증거를 수집하기 위해 용의자를 염탐했다.

Plus + train 동 훈련받다 detective 명 형사

1378

horror

['hɔːrə(r)]

명 공포, 무서운 것

형 공포의

horror는 원래 '떨리다'를 뜻하는 라틴어 *horror*에서 유래했습니다. 그러다 의미가 확장되어 지금의 '공포, 무서운 것'을 의미하게 되었지요. 보통 불쾌하고 무서운 상황이나 경험을 나타내며 공포 영화나 공포 소설 등의 장르에서 주로 쓰입니다.

1 The horror movie was too scary to watch.
그 공포 영화는 너무 무서워서 볼 수 없었다.

2 He wrote a horror story about a haunted house.
그는 귀신이 나오는 집에 대한 공포 소설을 썼다.

Plus+ too ~ to ... ~해서 …할 수 없다 haunted 형 귀신이 나오는

1379

drip

[drɪp]

동 (액체 등이) 뚝뚝 떨어지다

명 (액체 등의) 방울

drip의 기본 의미는 '물방울을 떨어뜨리다'입니다. 이후 의미가 확장되어 동사로는 물 등의 다른 액체들이 뚝뚝 떨어지는 모습을 나타내게 되었고, 명사로는 '(액체 등의) 방울'을 뜻하게 되었어요. 그래서 빗방울이 안개처럼 흩뿌리는 것을 fog drip이라고 표현하기도 합니다.

1 Water is dripping from the faucet.
수도꼭지에서 물이 뚝뚝 떨어지고 있다.

2 Coffee began to drip into the cup when I turned on the machine.
내가 기계를 켜자 커피가 컵 안으로 떨어지기 시작했다.

Plus+ faucet 명 (수도)꼭지 turn on (가스, TV 따위를) 켜다

1380

worth

[wɜːrθ]

형 가치가 있는, ~할 만한, ~만큼의 재산이 있는

명 가치[값어치]

worth는 형용사로 '가치가 있는, 대가가 되는'을 뜻하고, 명사로는 '가치, 값어치'를 의미합니다. 예를 들어 worth a lot of money라고 하면 '많은 돈을 지불할 만한 가치가 있는'을 뜻하는 식이지요. 또한 누군가 자기 몫을 할 때는 be worth one's salt(제구실을 하다)라고 표현하기도 합니다.

1 This book is not worth reading.
이 책은 읽을 가치가 없다.

2 The antique vase is worth thousands of dollars.
그 골동품 꽃병은 수천 달러의 가치가 있다.

Plus+ antique 명 (귀중한) 골동품 형 (귀중한) 골동품인

Review Test 46

우리말에 맞게 빈칸에 알맞은 단어를 쓰세요.

(정답은 본문을 확인하세요.)

1 He won a ______________ dollars in the lottery. 그는 복권에서 백만 달러에 당첨되었다.

2 He ______________ in frustration. 그는 불만에 차서 투덜거렸다.

3 His ______________ of voice was very friendly. 그의 말투는 매우 친절했다.

4 Alex ______________ a heavy load of bricks. Alex는 무거운 벽돌을 운반했다.

5 These new shoes are very ______________. 이 새 신발은 매우 편하다.

6 Ava wore a ______________ necklace. Ava는 값비싼 목걸이를 착용하고 있었다.

7 The door ______________ fell off the door. 문 손잡이가 문에서 떨어졌다.

8 He has so much ______________, even after a long day. 그는 긴 하루를 보내고도 기운이 넘친다.

9 Judy has an extensive collection of ______________. Judy는 방대한 양의 인형을 소장하고 있다.

10 The river forms a ______________ between the two nations. 그 강은 두 나라 사이의 경계를 이루고 있다.

11 James is ______________ from a rare disease. James는 희귀 질환으로 고통받고 있다.

12 Daniel decided to ______________ on his work. Daniel은 그의 일에 집중하기로 결심했다.

13 ______________ trees are considered as a symbol of longevity. 소나무는 장수의 상징으로 여겨진다.

14 He ______________ water for tea. 그는 차를 마시려고 물을 끓였다.

15 My grandfather was ______________ with age. 할아버지는 나이가 드셔서 허리가 굽으셨다.

16 The government's ______________ plan was quite effective. 정부의 행동 계획은 꽤 효과적이었다.

17 He ______________ me with a warm smile. 그는 따뜻한 미소로 내게 인사했다.

18 Jack was embarrassed by how ______________ his car was. Jack은 차가 너무 더러워서 당황했다.

19 Eagles have sharp ______________ for catching preys. 독수리는 먹이를 잡기 위한 날카로운 발톱을 가지고 있다.

20 She ______________ found her keys. 그녀는 마침내 열쇠를 찾았다.

21 We live in a nice ______________ where everyone is friendly. 우리는 모두가 친절한 멋진 공동체에 살고 있다.

22 Nate paid the ______________ for deceiving his family. Nate는 가족을 속인 대가를 치렀다.

23 I need a bigger ______________ for this recipe. 이 요리법대로 하려면 나는 더 큰 냄비가 필요하다.

24 Jupiter is the largest ______________ in the Solar System. 목성은 태양계에서 가장 큰 행성이다.

25 All students have to wear a school ______________. 모든 학생들은 교복을 입어야 한다.

26 The chef ______________ a new recipe for the restaurant. 그 주방장은 레스토랑을 위해 새로운 요리법을 만들었다.

27 Jack trained as a ______________ from an early age. Jack은 어려서부터 정보원으로 훈련받았다.

28 The ______________ movie was too scary to watch. 그 공포 영화는 너무 무서워서 볼 수 없었다.

29 Water is ______________ from the faucet. 수도꼭지에서 물이 뚝뚝 떨어지고 있다.

30 This book is not ______________ reading. 이 책은 읽을 가치가 없다.

Level
47

레벨별 단어 사용 빈도

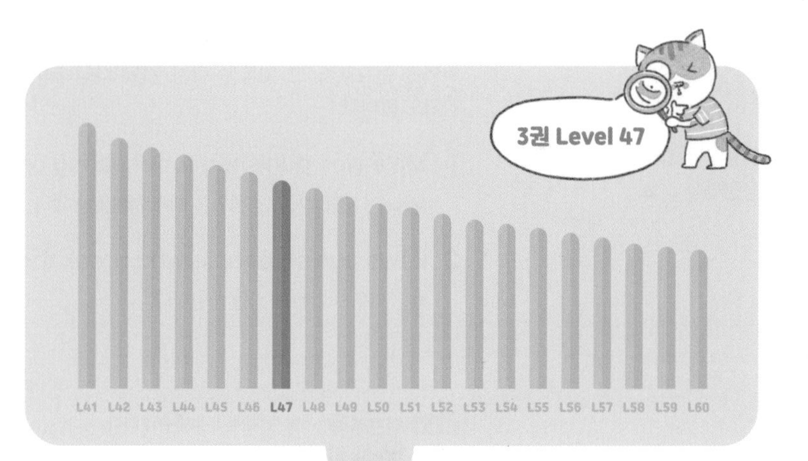

3권 Level 47
L41 L42 L43 L44 L45 L46 L47 L48 L49 L50 L51 L52 L53 L54 L55 L56 L57 L58 L59 L60

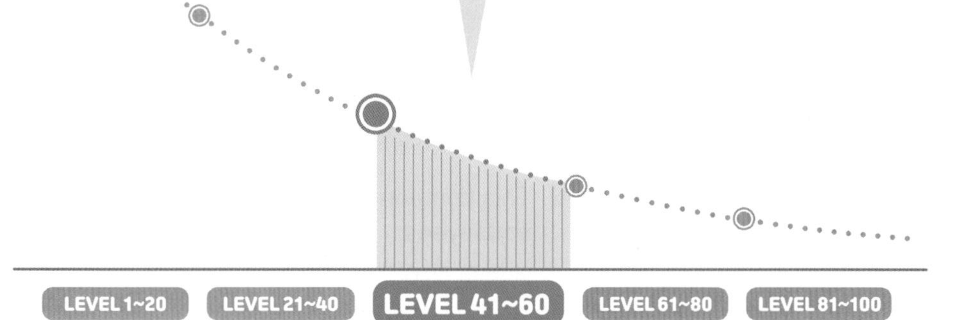

LEVEL 1~20
LEVEL 21~40
LEVEL 41~60
LEVEL 61~80
LEVEL 81~100

1381

plague

[pleɪg]

명 역병(疫病), 전염병, 골칫거리, (해충 따위의) 이상 발생[번식]

plague는 '전염병'을 뜻합니다. 과거 유럽을 휩쓸었던 흑사병부터 최근 COVID-19(코로나19)까지 모두 plague에 해당하지요. 이런 전염병은 상당히 귀찮고 골치 아픈 일입니다. 그래서 plague는 '골칫거리'를 뜻하기도 힙니다.

1 The plague killed millions of people in the 14th century.
14세기에 역병으로 인해 수백만 명의 사람이 죽었다.

2 Sam has been hospitalized with a plague.
Sam은 전염병에 걸려 병원에 입원했다.

Plus+ millions of 수백만의 / be hospitalized with ~로 입원하다

1382

punish

['pʌnɪʃ]

동 처벌하다, (죄를) 벌하다, 응징하다

punish는 원래 '벌'을 뜻하는 명사에서 유래했습니다. 그러다 시간이 지나면서 '벌을 주다, 처벌하다'를 뜻하는 동사가 되었습니다. 주로 나쁜 행동에 대한 불이익을 줌으로써 그 행동을 막는 것을 나타내며 맥락에 따라 '응징하다'를 뜻하기도 합니다.

1 Mike was punished for cheating on a test.
Mike는 시험에서 부정행위를 해서 처벌을 받았다.

2 Laws punish people who break them.
법은 이를 어기는 사람을 처벌한다.

Plus+ cheat 동 (시험 등에서) 부정행위를 하다 / law 명 법 / break 동 (법 등을) 어기다

1383

provide

[prə'vaɪd]

동 제공하다, 공급하다, 규정하다

provide의 기본 의미는 '제공하다'입니다. 주로 식량이나 서비스, 어떤 질문에 대한 답변처럼 무언가 필요한 것을 제공하거나 보장하는 것을 나타냅니다. 예를 들어, provide for는 '~에 대해 준비[대비]하다'를 의미하고, provide assistance는 '도움을 제공하다'를 뜻합니다.

1 I will provide him with all necessary information.
나는 그에게 필요한 모든 정보를 제공할 것이다.

2 This company provides excellent benefits for its employees.
이 회사는 직원들에게 훌륭한 혜택을 제공한다.

Plus+ necessary 형 필요한 / benefit 명 혜택

1384

valley

['væli]

명 계곡, 골짜기, 골

valley는 '협곡'이나 '계곡'같은 지형을 뜻합니다. 아마 우리에게 익숙한 valley는 역시 Silicon Valley(실리콘 밸리)겠지요? silicon은 '반도체' 등을 지칭하는 말인데 20세기 초 반도체 및 전자 산업의 핵심 기업들이 샌프란시스코에 있는 '낮은 땅' 지역에 자리를 잡아 생긴 지명이라고 합니다.

1 **The valley stretches for thousands of miles between the mountains.**
그 계곡은 산들 사이에 수천 마일에 걸쳐 뻗어있다.

2 **In the summer, the valley always floods during rain storms.**
여름에는 폭풍우로 인해 계곡이 항상 범람한다.

Plus+ stretch 동 (어떤 지역에 걸쳐) 뻗어있다 flood 동 범람하다

1385

duty

['du:ti]

명 의무, 임무, 세금[관세]

duty는 원래 '부채, 빚'을 뜻하는 단어에서 유래했습니다. 생각해 보면 '빚'이 있으니 이를 갚아야 할 '의무'가 따르겠죠? 이러한 맥락에서 duty는 어떤 사람이나 집단이 해야 할 '의무'나 '책임'을 의미하기도 합니다. 그밖에도 맥락에 따라 '세금, 관세' 등을 뜻하기도 해요.

1 **It is our duty to protect the children.**
아이들을 보호하는 것은 우리의 의무다.

2 **Your duty is to ensure the safety of these people.**
당신의 임무는 이 사람들의 안전을 보장하는 것이다.

Plus+ protect 동 보호하다 ensure 동 보장하다
safety 명 안전

1386

honey

['hʌni]

명 꿀, (꿀처럼) 단 것, (호칭으로) 여보, 다정다감한 사람

우리가 잘 알고 있듯이 honey의 기본 의미는 '꿀'입니다. 그리고 문맥에 따라 꿀만큼 단 것을 의미하기도 하지요. 그밖에도 honey는 사랑하는 사람을 부르는 호칭으로 쓰이기도 하고 다정다감한 사람을 나타내기도 합니다. 모두 '꿀'의 달콤함에서 파생된 의미라고 생각하시면 되겠군요.

1 **The cake is as sweet as honey.**
그 케이크는 꿀처럼 달콤하다.

2 **Jackson harvested honey from the hives.**
Jackson은 벌통에서 꿀을 수확했다.

Plus+ harvest 동 수확하다 hive 명 벌집

1387

scoop

[sku:p]

명 국자, 특종, 대성공

동 푸다

scoop은 원래 '채우는 것'이라는 뜻을 가진 단어에서 유래했습니다. 그러다 무언가를 꽉 채우는 모습에서 '국자'라는 의미가 파생되었어요. 오늘날은 '특종, 대성공'을 의미하기도 하는데 이는 무언가 퍼 올린 '성과'라는 맥락에서 파생된 뜻으로 추정합니다. 또한 동사로는 '푸다'를 뜻하기도 합니다.

1 What's the scoop on the senator's tax scandal?
그 상원의원의 세금 스캔들에 대한 특종은 무엇입니까?

2 He scooped strawberry-flavored ice cream.
그는 딸기 맛 아이스크림을 펐다.

Plus+ senator 명 상원의원 tax 명 세금
flavored 형 (~의) 맛이 나는

barrel

['bærəl]

명 (가운데가 불룩한) 통, 한 통의 양

동 통에 넣다[채우다], (자동차 따위가) 질주하다

barrel은 원래 '원통형의 나무'나 '금속 제품'을 뜻하는 단어였습니다. 그러다 이런 통에 석유를 저장해서 옮기는 모습에서 의미가 파생되어 지금은 가운데가 불룩한 '통'이나 '한 통의 양'과 같은 하나의 단위로도 쓰입니다. 동사로는 '통에 넣다[채우다], 질주하다' 등을 뜻합니다.

1 The wine is aged in oak barrels.
와인은 오크 나무 통에서 숙성된다.

2 The price of a barrel of oil is increasing.
기름 한 통의 가격이 오르고 있다.

Plus+ age 동 숙성시키다 oak 명 오크 나무(목재)
increase 동 오르다

thread

[θred]

명 (바느질) 실, (이야기 등의) 가닥[맥락], 실처럼 가느다란 것

동 (실 등을) 꿰다

thread의 기본 의미는 '실'입니다. 그런데 추상적인 맥락에서는 상황의 연결고리나 논리적인 흐름, 즉 '가닥, 맥락'이라는 뜻을 나타내기도 합니다. 그밖에도 실처럼 가느다란 것을 의미하기도 하고, 동사로는 '(실 등을) 꿰다'를 뜻하기도 합니다.

1 The thread of the conversation is now lost.
지금 대화의 맥락이 끊겼다.

2 The wizard threaded the needle with the red thread.
마법사는 빨간 실을 바늘에 꿰었다.

Plus+ conversation 명 대화 needle 명 바늘

1390

scene

[siːn]

명 장면, (사건 등의) 현장, 배경[풍경]

우리에게 외래어 '씬'으로 익숙한 scene은 특정 장소나 어떤 사건의 특정 '장면'을 나타내는 단어입니다. 특히 영화나 드라마에서 많이 쓰입니다. '각본'을 뜻하는 scenario도 scene에서 파생된 단어입니다. 그래서 set the scene이라고 하면 '~을 위한 분위기를 조성해 주다'라는 뜻을 나타냅니다.

1 **The final scene of the movie was emotional.**
그 영화의 마지막 장면은 감동적이었다.

2 **The police quickly arrived at the scene of the crime.**
경찰은 빠르게 범행 현장에 도착했다.

Plus+ emotional 형 (음악, 문학 등이) 감동적인 quickly 부 빠르게, 빨리
crime 명 범행, 범죄

1391

beer

[bɪr]

명 맥주, 발포성 음료

우리가 잘 알고 있듯이 beer는 '맥주'를 뜻합니다. beer에 대한 재미있는 벤자민 프렝클린의 명언이 있는데, 바로 Beer is proof that God loves us and wants us to be happy.입니다. 바로 '맥주는 신께서 우리를 사랑하시고 우리가 행복하기를 원하신다는 증거다.'라는 뜻이지요.

1 **They drank beer while watching the soccer game.**
그들은 축구 경기를 보면서 맥주를 마셨다.

2 **The brewery produces a variety of craft beers.**
그 양조장은 다양한 수제 맥주를 생산한다.

Plus+ brewery 명 (맥주) 양조장 craft 명 수공업, 수예

1392

citizen

['sɪtɪzn]

명 시민, 주민, 국민

citizen은 우리말로 '시민' 즉, 특정 국가나 지역의 주민으로서 권리와 의무를 가지는 사람을 뜻하는 단어입니다. 생김새에서 유추할 수 있듯이 city(도시), civil(시민의), civilization(문명) 등의 단어와 뿌리가 같아요. 결국 citizen이란 문명화 된 도시에 살며 '시민'의 자격을 가진 이를 나타낸다고 보면 되겠군요.

1 **All citizens must have the right to vote.**
모든 시민은 투표권을 가져야 한다.

2 **The mayor urged citizens to conserve electricity.**
시장은 시민들에게 전기를 아껴 쓸 것을 촉구했다.

Plus+ right 명 권리 vote 동 투표하다
urge 동 강력히 촉구하다 conserve 동 아껴 쓰다

1393 □□

interesting

['ɪntrəstɪŋ]

형 재미있는, 흥미로운, 주의[관심]를 끄는

interesting은 동사 interest(~의 관심을 끌다)의 형용사형입니다. 무언가 '관심을 끄는' 것을 나타내지요. 예를 들어, interesting book이라고 하면 '관심을 끄는 책', 즉 '흥미로운 책'을 의미합니다.

1 This museum had many interesting exhibits.
이 박물관에는 흥미로운 전시품이 많이 있었다.

2 I find history interesting, especially ancient civilizations.
나는 역사, 특히 고대 문명에 대해 관심이 많다.

Plus + exhibit 명 전시품 ancient 형 고대의
civilization 명 문명

1394 □□

hunt

[hʌnt]

동 사냥하다, 추적하다, 찾다[뒤지다]

명 사냥[수렵]

hunt는 동사로는 '사냥하다'를 뜻하고, 명사로는 '사냥, 수렵'을 의미합니다. 그리고 맥락에 따라 이러한 의미가 확장되어 '무언가를 추적하거나 찾는 것'을 나타내기도 합니다. 예를 들어, '일자리를 찾다'는 job-hunt라고 표현하고, 어떤 대상을 끝까지 찾아다니는 것은 hunt out[down]으로 표현하기도 합니다.

1 My uncle likes to hunt bears in the mountains.
삼촌은 산에서 곰을 사냥하는 것을 좋아한다.

2 Mary hunted through the garage for the missing tools.
Mary는 없어진 공구를 찾기 위해 차고를 뒤졌다.

Plus + hunt through ~의 속을 (샅샅이) 뒤지다 garage 명 차고
missing 형 (제자리에 있지 않고) 없어진

1395 □□

opportunity

[ˌɑpər'tunəti]

명 기회

opportunity는 원래 '적절한 시간'이라는 뜻에서 유래했습니다. 생각해 보면 '기회'란 적절한 때에 무언가를 만나는 것이겠죠? 그래서 영어에는 Opportunity never knocks twice.라는 격언이 있는데, 이는 '기회는 절대로 문을 두 번 두드리지 않는다.'라는 뜻으로 다시는 기회가 오지 않을 수 있으니 그 기회를 잡으라는 말입니다.

1 This is a great opportunity to learn a new skill.
이것은 새로운 기술을 배울 수 있는 좋은 기회다.

2 Sarah had the opportunity to meet the CEO of the company.
Sarah는 회사의 CEO를 만날 기회가 있었다.

Plus + CEO(= Chief Executive Officer) 최고 경영자

1396

cure

[kjʊr]

동 치료하다[고치다], (문제를) 해결하다

명 치유[치료], (문제 등의) 해결책

cure의 기본 의미는 '고치다'입니다. 주로 의학 분야에서 질병이나 상처, 부상 등을 치료하는 것을 나타냅니다. 그리고 맥락에 따라 어떠한 문제를 해결하는 것을 뜻하기도 합니다. 예를 들어, We need to cure the poverty.라고 하면 '우리는 빈곤 문제를 해결해야 한다.'를 의미합니다.

1 The new medicine cured his disease.
새로운 약이 그의 병을 치료했다.

2 Time is the best cure for a broken heart.
시간은 상처 입은 마음을 치유하는 최고의 방법이다.

Plus+ disease 명 병, 질병 broken 형 낙담한

1397

sock

[sɑːk]

명 양말, (주먹 등으로 치는) 강타

동 ~에 양말을 신기다, 강타하다

sock은 '양말'을 뜻합니다. 그런데 의외의 뜻을 나타내기도 하는데 바로 '(주먹 등으로 치는) 강타'입니다. 아쉽게도 이에 대한 정확한 배경은 밝혀지지 않았지만 동사로 '양말을 신기다, 강타하다'를 의미하기도 하는 것을 보면 분명 무언가 깊은 연관이 있어 보이는군요.

1 She put on a pair of socks.
그녀는 양말 한 켤레를 신었다.

2 Leah socked the punching bag with all her might.
Leah는 온 힘을 다해 샌드백을 강타했다.

Plus+ put on 몸에 걸치다 with all one's might 온 힘을 다해, 힘껏

1398

pace

[peɪs]

명 속도, 걸음[보폭]

동 속도[리듬]를 유지하다, (초조한 듯이) 왔다갔다하다

pace는 원래 '걸음, 보폭'이라는 뜻에서 유래했습니다. 옛날에는 거리를 잴 때 보통 사람의 걸음을 기준으로 했는데, 이 거리와 걸음의 관계에서 '속도'라는 의미가 파생했습니다. 그밖에도 맥락에 따라 '속도를 유지하다' 또는 초조한 마음에 '왔다갔다하다'라는 뜻을 나타내기도 합니다.

1 Emily maintained a constant pace throughout the race.
Emily는 경기 내내 일정한 속도를 유지했다.

2 You have to pace yourself to finish a marathon.
너는 마라톤을 완주하기 위해 속도를 조절해야 한다.

Plus+ maintain 동 유지하다 constant 형 일정한
pace oneself (경기에서) 자기에게 맞는 속도를 지키다

seek

[si:k]

동 찾다, 추구하다, 구[청]하다

seek은 기본적으로 무언가를 찾고자 노력하는 것을 의미합니다. 우리가 흔히 '숨바꼭질'이라고 부르는 놀이를 영어로는 hide-and-seek이라고 부릅니다. hide의 뜻이 '숨다'이니 '숨바꼭질'이 무엇인지 제대로 드러내는 이름이지요? 그 밖에도 seek은 추상적인 목표나 가치 등을 추구하는 태도를 의미하기도 합니다.

1 Jane is seeking a new job.
Jane은 새로운 일자리를 찾고 있다.

2 They are seeking advice from experts.
그들은 전문가들로부터 조언을 구하고 있다.

Plus+ advice 명 조언　　expert 명 전문가

onion

['ʌnjən]

명 양파

동 ~에 양파로 맛을 내다

형 양파가 들어 있는

onion은 '양파'를 나타내며 우리에게 친숙한 단어이죠. 그런데 onion과 union(연합)이 좀 비슷하지 않나요? 원래 onion은 여러 겹이 모여 '하나'가 된 것을 의미했는데, 여러 겹으로 이루어진 '양파'의 모습을 보고 지금의 뜻이 파생된 것 같네요.

1 Mom always made onion soup when I had a cold.
내가 감기에 걸렸을 때 엄마는 항상 양파 수프를 만들어 주셨다.

2 The chef adds onions to the soup to enhance its flavor.
그 요리사는 풍미를 높이려고 국물에 양파를 넣었다.

Plus+ enhance 동 (정도를) 높이다　　flavor 명 (독특한) 풍미, 맛

deliver

[dɪ'lɪvə(r)]

동 배달하다, 넘겨주다, (연설 등을) 하다, 출산하다

deliver라는 단어를 한 번에 이해하려면 '자유롭게 하다'라는 뜻을 기억하시면 됩니다. 물건이나 메시지를 자유롭게 풀어 전달한다는 측면에서는 '배달하다, 연설하다'를 뜻합니다. 그리고 태아를 엄마의 몸속에서 자유롭게 해준다는 맥락에서는 '출산하다'를 의미하기도 합니다. deliver의 의미가 머릿속에 그려지시죠?

1 The postman will deliver the package tonight.
우편집배원이 오늘 밤에 소포를 배달할 것이다.

2 The president will deliver a speech on national security.
대통령이 국가 안보에 관한 연설을 할 것이다.

Plus+ speech 명 연설　　national 형 국가의
security 명 안보

1402

confuse

[kən'fju:z]

동 **혼란시키다, 혼동하다, 잘못 구별하다, 어리둥절하게 하다**

confuse는 기본적으로 무언가를 '혼란스럽게 만드는' 것을 의미합니다. 어떤 상황이나 정보가 명확하지 않거나 불분명할 때, 또는 감정이나 사고에 혼란을 일으키는 것을 나타냅니다. 예를 들어, I am confused.라고 하면 '나는 혼란스러워.'를 뜻하지요.

1 The complicated math problems confused Andy.
복잡한 수학 문제들이 Andy를 혼란스럽게 했다.

2 Please do not confuse quantity with quality.
양과 질을 혼동하지 마십시오.

Plus + complicated 형 복잡한 quantity 명 양
quality 명 질(質)

1403

nightmare

['naɪtmər]

명 **악몽, (악몽 같은) 무서운 경험[상태], 불길한 예감**

nightmare는 '밤'을 뜻하는 night와 '악령'을 의미하는 고대 영어 *mære*가 결합한 단어입니다. 밤에 찾아오는 악령, 즉 '악몽'을 의미합니다. nightmare를 활용한 표현 중 nightmare scenario라는 말이 있습니다. 이는 '예상되는 상황 중 최악의 사태'라는 뜻입니다.

1 I had a bad nightmare last night.
나는 어제 밤에 심각한 악몽을 꿨다.

2 The haunted house was like a nightmare come true.
그 귀신 붙은 집은 마치 악몽이 현실이 된 것 같았다.

Plus + haunted 형 (귀신 등이) 붙은 come true 실현되다

1404

panic

['pænɪk]

panicked - panicked

명 **공황, (갑작스러운) 극심한 공포, 공황 상태**

동 **공황 상태에 빠지다[빠지게 하다]**

panic은 급작스럽고 무슨 일이 일어나는지 이해할 수 없는 상황에서 느껴지는 공포나 불안한 상태를 나타냅니다. 이를 우리는 '공황, 공포'라고 표현하지요. 그래서 맥락에 따라 공황 상태에 빠진 것을 나타내기도 합니다. 예를 들어, Don't panic!이라고 하면 '당황하지 마!'를 의미합니다.

1 The loud noise caused panic among the crowd.
시끄러운 소리로 인해 사람들은 공황 상태에 빠졌다.

2 I panicked after realizing I lost my bag.
나는 가방을 잃어버렸다는 사실을 깨닫고 당황했다.

Plus + cause 동 유발하다, 초래하다 crowd 명 (길거리 등에 모인) 사람들
realize 동 알아차리다

1405 □□

base

[beɪs]

명 기초[토대], 기반, 가장 아래 부분, 기지

동 기초로 쌓다, ~의 근거로 하다

base는 기본적으로 '바닥'을 의미합니다. 우리도 보통 어떤 대상의 가장 아래 부분을 '바닥'이라고 부를 때가 많죠? 이런 흐름에서 base는 '기초, 토대, 기반' 등으로 의미가 확장되었습니다. 우리가 잘 알고 있는 basic(기본적인)도 base와 같은 뿌리를 갖습니다. 그밖에 동사로는 '~의 근거로 하다' 또는 '기초로 쌓다' 등을 의미합니다.

1 **We need to expand our customer base.**
우리는 고객 기반을 확대해야 한다.

2 **Paul based his film on his friend's story.**
Paul은 친구의 이야기를 바탕으로 영화를 만들었다.

Plus+ expand 동 (범위 등을) 확대하다 customer 명 고객

1406 □□

intend

[ɪn'tend]

동 의도하다, ~할 작정이다, 의미하다

intend는 원래 '~로 늘이다, 뻗다'라는 뜻에서 유래했습니다. 이후 의미가 확장되어 특정 목적이나 계획을 가지고 있는 상태를 나타내게 되었습니다. intend처럼 '의도하다'를 뜻하는 비슷한 표현으로는 propose(작정하다, 의도하다), have ~ in mind(~을 염두에 두다, 계획하다) 등이 있습니다.

1 **We intend to oppose the project altogether.**
우리는 그 프로젝트에 전적으로 반대할 작정이다.

2 **He intends to go to the gym later today.**
그는 오늘 늦게 헬스장에 갈 계획이다.

Plus+ oppose 동 반대하다 altogether 부 전적으로, 완전히

1407 □□

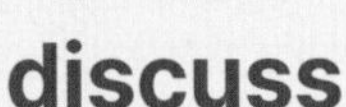

discuss

[dɪ'skʌs]

동 논의하다, 토론하다

discuss는 '논의하다, 토론하다'라는 뜻으로 두 명 이상의 사람이 어떤 주제에 대해 생각을 공유하거나 의견을 교환하는 것을 의미합니다. 예를 들어, discuss the main points라고 하면 '주요 화두에 대해 논의하다'를 의미합니다. discuss future plans는 '향후 계획에 대해 논의하다'를 뜻하지요.

1 **We need to discuss our plans for the weekend.**
우리는 주말 계획에 대해 논의해야 한다.

2 **They discussed the matter for several hours.**
그들은 그 문제에 대해 몇 시간에 걸쳐 토론했다.

Plus+ plan 명 계획 matter 명 문제

ankle

['æŋkl]

명 발목

ankle의 기본 의미는 '발목'입니다. ankle을 활용한 표현은 꽤 다양한데요. 예를 들어, ankle boots는 '발목 부분까지 오는 부츠'를 의미하고, ankle deep은 '발목까지 물에 잠긴' 상태를 뜻합니다. 또 우리가 즐겨하는 '발찌'는 anklet이라고 합니다.

1 **Max sprained his ankle while jogging.**
Max는 조깅하다가 발목을 삐었다.

2 **Julia has a tattoo on her left ankle.**
Julia는 왼쪽 발목에 문신이 있다.

Plus + sprain 동 (특히 발목 등을) 삐다, 접지르다 tattoo 명 문신

corn

[kɔ:rn]

명 옥수수, 곡식[곡물], 낟알

동 알갱이로 만들다

corn은 원래 '곡식'을 의미하는 단어였습니다. 그런데 당시 북미 원주민들이 주로 키우던 곡식이 '옥수수'여서 지금의 뜻을 갖게 되었습니다. 참고로 일부 다른 지역에서는 '옥수수'를 maze라고 부르기도 합니다.

1 **Corn is one of the most popular crops in the United States.**
옥수수는 미국에서 인기 있는 농작물 중 하나이다.

2 **James made cornbread for Thanksgiving dinner.**
James는 추수감사절 저녁 식사로 옥수수빵을 만들었다.

Plus + popular 형 인기 있는 crop 명 (농)작물

1410

title

['taɪtl]

명 제목[표제], 직함, 칭호, 출판물

title의 기본 의미는 '이름'이라고 보시면 됩니다. 생각해 보면 책의 이름이 '제목'이고 사회에서 특정한 지위에 붙여주는 이름이 '직함'이 되지요. title은 원래 '책의 제목'을 뜻하는 단어에서 유래했습니다. 그래서인지 '출판물'을 의미하기도 합니다.

1 **What's the title of the book you are reading?**
네가 읽고 있는 책 제목이 뭐야?

2 **Jake holds the title of CEO of the company.**
Jake는 그 회사에서 CEO라는 직함을 가지고 있다.

Plus + hold 동 (특정한 직장 지위에) 있다, 재직하다

Review Test 47

우리말에 맞게 빈칸에 알맞은 단어를 쓰세요.

(정답은 본문을 확인하세요.)

1 Sam has been hospitalized with a ____________. Sam은 전염병에 걸려 병원에 입원했다.

2 Mike was ____________ for cheating on a test. Mike는 시험에서 부정행위를 해서 처벌을 받았다.

3 I will ____________ him with all necessary information. 나는 그에게 필요한 모든 정보를 제공할 것이다.

4 In the summer, the ____________ always floods during rain storms. 여름에는 폭풍우로 인해 계곡이 항상 범람한다.

5 It is our ____________ to protect the children. 아이들을 보호하는 것은 우리의 의무다.

6 The cake is as sweet as ____________. 그 케이크는 꿀처럼 달콤하다.

7 He ____________ strawberry-flavored ice cream. 그는 딸기 맛 아이스크림을 펐다.

8 The wine is aged in oak ____________. 와인은 오크 나무 통에서 숙성된다.

9 The ____________ of the conversation is now lost. 지금 대화의 맥락이 끊겼다.

10 The final ____________ of the movie was emotional. 그 영화의 마지막 장면은 감동적이었다.

11 The brewery produces a variety of craft ____________. 그 양조장은 다양한 수제 맥주를 생산한다.

12 All ____________ must have the right to vote. 모든 시민은 투표권을 가져야 한다.

13 This museum had many ____________ exhibits. 이 박물관에는 흥미로운 전시품이 많이 있었다.

14 My uncle likes to ____________ bears in the mountains. 삼촌은 산에서 곰을 사냥하는 것을 좋아한다.

15 This is a great ____________ to learn a new skill. 이것은 새로운 기술을 배울 수 있는 좋은 기회다.

16 The new medicine ____________ his disease. 새로운 약이 그의 병을 치료했다.

17 She put on a pair of ____________. 그녀는 양말 한 켤레를 신었다.

18 You have to ____________ yourself to finish a marathon. 너는 마라톤을 완주하기 위해 속도를 조절해야 한다.

19 Jane is ____________ a new job. Jane은 새로운 일자리를 찾고 있다.

20 Mom always made ____________ soup when I had a cold. 내가 감기에 걸렸을 때 엄마는 항상 양파 수프를 만들어 주셨다.

21 The postman will ____________ the package tonight. 우편집배원이 오늘 밤에 소포를 배달할 것이다.

22 Please do not ____________ quantity with quality. 양과 질을 혼동하지 마십시오.

23 The haunted house was like a ____________ come true. 그 귀신 붙은 집은 마치 악몽이 현실이 된 것 같았다.

24 The loud noise caused ____________ among the crowd. 시끄러운 소리로 인해 사람들은 공황 상태에 빠졌다.

25 We need to expand our customer ____________. 우리는 고객 기반을 확대해야 한다.

26 We ____________ to oppose the project altogether. 우리는 그 프로젝트에 전적으로 반대할 작정이다.

27 We need to ____________ our plans for the weekend. 우리는 주말 계획에 대해 논의해야 한다.

28 Julia has a tattoo on her left ____________. Julia는 왼쪽 발목에 문신이 있다.

29 ____________ is one of the most popular crops in the United States. 옥수수는 미국에서 인기 있는 농작물 중 하나이다.

30 What's the ____________ of the book you are reading? 네가 읽고 있는 책 제목이 뭐야?

Level
48

레벨별 단어 사용 빈도

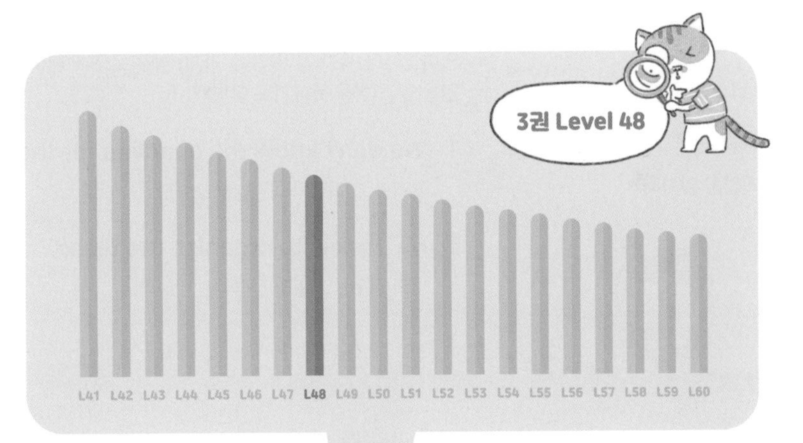
3권 Level 48
L41 L42 L43 L44 L45 L46 L47 L48 L49 L50 L51 L52 L53 L54 L55 L56 L57 L58 L59 L60
LEVEL 1~20
LEVEL 21~40
LEVEL 41~60
LEVEL 61~80
LEVEL 81~100

1411

heaven

['hevn]

명 천국[하늘]

heaven은 원래 '하늘'을 의미하는 단어였습니다. 그러다 영어에 sky(하늘)라는 단어가 들어오면서 heaven은 무언가 다른 의미를 가진 '하늘'을 뜻하기 시작했지요. 그래서 오늘날에는 '천국'을 의미합니다. 흔히 '하늘이 내려준'이라 말할 때 heaven-sent라고 표현하지요.

1 **Many people believe heaven is a place of happiness.**
많은 사람들이 천국이 행복의 장소라고 믿는다.

2 **The view from the mountain was like heaven.**
산에서 본 경치는 천국 같았다.

Plus+ happiness 명 행복 view 명 경치, 전망

1412

task

[tæsk]

명 과업, 직무

동 과업을 맡기다

task가 tax와 같은 뿌리에서 나온 걸 알고 계셨나요? tax는 누군가에게 부과한 금액, 즉 '세금'을 뜻합니다. task 또한 누군가에게 부과한 일인 '과업, 직무'를 의미합니다. 주어진 일이니 '과제, 임무'로도 표현할 수 있지요. 또한 동사로는 '과업을 맡기다'를 뜻하기도 합니다.

1 **We don't know the deadline for the task.**
우리는 그 작업의 마감일을 모른다.

2 **My task is to organize the files.**
나의 직무는 파일을 정리하는 것이다.

Plus+ deadline 명 마감 일자 organize 동 (특정한 순서로) 정리하다

1413

present

['preznt]

형 현재의, 참석[출석]한

명 현재, 선물

present의 기본 의미는 '지금 있는'입니다. 그리고 맥락에 따라 '지금'에 초점을 맞추면 '현재, 현재의'를 뜻하고, '있는'에 초점을 맞추면 '참석한'을 의미하게 되지요. 다만 왜 '선물'을 뜻하게 되었는지는 명확히 밝혀진 배경이 없습니다. 아마 '지금 이 순간'이 우리에게 주어진 '선물'이기 때문이지 않을까요?

1 **In present times, people don't farm their own food.**
오늘날 사람들은 식량을 직접 재배하지 않는다.

2 **Lily thinks about what birthday present to give Eric.**
Lily는 Eric에게 어떤 생일 선물을 줄지 생각하고 있다.

Plus+ farm 동 농사를 짓다 own 형 자기 자신의

passage

['pæsɪdʒ]

명 통로[복도], 통행[통과], 여행[항해], (책의) 구절

passage는 말 그대로 pass(지나가다)가 이뤄지는 곳입니다. 그래서 '통로, 통과, 이동, 길, 여행' 등 지나가는 대상과 맥락에 따라 다양한 의미를 나타냅니다. 그리고 '(책의) 구절'이라는 뜻도 있는데, 이는 각 장에서 내용이 담긴 하나 하나의 단락이 마치 전체를 연결하는 통로와 같아서 파생된 의미라 추정합니다.

1 The passage through the tunnel is dark.
그 터널을 통과하는 통로는 어둡다.

2 The secret passage leads to a hidden room.
그 비밀 통로는 숨겨진 방으로 이어진다.

Plus+ through 전 ~을 관통하여, 통해　　hidden 형 숨겨진

vanish

['vænɪʃ]

동 사라지다

vanish는 '사라지다'를 의미합니다. 그런데 서서히 사라지기보다 정말 갑자기 사라지는 것을 묘사하지요. 주로 물건이나 사람이 눈 앞에서 사라지는 것을 나타내며, 추상적으로는 개념이나 감정 등이 사라지는 것을 의미하기도 합니다.

1 The magician made the cat vanish.
마술사는 고양이를 사라지게 만들었다.

2 Jane's smile vanished when she received the telegram.
전보를 받았을 때 Jane의 미소는 사라졌다.

Plus+ receive 동 받다　　telegram 명 전보

skill

[skɪl]

명 기술[기능], 숙련[노련]

skill은 원래 '구별하다, 이해하다'라는 뜻에서 유래했습니다. 그러고 보니 무언가의 원리를 이해하고 작은 차이점을 구별하는 것이 바로 '기술'이겠지요? 그리고 이런 '기술'을 익혔다는 맥락에서 의미가 확장되어 '숙련되고 노련한 것'을 뜻하기도 합니다.

1 He has excellent communication skills.
그는 의사소통 기술이 뛰어나다.

2 Learning a new language requires skills and patience.
새로운 언어를 배우는 것은 기술과 인내가 필요하다.

Plus+ communication 명 의사소통　　require 동 필요로 하다
patience 명 인내

1417 ☐☐

sidewalk

['saɪdwɔːk]

명 **보도[인도]**

sidewalk는 side(측면)와 walk(걷다)가 결합한 단어입니다. 즉, '길의 측면을 따라 걷는 것'을 의미하는데 보통 도로의 측면에 사람들이 걷는 길이 있으므로 '보도, 인도'를 뜻하게 되었습니다.

1 Kids are racing their bikes on the sidewalk.

아이들이 보도에서 자전거로 경주하고 있다.

2 It snowed a lot last night, so people are sweeping the sidewalk.

어젯밤 눈이 많이 와서 사람들이 인도를 쓸고 있다.

Plus+ race 동 경주하다　　sweep 동 (빗자루 등으로) 쓸다

1418 ☐☐

load

[loʊd]

명 **짐[화물], 작업량, 부담, 하중[부하]**

동 **싣다[적재하다]**

load는 원래 '무게, 하중'을 의미했습니다. 이후 의미가 확장되어 '짐, 화물' 등을 뜻하게 되었습니다. load를 활용한 표현은 다양합니다. 대표적으로 어떤 일의 책임이나 부담을 지다, 즉 '중책을 다하고 있다'라는 뜻의 carry the load가 있습니다.

1 The crane is carrying a heavy load of equipment.

기중기는 무거운 장비를 싣고 있다.

2 Cindy loaded the boxes onto the truck.

Cindy는 상자를 트럭에 실었다.

Plus+ crane 명 기중기　　equipment 명 장비
load onto ~에 싣다

1419 ☐☐

apron

['eɪprən]

명 **에이프런[앞치마, 행주치마], 에이프런 같이 생긴 것, 격납고 앞의 광장**

동 **에이프런을 달다[걸치다]**

apron은 '앞치마'를 의미합니다. 그런데 이 '앞치마'가 서양에서 넘어온 것이다 보니 실제 지칭하는 것보다 범위가 훨씬 넓어요. 서양식으로 정의하자면 '옷과 몸을 보호하거나 더러움을 막기 위해 가슴 부분에서 무릎까지 내려오는 덮개'에 해당하는 모든 것을 말한다고 보시면 될 것 같군요.

1 Alex always wears an apron while cooking.

Alex는 요리할 때 항상 앞치마를 입는다.

2 I wiped my dirty hands on my apron.

나는 앞치마에 더러워진 손을 닦았다.

Plus+ wipe 동 (먼지·물기 등을) 닦다

peek

[pi:k]

동 몰래 들여다보다, 엿보다

명 훔쳐보기

peek의 기본 의미는 '엿보다'입니다. peek을 활용한 표현으로는 peek into (~의 안을 엿보다), take a peek(몰래 엿보다) 등이 있습니다. 그리고 흔히 우리가 '까꿍놀이'라고 부르는 놀이를 영어로는 peekaboo라고 부르는데, 이는 peek(엿보다)과 boo(까꿍!)가 합쳐진 것으로 보시면 됩니다.

1 **Sam peeked at Amy's answer sheet during the test.**
Sam은 시험 도중 Amy의 답안지를 몰래 들여다보았다.

2 **Ann had a peek outside through the curtains.**
앤은 커튼 사이로 밖을 살짝 내다보았다.

Plus+ paper 명 시험지　　have a peek (through) (~을) 통해 몰래 엿보다

silk

[sɪlk]

명 비단, 명주실

형 비단의, 비단으로 만든

silk는 '비단'같이 유연하고 부드러운 섬유를 의미합니다. 우리에게 silk를 활용한 가장 친숙한 단어는 Silk Road겠죠? 이는 중국과 지중해 지역을 연결하는 무역 시장을 뜻합니다. 중세 시대에 이곳을 통해 비단을 많이 거래해서 붙여진 이름이랍니다.

1 **Her silk dress fluttered in the breeze.**
그녀의 비단 드레스가 바람에 나풀거렸다.

2 **I don't like silk scarves because they wrinkle easily.**
나는 실크 스카프가 잘 구겨져서 싫다.

Plus+ flutter 동 (빠르고 가볍게) 펄럭이다　　scarf 명 스카프, 목도리 (*pl.* scarves)
wrinkle 동 구겨지다

1422

smooth

[smu:ð]

형 매끄러운, 골고루 잘 섞인, 부드러운, (도로 등이) 평탄한

smooth는 표면이 '매끄럽고 균일한' 상태를 나타냅니다. 물리적인 부드러움 뿐만 아니라 추상적인 개념에도 적용할 수 있습니다. 대표적으로 smooth jazz(부드러운 재즈 음악), smooth transition(부드러운 전환) 등의 표현이 있어요.

1 **The surface of the lake was as smooth as glass.**
호수 표면은 유리처럼 매끄러웠다.

2 **The puppy licked her smooth cheek.**
강아지가 그녀의 부드러운 뺨을 핥았다.

Plus+ surface 명 표면　　lick 동 핥다
cheek 명 뺨

1423 □□

bike

[baɪk]

명 자전거, 오토바이

동 자전거[오토바이]를 타고 가다

bike는 '자전거'를 뜻하는 bicycle의 앞부분을 줄인 단어입니다. 그러다 bike 앞에 motor(모터)를 붙여서 '오토바이'를 뜻하기도 했습니다. 시간이 지나면서 motor는 생략되었지만 '오토바이'라는 의미는 남아있어 오늘날 bike는 '자전거'와 '오토바이'를 모두 의미하게 되었습니다.

1 Ian rides his bike to school every day.
Ian은 매일 자전거를 타고 학교에 간다.

2 I need to buy a new bike because mine is rusty.
나의 자전거가 녹슬어서 새로 사야 한다.

Plus + rusty 형 녹슨, 녹투성이의

1424 □□

root

[ruːt]

명 뿌리, 근원[핵심], 기원

동 뿌리를 내리다

root의 기본 의미는 '뿌리'입니다. 우리말의 '뿌리'가 그렇듯 root도 무언가의 기반이나 근간을 나타냅니다. 예를 들어, root cause는 '근본 원인'을 뜻하고, word root라고 하면 '어원'을 의미하지요. root는 동사로는 '뿌리를 내리다'를 뜻합니다.

1 The roots of the trees spread out far and wide.
나무의 뿌리가 넓게 퍼져있었다.

2 It is important to address the root cause of the crisis.
위기의 근본 원인에 대해 대처하는 것이 중요하다.

Plus + spread 동 (넓은 범위에 걸쳐) 펼치다
cause 명 원인
address 동 (문제 등을) 대처하다
crisis 명 위기

1425 □□

borrow

['bɑːrəʊ, 'bɔːrəʊ]

동 꾸다[빌리다], (사상 등을) 차용하다

borrow의 기본 의미는 '빌리다'입니다. 흔히 '빌려주다'로 혼동하곤 하는데, '빌려주는 것'은 lend이고 '빌려오는 것'이 borrow입니다. 또한 꼭 물건을 빌리는 것뿐만이 아니라 사상 등을 '차용할' 때도 borrow를 쓸 수 있습니다.

1 Library members can borrow up to three books.
도서관 회원들은 책을 세 권까지 빌릴 수 있다.

2 The author borrowed some ideas from ancient mythology for his new book.
작가는 그의 새로운 책을 위해 고대 신화에서 아이디어를 차용했다.

Plus + up to (특정한 수, 정도 등) ~까지
mythology 명 신화
author 명 작가

1426

altar

['ɔ:ltə(r)]

명 제단

altar는 종교 의식에서 사용되는 테이블이나 장소, 즉 '제단'을 의미합니다. 원래 '높은 것'을 뜻하는 단어에서 유래했습니다. 일반적으로 이런 종교 의식이 이뤄지는 장소가 바닥보다 훨씬 높은 곳이었기 때문에 지금의 의미가 파생된 것으로 추정합니다.

1 An old lady was kneeling before the altar.
한 노부인이 제단 앞에서 무릎을 꿇고 있었다.

2 The priest lit the candles on the altar.
신부는 제단에 촛불을 켰다.

Plus+ kneel 동 무릎을 꿇다 / priest 명 신부[사제] / before 전 (위치가 ~의) 앞에 / light 동 불을 붙이다 (lit - lit)

1427

carpet

['kɑ:rpɪt]

명 양탄자, 융단

동 ~에 양탄자를 깔다, ~을 온통 뒤덮다

carpet은 일반적으로 '양탄자'를 뜻합니다. 우리에게 가장 잘 알려진 carpet은 아마 red carpet(레드 카펫)일 겁니다. 영어권에는 red carpet treatment라는 표현이 있습니다. 바로 '특별 대우'라는 뜻인데 시상식에 깔린 red carpet을 떠올리면 이해가 되시죠?

1 I can't get the stain out of my new carpet.
새 카펫의 얼룩을 지울 수 없다.

2 The hotel lobby has a beautiful red carpet.
그 호텔 로비에는 아름다운 빨간색 카펫이 깔려 있다.

Plus+ stain 명 (지우기 힘든) 얼룩

1428

princess

['prɪnsəs]

명 공주[왕비, 왕자비]

princess의 기본 의미는 '공주'입니다. 그리고 '공주'와 비슷한 결의 '왕비, 왕자비'를 칭하기도 하지요. '왕자'를 뜻하는 prince와 princess 모두 같은 뿌리에서 나온 것으로 보아 궁중에서 가장 높은 위치에 있는 여성을 princess라고 부른다고 보면 될 것 같습니다.

1 A witch's curse turned a princess into a frog.
마녀의 저주가 공주를 개구리로 만들었다.

2 The little girl was dressed up as a princess.
그 어린 소녀는 공주처럼 옷을 입었다.

Plus+ witch 명 마녀 / turn ~ into ... (~에서) …이 되다 / curse 명 저주 / dressed up as ~의 복장을 하다

cling

[klɪŋ]

clung - clung

동 **달라붙다, 매달리다, 집착하다**

cling의 기본 의미는 '달라붙다'입니다. 그리고 맥락에 따라 '매달리다, 집착하다' 등의 의미가 파생되었어요. 예를 들어, cling onto hope라고 하면 '희망에 매달리다'를 뜻하고, cling onto life는 '생명을 붙잡다'를 의미합니다. 생각해 보면 '달라붙다'와 '매달리다'가 결국 같은 뜻이고 이를 추상적으로 표현한 것이 '집착하다'인 셈이군요.

1 **The shirt clung to his body after he was caught in the rain.**
그는 비를 맞아서 셔츠가 몸에 달라붙었다.

2 **Ben clung to his mother in the crowded street.**
Ben은 붐비는 거리에서 엄마를 꼭 붙잡았다.

Plus+ crowded 형 (사람들이) 붐비는

melt

[melt]

동 **녹다[녹이다], (감정 등이) 누그러지다, 용해하다, 서서히 사라지다[없어지다]**

melt는 '녹이다' 또는 '녹다'를 의미하는 동사입니다. 이를 추상적인 의미로 쓰면 '(감정 등이) 누그러지다, 용해하다, 서서히 사라지다' 등의 뜻이 되는데 모두 무언가 녹아 없어지는 모습과 관련이 있습니다. 예를 들어, melt away는 '차츰 사라지다'라는 뜻이며 melt into는 '~속으로 녹아들다'를 의미해요.

1 **The ice cream will melt if you don't put it in the freezer.**
아이스크림을 냉동고에 넣지 않으면 녹아 버릴 것이다.

2 **The snowman melted in the sun this morning.**
눈사람은 오늘 아침 햇볕에 녹았다.

Plus+ freezer 명 냉동고

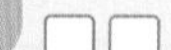

design

[dɪ'zaɪn]

명 **설계, 설계도[도안], 계획[의도]**

동 **설계하다**

design의 기본 의미는 '계획하다'에 가깝습니다. 즉, 무언가를 만들기 위해 전체 그림을 그리고 계획하는 것을 의미한다고 보시면 됩니다. 그러다 보니 '설계, 설계도, 도안, 계획, 의도' 등 다양한 뜻이 파생되었습니다. 그밖에 동사로는 '설계하다'를 뜻합니다.

1 **I have to finish a new design by next week.**
나는 다음 주까지는 새로운 도안을 완성해야 한다.

2 **The architect will design a new building.**
그 건축가가 새 건물을 설계할 것이다.

Plus+ by 전 (늦어도) ~까지는　　architect 명 건축가

1432

settlement

['setlmənt]

명 합의, (분쟁 등의) 해결, 정착, (빚) 청산

settlement는 동사 settle(앉다, 정착하다)의 명사형으로 기본 의미는 '정착'입니다. 또한 어떤 문제가 계속 복잡한 상태로 있지 않고 가라 앉은 것, 즉 '일단락' 된 상태를 나타내기도 합니다. 이때는 '합의, 해결, 청산' 등을 뜻합니다.

1 They reached a settlement after hours of negotiation.
그들은 몇 시간의 협상 끝에 합의에 이르렀다.

2 Remnants of the old settlement can still be seen today.
옛 정착지의 흔적은 오늘날에도 여전히 볼 수 있다.

Plus+ reach 동 (어떤 국면 단계에) 이르다　　negotiation 명 협상
remnant 명 자취, 남은 것

1433

attend

[ə'tend]

동 출석[참석]하다, 주의를 기울이다, 보살피다, 시중들다

attend의 어원을 살펴보면 '~로 뻗다, 도달하다, 가다'라는 뜻이 있습니다. 그래서 기본적으로 '출석하다, 참석하다'를 뜻합니다. 그리고 맥락에 따라 무언가에 '주의를 기울이다', '~를 보살피다'를 의미하기도 합니다. 그러고 보니 attention (주의)도 attend와 같은 뿌리에서 나왔군요.

1 Please confirm by January 7 that you will be able to attend.
1월 7일까지 참석 가능 여부를 확인해 주십시오.

2 Daniel promised to attend my wedding.
Daniel은 내 결혼식에 참석하기로 약속했다.

Plus+ confirm 동 확인하다

1434

upstairs

['ʌp'sterz]

부 위층에서[으로], 2층에서[으로], 더 높은 위치에

upstairs는 up(위에)과 stairs(계단)가 결합한 단어입니다. 직역하면 '위층으로 올라가는 계단'이지요. 주로 '위층에서, 2층으로'를 뜻하고, 보다 넓은 범위에서는 '더 높은 위치에' 등을 의미합니다.

1 I moved the old furniture upstairs.
나는 오래된 가구를 위층으로 옮겼다.

2 Can I go upstairs to the second floor?
2층으로 올라가도 될까?

Plus+ furniture 명 가구　　floor 명 (건물의) 층

1435 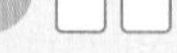

bare

[bər]

형 벌거벗은[휑한, 앙상한, 텅 빈], 노골적인[숨기지 않는, 사실 그대로의], 단지 ~뿐인[가까스로의], 닳아빠진[누더기가 된]

bare의 가장 기본 의미는 '발가벗은'입니다. 그리고 이를 활용한 다양한 영어 표현이 있는데 대표적으로 barefaced가 있습니다. 글자 그대로 보면 '발가벗은 얼굴'인 상태인데, 바로 '뻔뻔스러운'을 뜻합니다. 민낯으로 쳐다보며 '어쩌라고?'라는 눈빛을 보내는 모습이 떠오르지 않나요? 그밖에도 bare는 맥락에 따라 '노골적인, 닳아빠진' 등을 의미합니다.

1 Mom told me to cover my bare legs.
엄마는 내게 맨다리를 가리라고 말했다.

2 The bare branches of the tree sway in the wind.
나무의 앙상한 가지들이 바람에 흔들린다.

Plus+ cover 동 가리다 / branch 명 나뭇가지 / sway 동 흔들리다

1436

distant

['dɪstənt]

형 (멀리) 떨어져 있는, 동떨어진, 먼, (태도 등이) 거리를 두는

distant는 '떨어져 있다, 멀리 있다'라는 뜻의 단어에서 파생했습니다. 물리적 거리뿐만이 아니라 심리적, 추상적으로 무언가 '동 떨어진' 상태를 나타내기도 합니다. 예를 들어, distant relative라고 하면 '멀리 떨어진 친척'이라는 뜻으로 촌수상 멀거나 별로 가깝지 않은 친척을 의미합니다.

1 The pyramids were made in the distant past.
피라미드는 먼 옛날에 만들어졌다.

2 "Fire!" Jamie heard a distant shout.
"불이야!" Jamie는 멀리서 외치는 소리를 들었다.

Plus+ past 명 과거 / shout 명 외침, 고함(소리)

1437

underneath

[ˌʌndər'niːθ]

부 밑에, 하부에

전 ~의 아래에, ~에 숨어서

underneath의 기본 의미는 '밑에, 아래'입니다. 사실 이 단어는 좀 독특합니다. under가 '밑에, 아래'를 뜻하는 것은 모두 잘 알고 계시죠? 그런데 neath 역시 '밑에, 아래'를 뜻합니다. 그래서 underneath를 우리말로 하면 '밑에 밑에' 또는 '아래 아래'라는 셈인데, 그만큼 아래쪽인 것을 강조하고 싶었나 봅니다.

1 The cat was hiding underneath the bed.
고양이는 침대 밑에 숨어 있었다.

2 The treasure is buried underneath the sand.
그 보물은 모래사장 밑에 숨겨져 있다.

Plus+ hide 동 숨다 / treasure 명 보물 / bury 동 (땅속에) 숨기다

awake

[ə'weɪk]

awaked/awoke - awaked/awoken

동 깨우다, 각성시키다, 불러 일으키다

형 깨어 있는

awake는 wake(깨우다, 깨다)와 형태가 비슷하죠. 둘 다 '깨우다'를 뜻하지만, awake는 wake보다 조금 '갑작스럽게' 깨는 뉘앙스를 나타냅니다. 또한 형용사로 '깨어있는 상태'를 나타내기도 하니 이 점을 잘 기억해 두세요!

1 The sudden noise awoke the babies.
갑작스러운 소음에 아기들이 깨어났다.

2 John was awake all night, playing on his phone.
John은 휴대전화로 게임을 하느라 밤새 깨어 있었다.

Plus+ sudden 형 갑작스러운

shame

[ʃeɪm]

명 수치심[부끄러움], 치욕[창피], 망신

동 부끄러워하게 하다

shame은 명사로는 '부끄러움, 수치'를 뜻하고, 동사로는 '부끄럽게 하다'를 의미합니다. shame을 활용한 표현으로 Shame on you!가 있는데, 이는 누군가 나쁜 행동이나 비윤리적인 일을 해서 마땅히 '부끄러움'을 느껴야 할 때 쓰는 표현입니다.

1 She had a feeling of shame after the loss of the game.
그녀는 게임에서 진 후 수치심을 느꼈다.

2 Billy's actions brought shame on the family.
Billy의 행동은 가족들에게 수치심을 안겨 주었다.

Plus+ lose 동 (시합 등에서) 지다
bring shame on ~에게 수치를 주다
action 명 행동

definitely

['defɪnətli]

부 분명히[틀림없이], 명확히

definitely는 '분명히, 틀림없이'를 뜻하는 부사입니다. 글뿐만 아니라 일상 회화에서도 많이 쓰인답니다. 예를 들어, It's definitely true.라고 하면 '그건 틀림없이 사실이다.'를 뜻합니다. 또는 상대방이 한 말에 크게 동의하며 맞장구 칠 때도 Definitely!라고 할 수 있습니다.

1 I'm definitely on your side in this matter.
나는 이 문제에 있어 확실히 네 편이다.

2 Ethan definitely knows the answer.
Ethan은 분명히 답을 알고 있다.

Plus+ side 명 (자기편의) 편

Review Test 48

우리말에 맞게 빈칸에 알맞은 단어를 쓰세요. (정답은 본문을 확인하세요.)

1 The view from the mountain was like ____________. 산에서 본 경치는 천국 같았다.

2 We don't know the deadline for the ____________. 우리는 그 작업의 마감일을 모른다.

3 Lily thinks about what birthday ____________ to give Eric. Lily는 Eric에게 어떤 생일 선물을 줄지 생각하고 있다.

4 The ____________ through the tunnel is dark. 그 터널을 통과하는 통로는 어둡다.

5 The magician made the cat ____________. 마술사는 고양이를 사라지게 만들었다.

6 He has excellent communication ____________. 그는 의사소통 기술이 뛰어나다.

7 Kids are racing their bikes on the ____________. 아이들이 보도에서 자전거로 경주하고 있다.

8 Cindy ____________ the boxes onto the truck. Cindy는 상자를 트럭에 실었다.

9 Alex always wears an ____________ while cooking. Alex는 요리할 때 항상 앞치마를 입는다.

10 Sam ____________ at Amy's answer sheet during the test. Sam은 시험 도중 Amy의 답안지를 몰래 들여다보았다.

11 Her ____________ dress fluttered in the breeze. 그녀의 비단 드레스가 바람에 나풀거렸다.

12 The puppy licked her ____________ cheek. 강아지가 그녀의 부드러운 뺨을 핥았다.

13 Ian rides his ____________ to school every day. Ian은 매일 자전거를 타고 학교에 간다.

14 The ____________ of the trees spread out far and wide. 나무의 뿌리가 넓게 퍼져있었다.

15 Library members can ____________ up to three books. 도서관 회원들은 책을 세 권까지 빌릴 수 있다.

16 An old lady was kneeling before the ____________. 한 노부인이 제단 앞에서 무릎을 꿇고 있었다.

17 The hotel lobby has a beautiful red ____________. 그 호텔 로비에는 아름다운 빨간색 카펫이 깔려 있다.

18 A witch's curse turned a ____________ into a frog. 마녀의 저주가 공주를 개구리로 만들었다.

19 The shirt ____________ to his body after he was caught in the rain. 그는 비를 맞아서 셔츠가 몸에 달라붙었다.

20 The snowman ____________ in the sun this morning. 눈사람은 오늘 아침 햇볕에 녹았다.

21 The architect will ____________ a new building. 그 건축가가 새 건물을 설계할 것이다.

22 They reached a ____________ after hours of negotiation. 그들은 몇 시간의 협상 끝에 합의에 이르렀다.

23 Daniel promised to ____________ my wedding. Daniel은 내 결혼식에 참석하기로 약속했다.

24 I moved the old furniture ____________. 나는 오래된 가구를 위층으로 옮겼다.

25 Mom told me to cover my ____________ legs. 엄마는 내게 맨다리를 가리라고 말했다.

26 "Fire!" Jamie heard a ____________ shout. "불이야!" Jamie는 멀리서 외치는 소리를 들었다.

27 The cat was hiding ____________ the bed. 고양이는 침대 밑에 숨어 있었다.

28 The sudden noise ____________ the babies. 갑작스러운 소음에 아기들이 깨어났다.

29 Billy's actions brought ____________ on the family. Billy의 행동은 가족들에게 수치심을 안겨 주었다.

30 Ethan ____________ knows the answer. Ethan은 분명히 답을 알고 있다.

Level
49

레벨별 단어 사용 빈도

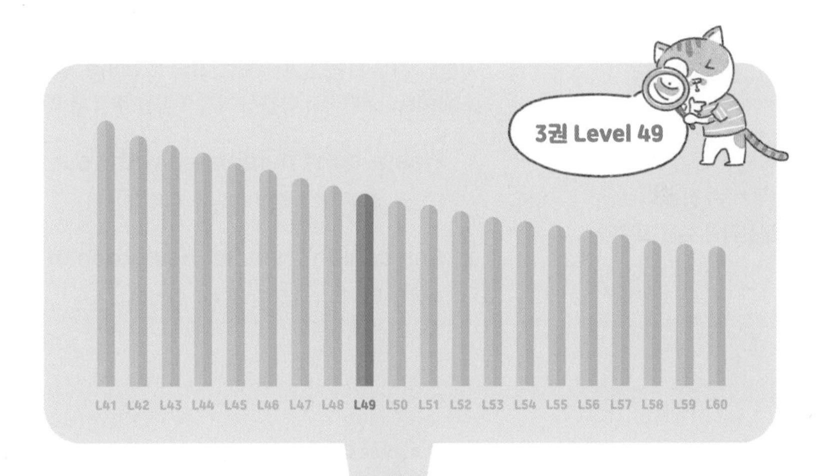
3권 Level 49
L41 L42 L43 L44 L45 L46 L47 L48 L49 L50 L51 L52 L53 L54 L55 L56 L57 L58 L59 L60
LEVEL 1~20
LEVEL 21~40
LEVEL 41~60
LEVEL 61~80
LEVEL 81~100

1441

brow

[braʊ]

명 이마, 눈썹, 표정, (벼랑에서 이마처럼) 튀어나온 끝부분

brow는 '이마, 눈썹' 등을 의미합니다. 보통 eye(눈)와 결합하여 eyebrow(눈썹)으로 자주 쓰입니다. 이를 활용한 표현으로 raise one's eyebrows가 있는데, 바로 '(놀람, 의심 등으로) 눈썹을 치켜 올리다'라는 뜻입니다. 그밖에도 벼랑에 튀어나온 부분이 이마와 닮았다 하여 '(벼랑의) 끝부분'을 뜻하기도 합니다.

1 **Peter wiped the sweat from his brow.**
Peter는 이마에 흐르는 땀을 닦았다.

2 **Leah raised her eyebrows in surprise.**
Leah는 놀라서 눈썹을 치켜 올렸다.

Plus+ wipe 동 닦다 / sweat 명 땀 / raise 동 (무엇을 위로) 들어올리다

1442

burden

['bɜ:rdn]

명 부담, 짐

동 (무거운) 짐을 나르다, 정신적인 짐을 지우다

burden의 기본 의미는 '무게, 짐'입니다. 생각해 보면 무언가 무게가 있는 것이 곧 '짐'이긴 하지요. 그래서 추상적으로는 '부담'을 의미하기도 합니다. 그밖에 동사로는 '짐을 나르다, 정신적인 짐을 지우다'를 뜻하기도 합니다. 예를 들어, lay a burden on이라고 하면 '~에게 부담을 주다'를 의미해요.

1 **Please don't burden me with your problems right now.**
지금은 네 문제로 나한테 부담을 주지 말아 줘.

2 **Ann couldn't handle the burden of responsibility.**
Ann은 책임의 부담을 감당할 수 없었다.

Plus+ handle 동 지휘하다, 통제하다 / responsibility 명 책임

1443

vision

['vɪʒn]

명 시력, 시야, 환상, 선견지명

vision은 원래 '보다'라는 단어에서 유래했습니다. 그러다 시간이 지나면서 '시력, 시야'로 의미가 확장되었지요. visual(시각적인), visible(눈에 보이는) 등도 vision과 같은 뿌리에서 파생된 단어들입니다. 그밖에 vision은 맥락에 따라 '환상, 선견지명'을 뜻하기도 합니다.

1 **Her vision has gotten worse from old age.**
나이가 들면서 그녀의 시력이 악화되었다.

2 **Jake couldn't enjoy the view because the fog blurred his vision.**
Jake는 안개 때문에 시야가 흐려져서 경치를 즐길 수 없었다.

Plus+ get worse 악화되다 / fog 명 안개 / blur 동 흐릿하게 만들다

1444 

bog

[bɔːg]

명 늪지[수렁]

동 늪[수렁]에 빠지다

bog는 '늪지'를 뜻하는 명사입니다. '늪'에 대한 사람들의 생각은 어디나 비슷한 것 같습니다. 우리는 무언가 막막한 상황일 때 '진흙에 빠진 것 같다'라고 말하죠? 영어권에도 비슷한 표현이 있습니다. 바로 bogged down인데, 이는 '어떤 일이나 상황이 막히거나 진행이 지체되는 상황'을 묘사합니다.

1 Many species of plants and animals live in the bog.
많은 종류의 식물과 동물들이 그 늪에서 살고 있다.

2 The whole team is bogged down with lots of work.
팀 전체가 많은 업무에 시달리고 있다.

Plus+ species 명 종　　be bogged down 다소 답답한 상황에 처하다

1445 

deer

[dɪr]

명 사슴

우리가 잘 알다시피 deer는 '사슴'을 뜻합니다. 원래 의미는 '야생동물'이었는데 사냥할 때 가장 많이 잡히는 동물이 '사슴'이어서 뜻이 변했습니다. 독특한 점은 야생동물이 너무 많아 셀 수 없었기 때문에 deer는 따로 복수형이 없었고, 이것이 지금까지 이어져 사슴들이 모여 있어도 단수형인 deer로 씁니다.

1 The hunter targeted a deer drinking water.
사냥꾼은 물을 마시고 있는 사슴을 목표물로 삼았다.

2 While hiking in the woods, they spotted a group of deer.
숲에서 등산하던 중, 그들은 사슴 무리를 발견했다.

Plus+ target 동 (공격의) 목표로 삼다, 겨냥하다　　spot 동 발견하다

1446

relieve

[rɪ'liːv]

동 경감[완화]하다,
안도하게 하다,
(공포 등에서) 해방하다,
(탄압 등에서) 구제[구출]하다

relieve의 기본 의미는 '가볍게 하다'입니다. 이후 시간이 지나면서 맥락에 따라 '경감하다, 완화하다, 해방하다, 구제하다' 등 다양한 의미로 파생되었습니다. 모두 무언가 묵직하게 짓누르던 것에서 벗어나 가벼워진다는 공통점이 있으니 잘 기억해 두시면 좋겠습니다.

1 Walking is a great way to relieve stress.
걷기는 스트레스를 해소하는 좋은 방법이다.

2 William was relieved of his duties after the incident.
William은 그 사건 이후에 업무에서 해방되었다.

Plus+ duty 명 업무　　incident 명 사건

1447

situation

[ˌsɪtʃuˈeɪʃn]

명 상황, 환경, 위치, 처지[입장]

situation은 동사 situate(놓다, 위치시키다)의 명사형입니다. 말 그대로 '어딘가에 놓인 상태'를 뜻하는데, 맥락에 따라 '상황, 처지, 환경, 입장' 등 다양한 의미를 나타낼 수 있습니다. 생각해 보면 우리말 중 '처지'와 가장 가까운 단어인 것 같네요. '처지'가 곧 '처하여 있는 사정이나 형편'이라는 뜻이니까요.

1 The economic situation is improving.
경제 상황은 점점 나아지고 있다.

2 Samantha didn't realize the gravity of the situation.
Samantha는 상황의 심각성을 깨닫지 못했다.

Plus + economic 형 경제의 / improve 동 개선되다 / realize 동 깨닫다 / gravity 명 심각성, 중대성

1448 

punch

[pʌntʃ]

동 주먹으로 치다[때리다], (뾰족한 것으로) 구멍을 뚫다

명 (주먹으로) 한 대 치기, 박진감[력]

punch는 원래 '찌르다'를 뜻하는 단어에서 유래했습니다. 보통 무언가를 찌를 때 뾰족한 물체를 쓰죠? 이런 맥락에서 '구멍을 뚫다'라는 뜻이 파생되었습니다. 그리고 어떤 대상에 '충격을 준다'는 의미에서 '주먹으로 치다'라는 뜻도 나오게 되었습니다. 예를 들어, punch out이라고 하면 '~을 치다, ~에 구멍을 내다'를 의미합니다.

1 Jane angrily punched the wall.
Jane은 화가 나서 주먹으로 벽을 쳤다.

2 Alex punched a hole in his belt with an awl.
Alex는 송곳으로 허리띠에 구멍을 뚫었다.

Plus + angrily 부 화가 나서 / awl 명 송곳

shell

[ʃel]

명 (비교적 딱딱한) 껍질[껍데기], 외관[외판], 포탄, (남에게) 터놓지 않는 생각[감정]

shell의 기본 의미는 '단단한 껍질'입니다. 주로 조개나 달팽이 등의 외부 뼈대나 딱딱한 '외피'를 나타내지요. 그리고 여기서 의미가 확장되어 '(건물 등의) 외부 구조', '포탄' 등도 의미하게 되었습니다.

1 Remove the shrimp's shell before cooking it.
요리하기 전에 새우의 껍질을 제거해라.

2 The shell of the building was complete, but the interior was still under construction.
건물의 외관은 완성되었지만 내부는 아직 공사 중이었다.

Plus + remove 동 제거하다 / shrimp 명 새우 / complete 동 완료하다, 끝마치다 / under 전 (~되고 있는) 중인

shelter

['ʃeltə(r)]

명 피난처, 보호소, 보호[비호], 주거지[집]

shelter에서 shel-은 원래 shield(방패)를 뜻했습니다. 여기서 의미가 확장되어 오늘날 shelter는 '피난처, 보호소, 주거지' 등 보호하거나 지켜주는 곳을 의미합니다. 우리를 지켜주는 여러 종류의 '방패'가 제각기 다른 이름으로 표현되었다고 보시면 됩니다.

1 They sought shelter from the rain.
그들은 비를 피할 곳을 찾았다.

2 The charity provides shelter for the homeless.
그 자선단체는 노숙자들에게 쉼터를 제공한다.

Plus+ seek 동 찾다 / charity 명 자선단체 / the homeless 노숙자

event

[ɪ'vent]

명 사건, 행사, 일, 경기

event는 기본적으로 '일어난 것'을 나타내는데, 이는 맥락에 따라 '사건, 사태'가 될 수도 있고 특정 목적을 갖는 '행사'를 의미할 수도 있습니다. 이를테면 a mysterious event(불가사의한 사건), an annual event(연례행사) 등이 있지요. 또한 경쟁을 목표로 하는 '시합, 경기'를 뜻할 수도 있습니다.

1 The event could lead to a major political scandal.
그 사건은 심각한 정치 스캔들로 이어질 수도 있다.

2 Students are organizing a cultural event.
학생들은 문화 행사를 준비하고 있다.

Plus+ major 형 심각한 / political 형 정치의 / organize 동 (어떤 일을) 준비하다

1452

bug

[bʌg]

명 벌레, (작은) 곤충, (프로그래밍 등의) 오류[결함]

동 괴롭히다[귀찮게 굴다]

bug의 기본 의미는 '벌레'입니다. 오늘날은 '(컴퓨터 프로그램의) 오류, 결함'을 의미하기도 합니다. 여기에는 재미있는 일화가 있습니다. 1947년 하버드 대학의 한 컴퓨터가 망가져서 점검을 해보니 기계의 내부에 나방이 들어갔다는 사실을 알게 되었다고 해요. 이 사건 이후로 '컴퓨터의 오류'를 bug라고 부르게 되었다고 합니다.

1 I was surprised to see a bug crawling on my arm.
나는 팔에 벌레가 기어다니는 걸 보고 깜짝 놀랐다.

2 The programmer fixed several bugs in the app.
프로그래머는 앱에서 몇 가지 오류를 수정했다.

Plus+ crawl 동 (곤충이) 기어가다 / fix 동 조정하다, 수리하다

1453

ordinary

['ɔːrdneri]

형 보통의, 평상의, 평범한

명 보통 사람[물건]

ordinary는 '평범한, 보통의, 일상적인'을 뜻하는 형용사입니다. 특별하지 않거나 두드러지지 않은 것을 묘사하는 경향이 강합니다. 그래서 out of ordinary라고 하면 '보통이 아닌, 평범하지 않은' 즉, '비범한'이라는 뜻을 나타내게 됩니다.

1 Today was just an ordinary day and nothing special happened.

오늘은 그저 평범한 날이었고 특별한 일은 없었다.

2 Tony looked like an ordinary boy, but he had a special talent.

Tony는 평범한 소년처럼 보였지만, 특별한 재능이 있었다.

Plus + happen 동 발생하다, 벌어지다　　talent 명 재능

1454 

crash

[kræʃ]

명 (비행기의) 추락, (차의) 충돌, 폭락[붕괴], (시스템의) 고장

crash는 주로 갑작스러운 '추락, 충돌, 폭락, 붕괴' 등을 의미합니다. 또는 컴퓨터 시스템이 작동을 멈추는 상황을 나타내기도 합니다. 무언가 와장창 깨지는 그림을 상상하면 이해가 편하실 텐데요. 예를 들어, crash and burn이라고 하면 와장창 깨지고 불에 타는, 즉 '완전히 망하다'를 뜻합니다.

1 There were no survivors of the plane crash.

비행기 추락 사고의 생존자는 없었다.

2 The crash halted traffic for miles.

이 사고로 인해 수 마일에 걸쳐 교통이 중단되었다.

Plus + survivor 명 생존자　　halt 동 중단시키다
traffic 명 교통

1455 

swell

[swel]

동 붓다[부풀다], 부풀어 오르다, (땅이) 융기하다, 팽창하다

swell의 기본 뜻은 '부풀다'입니다. 실제 물체가 부푸는 것을 의미하기도 하고 추상적으로는 양이나 크기, 강도가 증가하는 것을 의미하기도 합니다. 예를 들어, swell with pride라고 하면 자부심으로 부풀다, 즉 '자랑스러워서 가슴이 뛴다'라는 의미를 나타냅니다.

1 As water was added to the balloon, it began to swell.

풍선에 물이 더해지면서 풍선이 부풀어 오르기 시작했다.

2 The waves swelled higher and higher because of the storm.

폭풍우로 인해 파도가 점점 더 높아졌다.

Plus + add 동 (양 등을) 더하다　　wave 명 파도

bleed

[bli:d]

bled - bled

동 **피를 흘리다,**
(나무에서) 수액이 나오다,
(염색한 것이) 번지다,
돈을 착취하다

bleed의 기본 의미는 '피를 흘리다'입니다. 그리고 맥락에 따라 다양한 뜻이 파생되었습니다. 사람이 피를 흘리듯 옷에서 염료가 번져 나오거나 나무에서 수액이 나오는 것을 나타내기도 합니다. 또한 우리가 아주 큰 손해를 입었을 때 '피를 흘렸다'라고 표현하듯이 bleed도 그런 비유적인 의미를 띄기도 합니다.

1 The wound is bleeding heavily.
상처에서 피가 많이 나고 있다.

2 The maple tree was bleeding sap.
단풍나무가 수액을 흘리고 있었다.

Plus + wound 명 상처 heavily 부 (양 등이) 아주 많이
sap 명 수액

hero

['hɪroʊ, 'hi:roʊ]

명 **영웅, 남자 주인공,**
(영웅시 되는) 이상적 인물

hero는 매우 역사가 오래된 단어입니다. '영웅'을 뜻하는 이 단어는 고대 그리스에서도 '영웅'을 뜻했습니다. 사실 '영웅'은 종종 신화적 인물을 뜻하죠? 오늘날에는 신화를 믿는 사람들이 거의 없지만 고대 그리스에서는 신화에 나오는 '영웅'들을 모두 hero라 했답니다.

1 For saving this child from the fire, Susan is a true hero.
불 속에서 아이를 구해준 Susan은 진정한 영웅이다.

2 The hero in the story fought against the evil demon.
그 이야기 속의 영웅은 사악한 악마에 맞서 싸웠다.

Plus + save 동 구하다 against 전 ~에 맞서
evil 형 사악한 demon 명 악마

peach

[pi:tʃ]

명 **복숭아, 훌륭한 것[사람]**

peach는 '복숭아'를 뜻합니다. 그런데 이 단어가 동시에 '훌륭한 것, 훌륭한 사람'을 뜻하기도 한다니 놀랍지 않나요? 이런 의미는 복숭아의 달콤하고 맛있는 특성, 그리고 매력적인 모양과 색상 때문에 파생되었답니다.

1 My mom gave me a delicious peach for dessert.
엄마가 내게 후식으로 맛있는 복숭아를 주었다.

2 Lily is a peach when it comes to helping others.
Lily는 남을 돕는 일에 있어서 훌륭한 사람이다.

Plus + delicious 형 맛있는 when it comes to ~에 대해서라면

1459

society

[sə'saɪəti]

명 **사회, 회(會), 집단[국가], 사교[어울림]**

우리에게 '사회'라는 뜻으로 익숙한 society의 핵심 의미는 '사람들의 모임'입니다. 〈죽은 시인들의 사회Dead Poets society〉라는 영화를 아시나요? 번역은 '죽은 시인들의 사회'라고 되어있지만, 영화 내용상 '죽은 시인들을 기리는 동아리' 정도로 봐야 더 정확하다고 해요. 어쨌든 '사회'나 '동아리' 모두 '사람들의 모임'인 것은 변함이 없군요.

1 The development of technology impacted society.
기술의 발전은 사회에 영향을 미쳤다.

2 She is a member of the prestigious scientific society.
그녀는 권위 있는 과학 학회의 일원이다.

Plus+ impact 동 영향을 주다 prestigious 형 명성이 있는, 유명한

1460

example

[ɪg'zæmpl]

명 **예[사례], 본보기, 견본**

example은 흔히 '예, 사례'라는 뜻으로 쓰이죠. 원래는 '빼내다'를 뜻하는 동사에서 파생했습니다. 생각해 보면 '빼내는 것'은 무언가 설명할 수 있는 '사례, 예시' 등을 끄집어내는 것을 의미하겠군요. 그래서 example은 어떠한 특성이나 원칙을 보여주는 대표적인 경우, 즉 '사례나 본보기, 견본' 등을 의미하는 단어가 되었습니다.

1 Mr. Collins used an example to help students understand the concept.
Collins 선생님은 학생들이 개념을 이해하는 데 도움이 되는 사례를 사용했다.

2 Alice is an example of perseverance and hard work.
Alice는 인내와 노력의 본보기이다.

Plus+ concept 명 개념 perseverance 명 인내

1461

miracle

['mɪrəkl]

명 **기적, 불가사의한 일[것], 경이(驚異)**

miracle은 '기적'이나 '놀라운 일'을 나타내는 단어입니다. 주로 이례적이거나 과학적으로 설명하기 어려운 사건이나 현상을 가리키죠. 예를 들어, a miracle worker라고 하면 '기적을 이루는 사람' 또는 '뛰어난 능력을 가진 사람'을 뜻하고, a miracle drug는 '놀라운 효과를 가진 약'을 의미하지요. miracle이 어떤 뉘앙스를 갖는지 아시겠죠?

1 It is a miracle that Julia survived the accident.
Julia가 그 사고에서 살아남은 것은 기적이다.

2 The birth of a child is a miracle.
아이의 탄생은 기적같은 일이다.

Plus+ survive 동 살아남다 birth 명 탄생

1462

shin

[ʃɪn]

명 정강이(뼈)

동 기어오르다

shin은 '정강이'라는 뜻의 명사입니다. 그런데 이 단어가 특이하게 '기어오르다'라는 동사로 쓰이는 때도 있는데, 이는 주로 어딘가 기어오를 때 정강이 부분을 쓰기 때문이라는 설이 있습니다. 하긴 기어오르려면 팔꿈치와 무릎으로 올라가야 하니 일리가 있어 보입니다.

1 **Robert injured his shin while playing soccer.**
Robert는 축구를 하다가 정강이를 다쳤다.

2 **After falling down the stairs, Sue felt a sharp pain in her shin.**
계단에서 넘어진 후, Sue는 정강이에 심한 통증을 느꼈다.

Plus+ injure 동 부상을 입다 fall 동 넘어지다
sharp 형 (고통 등이) 심한

1463

terror

['terə(r)]

명 무서움, 공포, 공포의 대상[원인], 테러 행위

terror는 우리에게는 '테러, 테러 리스트' 등의 외래어로도 잘 알려져 있는 단어입니다. 원래 '무섭게 하다'라는 뜻의 동사에서 파생했습니다. 그래서 terror는 '무서움, 공포' 등을 뜻하며 폭력적인 공격이나 테러 행위를 의미하기도 합니다. 예를 들어, terror tectics라고 하면 '테러 전술'을, breathless with terror는 두려움에 질려 숨을 쉬지 못하는 상태를 나타냅니다.

1 **The sudden explosion caused terror in the crowd.**
갑작스러운 폭발로 인해 군중들은 공포에 휩싸였다.

2 **Kate was frozen in terror by the tornado.**
Kate는 토네이도에 대한 무서움으로 몸이 굳어버렸다.

Plus+ explosion 명 폭발 freeze 동 (두려움 등으로 몸이) 굳어지다, 얼어붙다

1464

replace

[rɪ'pleɪs]

동 대신[대체]하다, 바꾸다, 제자리에 놓다

replace는 re-(다시)와 place(놓다)가 결합한 동사입니다. 말 그대로 '다시 자리에 놓다'라는 뜻인데, 기존에 있던 것을 치우고 다시 새 것을 둔다는 맥락에서 '대신하다, 대체하다'를 뜻합니다. 또한 다른 곳에 놓았던 것을 다시 제자리에 놓는다는 흐름에서는 '되돌려놓다'를 의미하기도 합니다.

1 **He is replacing the broken window.**
그는 깨진 창문을 교체하고 있다.

2 **The manager replaced the injured player.**
감독은 부상을 입은 선수를 교체했다.

Plus+ broken 형 깨진 injured 형 부상을 입은
player 명 (운동 경기 등의) 선수

1465 □□

arrange

[ə'reɪndʒ]

동 배열하다[가지런히 하다], (분쟁 등을) 조정[해결]하다, (일을) 처리[주선]하다, 준비[마련]하다

arrange는 '체계적이고 깔끔한 방식으로 배열하는 것'을 의미하는 동사입니다. 이는 물리적 개념뿐만 아니라 추상적 개념에도 적용될 수 있습니다. 예를 들어, arrange flowers라고 하면 '꽃을 배열하다' 즉, '꽃꽂이하다'라는 뜻으로 쓰이며 arrange a meeting이라고 하면 '만남을 주선하다'라는 의미가 됩니다.

1 **Ben arranged the flowers in the vase beautifully.**
Ben은 꽃을 화병에 아름답게 정리해두었다.

2 **We were able to arrange a meeting with the CEO.**
우리는 CEO와의 만남을 주선할 수 있었다.

Plus+ vase 명 화병 / be able to V ~할 수 있다

1466 □□

salt

[sɔːlt]

명 소금, 염(塩)

형 소금의, 소금에 절인

salt는 명사로는 '소금'을, 형용사로는 '소금의, 소금에 절인'을 뜻합니다. 옛날에는 소금이 매우 귀해서 가치가 높았답니다. 그래서 무언가 소중하거나 훌륭한 것을 나타낼 때 salt를 쓰기도 합니다. 예를 들어, salt of the earth라고 하면 '도덕적이고 정직한 사람'을 칭찬하는 표현이 됩니다.

1 **This pasta needs a little more salt.**
파스타에 소금을 조금 더 넣어 주십시오.

2 **The salt flats of Bolivia are a popular tourist spot.**
볼리비아의 소금 평원은 인기 있는 관광 명소이다.

Plus+ flat 명 평원 / spot 명 (특정한) 장소

1467 □□

kingdom

['kɪŋdəm]

명 왕국, (학문 따위의) 범위[분야], (분류학상의) 계(界)

kingdom은 king(왕)과 dom(영역, 권위)이 결합한 단어입니다. 즉, 왕이 다스리는 영역인 '국가, 영토'를 뜻하지요. 그리고 여기서 의미가 확장하여 학문이나 기술 등 특정 분야의 '범위'를 나타내기도 하고, 생물들을 구분하는 가장 큰 분류 단위인 '계(界)'를 뜻하기도 합니다.

1 **The kingdom is ruled by a wise and just king.**
그 왕국은 지혜롭고 공정한 왕에 의해 다스려진다.

2 **The animal kingdom is a fascinating field of study.**
동물계는 대단히 흥미로운 연구 분야이다.

Plus+ rule 동 다스리다 / just 형 공정한 / fascinating 형 대단히 흥미로운 / field 명 분야

record

[rɪ'kɔ:rd] ['rekərd]

동 기록하다, 녹음[녹화]하다

명 기록, 경력

record는 원래 '기록하다'라는 뜻입니다. 그런데 기술이 발전하면서 녹음과 녹화가 가능하게 되자 '녹음하다, 녹화하다'로 의미가 확장되었습니다. 그밖에 명사로는 '기록, 녹음, 녹화' 등을 나타냅니다. 그래서 record-braker라고 하면 '(이전의) 기록을 깬 사람'을 뜻하고, for the record는 '공식적인 기록으로 남도록(하는 말인데)'를 의미하는 표현입니다.

1 **Jimmy kept a diary to record his experiences.**
Jimmy는 자신의 경험을 기록하기 위해 일기를 썼다.

2 **The conference is being recorded for future reference.**
회의는 나중에 참고할 수 있게 녹음될 것이다.

Plus+ keep a diary 일기를 쓰다 experience 명 경험 동 경험하다
reference 명 참고

scent

[sent]

명 냄새, 향기[향수], 후각, 육감[직각력]

scent는 '느끼다'라는 뜻을 가진 동사에서 파생한 단어입니다. 우리의 오감 중 특히 '후각'으로 느끼는 것을 나타내어 '냄새, 향기'를 뜻합니다. 또한 후각 자체를 나타내기도 하는데 독특한 것은 scent가 '직감력, 통찰력'을 의미하기도 한다는 점입니다. 우리도 가끔 '직감'을 뜻할 때 냄새를 잘 맡는다고 표현하듯이 scent도 비슷합니다.

1 **The scent of flowers filled the house.**
꽃향기가 집안을 가득 채웠다.

2 **The dog followed the scent of the food.**
그 개는 음식 냄새를 따라갔다.

Plus+ fill 명 채우다 follow 동 따라가다

clone

[kloʊn]

명 복제[품, 생물]

동 복제하다[복제품을 만들다], 무성 생식하다

clone은 원래 '싹'을 뜻하는 단어에서 파생했습니다. 이후 이 의미가 확장되어 생물학에서 유전자, 세포, 혹은 개체의 '복제' 등을 뜻하게 되었습니다. 일상 대화에서는 유사한 특성이나 외양을 가진 것들을 비유적으로 표현하기도 합니다.

1 **Scientists successfully cloned a sheep.**
과학자들이 성공적으로 양을 복제했다.

2 **Animal cloning is a controversial topic.**
동물 복제는 논쟁의 여지가 있는 문제다.

Plus+ sheep 명 양 controversial 형 논쟁의 여지가 있는
topic 명 주제, 화제

Review Test 49

우리말에 맞게 빈칸에 알맞은 단어를 쓰세요.

(정답은 본문을 확인하세요.)

1 Peter wiped the sweat from his ____________. Peter는 이마에 흐르는 땀을 닦았다.

2 Ann couldn't handle the ____________ of responsibility. Ann은 책임의 부담을 감당할 수 없었다.

3 Her ____________ has gotten worse from old age. 나이가 들면서 그녀의 시력이 악화되었다.

4 Many species of plants and animals live in the ____________. 많은 종류의 식물과 동물들이 그 늪에서 살고 있다.

5 While hiking in the woods, they spotted a group of ____________. 숲에서 등산하던 중, 그들은 사슴 무리를 발견했다.

6 Walking is a great way to ____________ stress. 걷기는 스트레스를 해소하는 좋은 방법이다.

7 The economic ____________ is improving. 경제 상황은 점점 나아지고 있다.

8 Jane angrily ____________ the wall. Jane은 화가 나서 주먹으로 벽을 쳤다.

9 Remove the shrimp's ____________ before cooking it. 요리하기 전에 새우의 껍질을 제거해라.

10 They sought ____________ from the rain. 그들은 비를 피할 곳을 찾았다.

11 Students are organizing a cultural ____________. 학생들은 문화 행사를 준비하고 있다.

12 The programmer fixed several ____________ in the app. 프로그래머는 앱에서 몇 가지 오류를 수정했다.

13 Today was just an ____________ day and nothing special happened. 오늘은 그저 평범한 날이었고 특별한 일은 없었다.

14 There were no survivors of the plane ____________. 비행기 추락 사고의 생존자는 없었다.

15 As water was added to the balloon, it began to ____________. 풍선에 물이 더해지면서 풍선이 부풀어 오르기 시작했다.

16 The wound is ____________ heavily. 상처에서 피가 많이 나고 있다.

17 The ____________ in the story fought against the evil demon. 그 이야기 속의 영웅은 사악한 악마에 맞서 싸웠다.

18 My mom gave me a delicious ____________ for dessert. 엄마가 내게 후식으로 맛있는 복숭아를 주었다.

19 The development of technology impacted ____________. 기술의 발전은 사회에 영향을 미쳤다.

20 Alice is an ____________ of perseverance and hard work. Alice는 인내와 노력의 본보기이다.

21 The birth of a child is a ____________. 아이의 탄생은 기적같은 일이다.

22 Robert injured his ____________ while playing soccer. Robert는 축구를 하다가 정강이를 다쳤다.

23 The sudden explosion caused ____________ in the crowd. 갑작스러운 폭발로 인해 군중들은 공포에 휩싸였다.

24 He is ____________ the broken window. 그는 깨진 창문을 교체하고 있다.

25 We were able to ____________ a meeting with the CEO. 우리는 CEO와의 만남을 주선할 수 있었다.

26 This pasta needs a little more ____________. 파스타에 소금을 조금 더 넣어 주십시오.

27 The ____________ is ruled by a wise and just king. 그 왕국은 지혜롭고 공정한 왕에 의해 다스려진다.

28 Jimmy kept a diary to ____________ his experiences. Jimmy는 자신의 경험을 기록하기 위해 일기를 썼다.

29 The ____________ of flowers filled the house. 꽃향기가 집안을 가득 채웠다.

30 Scientists successfully ____________ a sheep. 과학자들이 성공적으로 양을 복제했다.

Level 50

레벨별 단어 사용 빈도

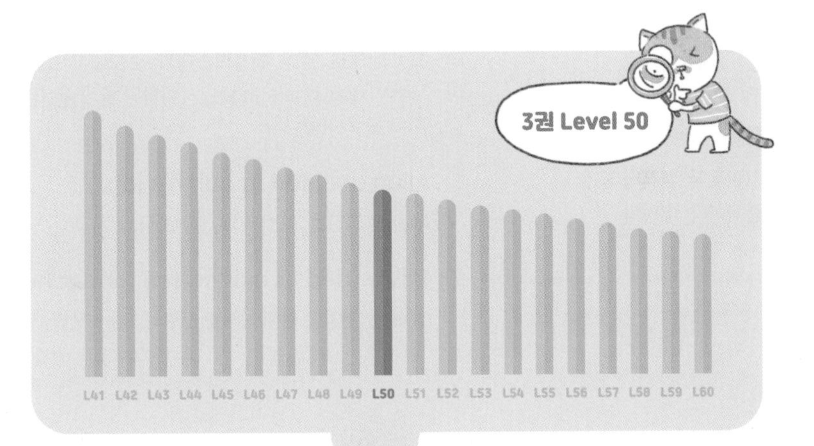

LEVEL 1~20 LEVEL 21~40 LEVEL 41~60 LEVEL 61~80 LEVEL 81~100

1471 

weed

[wi:d]

명 잡초, 담배, 마리화나

동 ~의 잡초를 없애다

weed는 '잡초'를 의미합니다. '잡초'라 함은 보통 원하지 않는 식물, 특히 경작 농작물에 영향을 미치는 식물을 뜻하죠? 동사로는 이런 잡초를 없애는 것을 뜻합니다. 다만, 영어권에서는 맥락에 따라 weed가 '마리화나'를 뜻하기도 하니 주의하셔야 합니다.

1 Weeds are harmful to other plants.
잡초는 다른 식물에게 해롭다.

2 The gardener is weeding the garden.
원예사가 정원의 잡초를 뽑고 있다.

Plus+ harmful 형 해로운　　gardener 명 원예사

1472 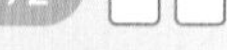

quit

[kwɪt]

quitted/quit - quitted/quit

동 그만두다, 사직하다, 중지하다, 떠나다

quit은 quiet(조용한)와 같이 '평온한'을 뜻하는 단어에서 유래했습니다. 이후 '평온하다'는 의미에서 '자유롭다'라는 이미지가 연상되어 무언가 '자유롭게 하다, 해방하다'로 뜻이 확장되었다가 오늘날은 '그만두다'를 나타내게 되었습니다. 그래서 quit one's job은 '사직하다'를 뜻하고, be quit for라고 하면 '~을 청산하다'를 의미합니다.

1 Allen decided to quit his job.
Allen은 직장을 그만두기로 결정했다.

2 Olivia tried to quit coffee for her health.
Olivia는 건강을 위해 커피를 끊으려고 노력했다.

Plus+ try to V ~하려고 노력하다

1473 

cheer

[ʧɪr]

동 응원하다, 기운을 북돋우다, 갈채하다, 환호하다

cheer는 '응원하다, 기운을 북돋우다'를 뜻하는 동사입니다. 기쁨과 희망, 격려의 뉘앙스를 갖고 있기 때문에 영어에는 cheer를 활용한 표현이 참 많습니다. 대표적으로 Cheer up!(힘내!)과 Cheers!(건배!) 등이 있죠.

1 I cheered for Gabriel at the news of his new hobby.
나는 Gabriel의 새로운 취미 소식에 환호했다.

2 Jack cheered her up with a funny story.
Jack은 재미있는 이야기로 그녀를 격려했다.

Plus+ hobby 명 취미

1474 

nail

[neɪl]

명 손[발]톱, 못

동 ~을 못으로 박다, (특히 스포츠에서) ~을 이뤄 내다

nail이 '손톱, 발톱'을 의미하는 것은 알고 계실 겁니다. 그런데 동시에 '못'을 뜻하기도 한다는 것은 알고 계셨나요? 영어에는 hit the nail on the head라는 표현이 있는데, 직역하면 '못의 머리를 때리다'로 '정확히 맞는 말을 하다'라는 뜻입니다. 생각해 보면 못의 머리를 때리는 게 곧 '정확하게 맞추는 것'이겠죠?

1 **Tom trimmed his nails before going to bed.**
Tom은 자기 전에 손톱을 다듬었다.

2 **Judy hammered a nail into the wall.**
Judy는 벽에 못을 박았다.

Plus+ trim 동 (깎아) 다듬다 hammer 동 망치로 치다

1475 

footstep

['fʊtstep]

명 발소리, 걸음, 발자국, 보폭

footstep은 foot(발)과 step(걸음)이 결합한 명사입니다. 말 그대로 '발걸음'을 의미하는데, 맥락에 따라 '발소리, 발자국, 보폭' 등을 뜻합니다. 또한 우리말의 '발걸음'이 갖는 추상적 의미를 footsept으로 나타낼 수 있는데 예를 들면 '발자취' 같은 의미도 표현할 수 있습니다.

1 **Lisa heard footsteps in the hallway.**
Lisa는 복도에서 발소리를 들었다.

2 **He followed in his mother's footsteps.**
그는 어머니의 발자취를 따랐다.

Plus+ hallway 명 (건물 등의) 복도 follow 동 따르다

1476 

complete

[kəm'pli:t]

동 완료하다, 완성하다

형 완전한, 완료된

complete은 동사로는 '완료하다, 완성하다'를 뜻하고, 형용사로는 '완전한, 완료된'을 의미합니다. complete를 활용한 표현은 다양합니다. 간혹 게임을 하거나 첩보 영화를 볼 때 Mission Complete!라는 말이 뜨지요? 이는 '임무 완수'라는 뜻입니다. 또한 두루두루 완벽하게 갖춘 것을 complete package라고 하기도 하지요. 이제 complete의 이미지가 머리속에 딱 떠오르시죠?

1 **Nora completed the task successfully.**
Nora는 성공적으로 업무를 마쳤다.

2 **After marrying the love of his life, Henry felt complete.**
인생의 반려자와 결혼한 후 Henry는 완전해졌다고 느꼈다.

Plus+ task 명 (부과된) 일 successfully 부 성공적으로
marry 동 결혼하다

1477

rage

[reɪdʒ]

명 **격노, 분노, 격정[흥분], 열망[갈망]**

rage는 '분노, 격노'를 뜻하는 고대 프랑스어 *rage*에서 유래되었습니다. 지금도 '격한 분노, 격정' 등을 의미하지요. 이와 비슷한 단어로는 anger(화), wrath(분노, 노여움), outrage(격분, 격노) 등이 있습니다.

1 Nick's face turned red with rage.
Nick의 얼굴이 분노로 빨개졌다.

2 The storm raged throughout the week.
이번 주 내내 폭풍이 격렬하게 몰아쳤다.

Plus+ turn 동 (~한 상태로) 되다　　throughout 전 ~동안 쭉, 내내

1478

tank

[tæŋk]

명 **전차, (액체 등을 담는) 탱크**

동 **탱크에 저장하다, 완전히 망하다**

tank는 원래 '저장소, 용기' 등을 의미했습니다. 그런데 보통 저장소나 용기의 특징은 단단하고 그 안에 무언가 들어간다는 것이죠? 이러한 맥락에서 tank는 전쟁에서 쓰이는 '전차'도 뜻하게 되었습니다. 또한 독특하게도 무언가 '완전히 망한' 상태를 나타내기도 합니다.

1 Tanks rolled across the battlefield.
전차들이 전장을 가로질러 나아갔다.

2 This water tank needs to be cleaned regularly.
이 물탱크는 정기적으로 청소해야 한다.

Plus+ roll 동 나아가다, 굴러가다　　battlefield 명 전장
regularly 부 정기적으로

1479

belly

['beli]

명 **배[복부], 위[내장], 불룩한 부분, 식욕[탐욕]**

belly는 주로 '배, 복부'를 의미합니다. belly button이라는 말 아시나요? belly(배)에 있는 button이니 바로 '배꼽'을 뜻합니다. 그밖에도 belly는 맥락에 따라 '식욕'이나 '탐욕'을 상징하기도 합니다. 우리말에도 '자기 배를 채우다'라는 표현이 있지요? 그와 매우 유사하다고 보시면 됩니다.

1 Tom patted his belly after the big meal.
Tom은 배불리 먹은 후에 배를 쓰다듬었다.

2 I started exercising because I got a big belly.
나는 배가 많이 나와서 운동을 시작했다.

Plus+ pat 동 쓰다듬다　　exercise 동 운동하다

1480

sew

[soʊ]

동 꿰매다, (바느질하여) 만들다, 봉합하다

sew의 기본 의미는 '꿰매다'입니다. 주로 바느질을 통해 옷이나 천을 만드는 것을 나타냅니다. sew를 활용한 표현으로는 sewing machine(재봉틀), hand sewn(손으로 꿰맨) 등이 있습니다. 그리고 sew up이라는 표현이 있는데, 직역하면 '완전히 꿰매다'겠죠? 이는 바로 어떤 일을 완전히 해결하는 것을 의미합니다.

1 Harry sewed the two pieces of cloth together.
Harry는 두 조각의 천을 함께 꿰매었다.

2 Ann learned how to sew from her mother.
Ann은 어머니로부터 바느질하는 법을 배웠다.

Plus+ piece 명 조각　　cloth 명 천, 옷감
learn 동 배우다

1481

purpose

['pɜːrpəs]

명 목적, 의도, 취지

동 의도하다

purpose는 명사로는 '목적, 의도, 취지'를, 동사로는 '의도하다'를 뜻합니다. 흔히 영어권 공항에서 입국 심사를 할 때 "Purpose of your visit?"이라는 질문을 받게 되는데, 이는 '방문 목적'을 묻는 질문입니다. 그밖에 purpose를 활용한 표현으로 on purpose(고의로, 일부러), suit one's purpose(목적에 적합하다) 등이 있어요.

1 The purpose of the meeting is to review the project.
그 회의의 목적은 프로젝트를 검토하는 것이다.

2 Sally did it on purpose to annoy him.
Sally는 그를 짜증 나게 하려고 일부러 그렇게 했다.

Plus+ review 동 검토하다　　annoy 동 짜증 나게 하다

1482

embarrass

[ɪm'bærəs]

동 당황[난처]하게 하다, 어리둥절하게 하다, 방해하다[훼방 놓다]

embarrass는 '혼란스럽게 만들다'를 뜻하는 프랑스어 *embarrasser*에서 유래되었습니다. 그래서 주로 '당황하게 하다, 난처하게 하다'를 의미합니다. 맥락에 따라 계획이나 일을 '방해하거나 훼방 놓는 것'을 뜻하기도 합니다.

1 I felt a bit embarrassed by what Jake said.
Jake의 말에 나는 조금 당황스러웠다.

2 Judy apologized for embarrassing me.
Judy는 내게 난처하게 만들어 미안하다고 사과했다.

Plus+ bit 명 조금, 약간　　apologize 동 사과하다

1483

photograph

['foʊtəgræf]

명 사진

동 촬영하다[사진을 찍다]

photograph는 photo-(빛)와 -graph(그리다, 쓰다)가 결합한 단어입니다. 직역하면 '빛을 그리다'인데, 이는 바로 '사진'을 의미해요. 흔히 사진이 잘 나오는 사람을 보면 '사진을 잘 받는다'라고 하죠? 이를 영어로는 photograph well이라고 표현합니다.

1 **Jake carries family photographs in his wallet.**
Jake는 지갑에 가족사진을 가지고 다닌다.

2 **My little brother enjoys photographing everything he sees.**
내 남동생은 보이는 모든 것을 사진으로 찍는 것을 좋아한다.

Plus + carry 동 가지고 다니다 wallet 명 지갑

1484

echo

['ekoʊ]

명 메아리, (소리의) 울림[반향], 반복[되풀이]

동 울려 퍼지다

echo는 흔히 우리말의 '메아리'를 뜻합니다. '메아리'란 원래 소리가 반사되어 돌아오는 현상을 나타냅니다. 그래서 echo는 '반복, 되풀이'를 의미하기도 합니다. 동사로는 '울려 퍼지다'라는 뜻을 나타내기도 하지요.

1 **I screamed from the cave and heard an echo.**
나는 동굴에서 소리를 지르고 메아리를 들었다.

2 **The sound of Tim's laughter echoed through the empty corridor.**
Tim의 웃음소리가 텅 빈 복도에 울려 퍼졌다.

Plus + cave 명 동굴 laughter 명 웃음소리, 웃음
empty 형 비어있는, 빈 corridor 명 복도

1485

otherwise

['ʌðərwaɪz]

부 그렇지 않으면[않았다면], 다른 점에서는, 그 외에는

형 다른

otherwise는 other(다른)와 wise(방식, 방향)가 결합한 단어입니다. 직역하면 '다른 방식, 다른 방향'인데요. 부사로는 '그렇지 않으면'을 뜻하고, 형용사로는 '다른'을 의미합니다. 맥락에 따라 의미가 확장되어 '다른 점에서는, 그 외에는'이라는 뜻을 나타내기도 합니다. 예를 들어, otherwise-minded라고 하면 '성향이 다른, 여론과 반대되는'을 의미합니다.

1 **You need to wear a jacket, otherwise you'll catch a cold.**
너는 자켓을 입어야 해, 그렇지 않으면 감기에 걸릴 거야.

2 **Mr. Lee is strict but otherwise a good teacher.**
이 선생님은 엄하지만, 다른 면에서는 좋은 선생님이다.

Plus + catch a cold 감기에 걸리다 strict 형 엄한

pole

[poʊl]

명 막대기[장대], 기둥, (지구나 자석 등의) 극

동 막대기[장대]를 쓰다

pole은 명사로는 '막대기, 장대' 등을 의미하고, 동사로는 '막대기나 장대를 쓰는 것'을 나타냅니다. pole을 활용한 단어로는 flagpole(깃대), fishing pole(낚싯대) 등이 있습니다. 이렇게 보니 pole이 무엇을 의미하는지 감이 오시죠?

1 **Suzy used a long pole to pick the fruit off the tree.**
Suzy는 나무에서 과일을 따기 위해 긴 막대기를 사용했다.

2 **The flag is raised on the pole.**
깃발이 기둥에 게양되었다.

Plus+ pick 동 (과일 등을) 따다 / flag 명 깃발 / raise 동 (무언가 위로) 올리다

flick

[flɪk]

동 (손가락 등으로) 가볍게 튀기다[치다, 털다], 휙[급히] 움직이다

명 가볍게 튀기기[치기, 털기], (물처럼) 튄 것

flick의 기본 의미는 '가볍게 튀기다'입니다. 손가락으로 무언가 톡톡 치는 것을 나타내기도 하고, 어디론가 급히 움직이는 것을 의미하기도 합니다. 핵심은 '가벼운 동작'을 나타낸다는 점입니다. 이를테면 flick through는 '(텔레비전 채널을) 휙휙 돌리다'를 뜻하고, flick dust off라고 하면 '~에서 먼지를 털어내다'를 의미합니다.

1 **Helen flicked some dust off her blouse.**
Helen은 블라우스에 묻은 먼지를 가볍게 털어냈다.

2 **Paul flicked the switch and the light turned on.**
Paul이 스위치를 톡 치자 불이 켜졌다.

Plus+ dust 명 먼지 / turn on (전기 따위를) 켜다

bump

[bʌmp]

동 부딪치다[충돌하다], 덜컥덜컥 소리 내며 나아가다, 쫓아내다[해임하다], (가격 따위를) 올리다

bump는 주로 두 물체가 부딪치거나 충돌하는 것, 또는 덜컥덜컥 소리를 내며 움직이는 모습을 나타냅니다. 그래서 영어에는 bump를 활용하여 마주침이나 부딪힘을 표현하기도 합니다. 예를 들면 bump into(우연히 마주치다), bump up against(어려움이나 문제에 직면하다) 등이 있지요.

1 **I accidentally bumped into Andy in the corridor.**
나는 복도에서 우연히 Andy와 마주쳤다.

2 **The car bumped into a traffic cone.**
그 차는 교통 표지용 삼각 원통에 부딪혔다.

Plus+ accidentally 부 우연히 / corridor 명 복도

1489

tough

[tʌf]

형 **힘든, 곤란한, 강인한, 질긴**

tough의 기본 의미는 '질긴, 강한'입니다. 그리고 맥락에 따라 어떤 문제나 상황 등을 묘사할 때는 '힘든, 곤란한'을 뜻하고, 사람이 '강인한' 것을 나타내기도 합니다. 영어에는 tough luck이라는 말이 있습니다. 직역하면 '아주 힘들고 질긴 운'이 되는데, 바로 '불운'을 의미합니다. 우리말의 '팔자가 세다'라는 표현과 통하는 말 같군요.

1 It was a tough decision.
그것은 힘든 결정이었다.

2 Leah is known for having a very tough personality.
Leah는 매우 강인한 성격으로 알려져 있다.

Plus + decision 명 결정
personality 명 성격
be known for ~로 알려져 있다

1490

scatter

['skætə(r)]

동 **(흩)뿌리다, 사방으로 흐트러뜨리다, 쫓아버리다, (빛 따위를) 산란시키다**

scatter는 무언가 여기저기에 퍼뜨리거나 흩뿌리는 것을 나타내는 동사입니다. 맥락에 따라 무언가를 쫓아버리거나 빛을 산란시키는 것을 뜻하기도 합니다. 예를 들어, scatter energy라고 하면 힘을 이리저리 뿌리다, 즉 '여러 일에 힘을 분산하다'를 의미합니다.

1 Harry scattered the seeds around the garden.
Harry는 정원에 씨앗을 뿌렸다.

2 The wind scattered the leaves all over the road.
바람에 나뭇잎이 도로 곳곳에 흩어졌다.

Plus + seed 명 씨앗

1491

holiday

['hɑːlɪˌdeɪ]

명 **휴가, 방학, 공휴일**

형 **휴일의**

holiday는 holy(신성한)와 day(날)이 결합한 단어입니다. 일반적으로 서구 문명사회에서 '신성한 날'은 주로 교회에 가는 날이었던 일요일을 뜻했는데 이러한 맥락에서 의미가 확장되어 holiday는 '휴일'을 의미하게 되었습니다. 그밖에 '방학'이나 '공휴일'을 뜻하기도 합니다.

1 Suzy was still in a holiday mood.
Suzy는 여전히 휴가 기분에 젖어 있었다.

2 I met James while on holiday in Busan.
나는 부산에서 휴가를 보내다가 James를 만났다.

Plus + mood 명 기분

1492

calm

[kɑ:m]

형 침착[차분]한, 잔잔한, 고요한

동 가라앉히다

calm은 형용사로는 '침착한, 잔잔한, 고요한' 등을 뜻하고, 동사로는 '가라앉히다'를 의미합니다. 영어권에서 흥분한 사람에게 가장 많이 쓰는 표현이 Calm down!(진정해!)입니다. 말 그대로 침착하게 가라앉히라는 의미가 되겠습니다.

1 Wendy always remains calm in stressful situations.
Wendy는 스트레스를 받는 상황에서도 항상 침착하다.

2 I like the lake because it is a calm and peaceful place.
나는 그 호수가 조용하고 평화로운 곳이라 좋다.

Plus+ remain 동 (어떤 상태에) ~인 그대로다 situation 명 상황

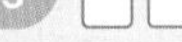

1493

oil

[ɔɪl]

명 기름, 석유

형 기름의

동 기름을 치다

oil의 기본 의미는 '기름'입니다. 과거 석유가 발견되기 전에는 조리용 기름이나 윤활제를 나타냈습니다. 그러다 석유로 돌아가는 현대 사회에 접어 들면서 '석유'도 뜻하게 되었습니다. 또한 맥락에 따라 '기름을 치다'를 의미하기도 합니다. 그래서 grapeseed oil(포도 씨 기름)처럼 특정 씨앗에서 짜낸 기름을 나타내기도 하고 oil refiners(정유 회사들)처럼 석유와 관련된 내용을 나타내기도 합니다.

1 Olive oil is a healthy ingredient.
올리브 오일은 건강한 식재료다.

2 Oil prices have doubled compared to last year.
유가가 작년에 비해 두 배나 올랐다.

Plus+ ingredient 명 (특히 요리 등의) 재료 double 동 두 배로 되다
compared to ~와 비교하여

1494

stall

[stɔ:l]

명 가판대[좌판], 매점, 마구간

동 (자동 엔진 등이) 멎다 [멎게 하다]

stall은 원래 '정지, 고정'을 뜻하는 단어에서 유래했습니다. 그러다 시간이 지나면서 한 곳에 정지해서 물건을 파는 '가판대'를 의미하게 되었어요. 지금은 뜻이 확장되어 가판대보다 더 큰 '매점'을 뜻하기도 하고, 원래 의미에서 확장된 개념으로 '(자동차, 비행기 등의 엔진이) 멈추는' 것을 나타내기도 합니다.

1 At the market, there were many stalls selling fruit.
시장에는 과일을 파는 가판대가 많았다.

2 All the cars stalled in the middle of the road.
모든 차가 길 한가운데에서 갑자기 멈췄다.

Plus+ in the middle of ~의 중앙에, 중간 무렵에

1495

apologize

[ə'pɑːlədʒaɪz]

동 **사과하다, 사죄하다, 변명[변호]하다**

apologize의 원래 의미는 '변명, 변호하다'였는데, 시간이 지나면서 어떤 일에 대해 '사과하거나 사죄하는' 것을 뜻하게 되었습니다. 그래서 예를 들어, apologize unwillingly라고 하면 '마지못해 사과하다'를 뜻하고, apologize for oneself는 '자기가 한 행동에 대해 변명하다'를 의미합니다.

1 I would like to apologize for my behavior yesterday.
나는 어제 내 행동에 대해 사과하고 싶다.

2 The company apologized for the delay in delivery.
그 회사는 배송 지연에 대해 사과했다.

Plus + behavior 명 행동 delay 명 지연
delivery 명 (물품 등의) 배달

1496

elder

['eldə(r)]

형 **나이가 더 많은, 손위[연상]의, 고참[선배]의**

명 **연장자**

elder는 형용사로는 '나이가 더 많은, 손위의' 등을 뜻하고, 명사로는 '연장자'를 나타냅니다. 이와 비슷한 단어로 older가 있는데 older가 절대적인 나이가 더 많은 것을 나타낸다면 elder는 관계 속에서의 '상대적 나이'가 더 많은 것을 의미합니다.

1 Smith has two elder sisters, both designers.
Smith는 손위 누나가 두 명 있는데, 두 명 모두 디자이너이다.

2 Henry is very respectful of his elders.
Henry는 웃어른을 매우 존경한다.

Plus + be respectful of ~을 존경하다

1497

collar

['kɑːlə(r)]

명 **칼라[깃], 목걸이**

동 **목덜미를 잡다**

collar는 원래 '목'을 뜻하는 단어에서 유래했습니다. 이후 의미가 확장하여 옷의 목 부분에 있는 '깃'을 뜻하게 되었지요. 동사로는 '목덜미를 잡다'를 의미합니다. collar를 활용한 표현 중 blue collar와 white collar가 있습니다. blue collar는 주로 육체노동을 하는 직업군을, white collar는 지적 노동을 하는 직업군을 뜻합니다.

1 This candidate had the support of white-collar workers.
이 후보는 사무직 노동자들의 지지를 받았다.

2 The man collared the dog.
남자가 개의 목덜미를 잡았다.

Plus + candidate 명 후보(자)

permission

[pər'mɪʃn]

명 허락[허가], 승인[인가]

permission은 '허락, 승인, 인가' 등을 나타내는 명사입니다. 일반적으로 누군가에게 어떤 일을 할 수 있도록 권한을 부여하는 것을 나타냅니다. 예를 들어, seek permission은 '허락을 구하다'를 뜻하고, grant permission이라고 하면 '허가하다'라는 의미입니다.

1 You don't need permission to access this area.
이 지역에 접근하려고 허가를 구할 필요는 없다.

2 John asked his boss for permission to take the day off.
John은 상사에게 휴가를 승인해 달라고 요청했다.

Plus+ access 동 접근하다 / area 명 지역 / ask 동 (어떻게 해 달라고) 요청하다, 부탁하다 / day off (근무 등을) 쉬는 날

ease

[i:z]

명 쉬움, 용이함, 편함[안락]

동 진정[완화]시키다

ease는 명사로는 '쉬움, 용이함, 편함' 등을 의미하고, 동사로는 '진정시키다'를 뜻합니다. 무언가 어렵고 불편한 상태에서 쉽고 편안한 상태로 되는 것이 ease라고 보시면 됩니다. 예를 들어, ease off는 '~을 완화시키다'를 의미하고, live at one's ease는 '안락하게 살다'를 뜻합니다.

1 Yuri passed the math exam with ease.
Yuri는 수학 시험을 수월하게 합격했다.

2 Massages help ease tension in your muscles.
마사지는 근육의 긴장을 완화하는 데 도움이 된다.

Plus+ pass 동 합격하다 / with ease 용이하게, 쉽게 / tension 명 긴장

suspect

[sə'spekt] ['sʌspekt]

동 의심하다, 혐의를 두다, 알아채다

명 용의자

suspect는 동사로 '의심하다, 혐의를 두다, 알아채다'를 의미하고, 명사로는 '용의자'를 뜻합니다. 뜻을 보면 바로 '범죄'와 관련된 내용이 떠오르시죠? 실제로 prime suspect(주요 용의자), no suspects(용의자 없음) 등이 범죄 관련 분야에서 많이 쓰이는 대표 단어입니다.

1 The police suspect that Joe was involved in the robbery.
경찰은 Joe가 그 강도 사건에 연루되었을 가능성이 있다고 의심한다.

2 Amy suspected that someone had read her diary.
Amy는 누군가 그녀의 일기를 읽었다고 의심했다.

Plus+ involve 동 연루시키다 / robbery 명 강도

Review Test 50

우리말에 맞게 빈칸에 알맞은 단어를 쓰세요. (정답은 본문을 확인하세요.)

1 ____________ are harmful to other plants. 잡초는 다른 식물에게 해롭다.

2 Allen decided to ____________ his job. Allen은 직장을 그만두기로 결정했다.

3 Jack ____________ her up with a funny story. Jack은 재미있는 이야기로 그녀를 격려했다.

4 Judy hammered a ____________ into the wall. Judy는 벽에 못을 박았다.

5 Lisa heard ____________ in the hallway. Lisa는 복도에서 발소리를 들었다.

6 Nora ____________ the task successfully. Nora는 성공적으로 업무를 마쳤다.

7 The storm ____________ throughout the week. 이번 주 내내 폭풍이 격렬하게 몰아쳤다.

8 ____________ rolled across the battlefield. 전차들이 전장을 가로질러 나아갔다.

9 Tom patted his ____________ after the big meal. Tom은 배불리 먹은 후에 배를 쓰다듬었다.

10 Harry ____________ the two pieces of cloth together. Harry는 두 조각의 천을 함께 꿰매었다.

11 Sally did it on ____________ to annoy him. Sally는 그를 짜증 나게 하려고 일부러 그렇게 했다.

12 Judy apologized for ____________ me. Judy는 내게 난처하게 만들어 미안하다고 사과했다.

13 Jake carries family ____________ in his wallet. Jake는 지갑에 가족사진을 가지고 다닌다.

14 I screamed from the cave and heard an ____________. 나는 동굴에서 소리를 지르고 메아리를 들었다.

15 Mr. Lee is strict but ____________ a good teacher. 이 선생님은 엄하지만, 다른 면에서는 좋은 선생님이다.

16 The flag is raised on the ____________. 깃발이 기둥에 게양되었다.

17 Helen ____________ some dust off her blouse. Helen은 블라우스에 묻은 먼지를 가볍게 털어냈다.

18 The car ____________ into a traffic cone. 그 차는 교통 표지용 삼각 원통에 부딪혔다.

19 It was a ____________ decision. 그것은 힘든 결정이었다.

20 Harry ____________ the seeds around the garden. Harry는 정원에 씨앗을 뿌렸다.

21 Suzy was still in a ____________ mood. Suzy는 여전히 휴가 기분에 젖어 있었다.

22 I like the lake because it is a ____________ and peaceful place. 나는 그 호수가 조용하고 평화로운 곳이라 좋다.

23 Olive ____________ is a healthy ingredient. 올리브 오일은 건강한 식재료다.

24 All the cars ____________ in the middle of the road. 모든 차가 길 한가운데에서 갑자기 멈췄다.

25 The company ____________ for the delay in delivery. 그 회사는 배송 지연에 대해 사과했다.

26 Henry is very respectful of his ____________. Henry는 웃어른을 매우 존경한다.

27 The man ____________ the dog. 남자가 개의 목덜미를 잡았다.

28 You don't need ____________ to access this area. 이 지역에 접근하려고 허가를 구할 필요는 없다.

29 Yuri passed the math exam with ____________. Yuri는 수학 시험을 수월하게 합격했다.

30 Amy ____________ that someone had read her diary. Amy는 누군가 그녀의 일기를 읽었다고 의심했다.

레벨별 단어 사용 빈도

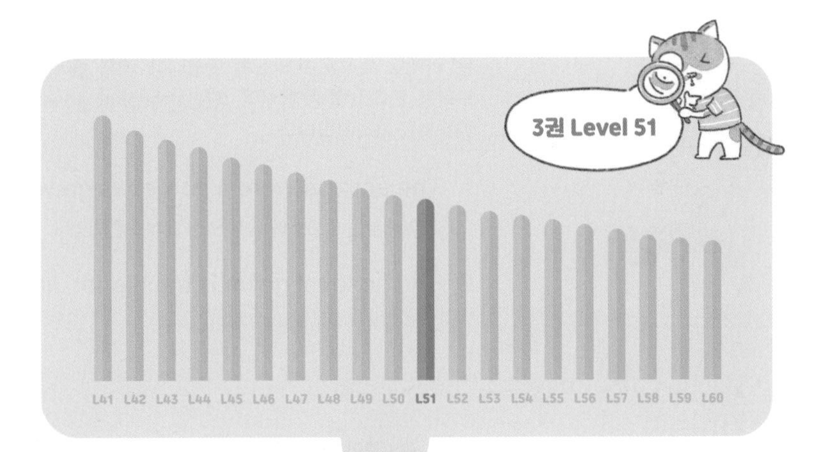

LEVEL 1~20 LEVEL 21~40 **LEVEL 41~60** LEVEL 61~80 LEVEL 81~100

1501

statue

['stætʃu:]

명 조각상

statue는 원래 '자리 잡은 것'이라는 뜻에서 유래한 단어로 stand(서 있다)와 같은 뿌리에서 나왔습니다. 그러다 시간이 지나면서 거대한 조각상이 마치 위풍당당하게 그 자리에 '서 있다'라는 느낌을 준다는 흐름에서 의미가 확장되어 '조각상'을 뜻하게 되었습니다.

1 **The Statue of Liberty is a famous New York landmark.**
자유의 여신상은 뉴욕의 유명한 랜드마크이다.

2 **The museum has a collection of ancient Roman statues.**
그 박물관에는 고대 로마의 조각상 컬렉션이 있다.

Plus+ liberty 명 자유　　landmark 명 랜드마크, 주요 지형지물

1502

gown

[gaʊn]

명 가운, 여성용 드레스

우리에게 '가운'이라는 외래어로 익숙한 gown은 원래 '공식적인 모임이나 축제, 결혼식 등의 특별한 자리에 갈 때 착용하는 의상'을 뜻했습니다. 그래서 '가운' 외에도 '여성용 드레스'를 뜻합니다. 예를 들어, a ball gown이라고 하면 '무도회용 드레스'를 뜻합니다. 한편 hospital gown은 병원에서 환자들이 입는 환자복을 가리킨답니다.

1 **The actress wore a gorgeous gown to the ball.**
그 여배우는 무도회에 아주 멋진 드레스를 입었다.

2 **The hospital gown is too big for Jim.**
그 환자복은 Jim에게 너무 크다.

Plus+ gorgeous 형 아주 멋진　　ball 명 무도회

1503

weep

[wi:p]

wept - wept

동 눈물을 흘리다, 슬퍼하다, (액체 등이) 흘러나오게 하다

weep의 기본 의미는 '눈물을 흘리다'입니다. 흔히 '울다'를 뜻하는 단어로 cry를 떠올리실 텐데 cry는 꼭 슬퍼서 눈물을 흘린다기보다는 소리를 내며 우는 것을 표현하고, weep은 슬픔에 눈물을 흘리는 것을 나타낸다는 점에서 어감이 조금 다릅니다. 이를테면 weep bitterly는 '대성통곡하다'를 뜻하고, weep the night out이라고 하면 '울면서 밤을 새우다'를 의미하는 식입니다.

1 **Harry wept when he heard the tragic news.**
Harry는 비극적인 소식을 듣고 슬퍼하며 눈물을 흘렸다.

2 **The movie made every student weep.**
그 영화는 모든 학생들을 울게 했다.

Plus+ tragic 형 비극적인

1504

response

[rɪ'spɑ:ns]

명 대답, 반응, 응답

response는 '대답, 반응, 응답'을 뜻하는 명사입니다. response를 활용한 표현으로는 automatic response(자동 응답)가 있는데, 이는 우리가 어딘가에 전화를 걸면 듣게 되는 바로 그 '녹음된 응답'을 의미합니다. 또한 response가 '반응'을 뜻하면 emotional response(감정적인 반응)처럼 형용사와 함께 쓰이기도 합니다.

1 **Thomas gave a quick response to the question.**
Thomas는 그 질문에 빠르게 대답했다.

2 **The audience's response was impressive.**
관객들의 반응은 인상적이었다.

Plus + quick 형 빠른 / audience 명 관객 / impressive 형 인상적인

1505

aware

[ə'wer]

형 의식하고 있는, 눈치 채고 있는, 알아차린

aware는 명사 awareness(인식, 인지)의 형용사형입니다. 주로 '의식하고 있는, 눈치 채고 있는, 알아차린' 등을 의미하지요. aware는 주로 다른 수식어와 함께 쓰입니다. 예를 들어, environmentally aware라고 하면 '환경 인식이 높은'을 뜻하고, culturally aware는 '문화적 이해력이 있는'을 의미합니다.

1 **Leah was aware of the danger.**
Leah는 위험을 인식하고 있었다.

2 **Lily became aware of the mistake she had made.**
Lily는 자신이 저지른 실수를 알아챘다.

Plus + be aware of ~을 알다 / danger 명 위험 / mistake 명 실수

1506

beauty

['bju:ti]

명 아름다움, 미인, 장점, 멋진 사례[보기]

beauty는 '아름다움, 미인, 장점, 멋진 사례' 등을 의미하는 명사입니다. 영어권에서 beauty는 주로 격식 있는 맥락에서 쓰입니다. 사실 일상 대화에서 pretty, handsome 등이 더 자주 쓰이는 것을 보면 '예술적인 관점에서 바라본 미적 아름다움'이 beauty의 어감을 가장 잘 나타내는 말이 될 것 같군요.

1 **Judy's beauty and vitality charmed me.**
Judy의 아름다움과 활력이 나를 매료시켰다.

2 **Emily's greatest beauty is her kind heart.**
Emily의 가장 큰 장점은 따뜻한 마음씨이다.

Plus + vitality 명 활력 / charm 동 매료시키다, 매혹하다 / heart 명 마음

1507 □□

castle

['kæsl]

명 성(城), 견고한 성채, 대저택

동 성을 쌓다

castle은 원래 '요새'를 뜻하는 단어에서 유래했습니다. 그러다 중세 유럽에서 귀족이나 왕족이 거주하거나 군사적인 목적으로 사용했던 견고한 '성'을 의미하게 되었습니다. 비유적으로는 '웅장한 건물'을 나타내기도 하고, 맥락에 따라 '성을 쌓다'를 의미하기도 합니다. 참고로 '모래성'을 sandcastle이라고 합니다.

1 **We went to the beach and made a sandcastle.**
우리는 해변에 가서 모래성을 만들었다.

2 **They bought a mansion on the hill that looked like a castle.**
그들은 언덕 위에 성처럼 보이는 대저택을 샀다.

Plus+ mansion 명 (인상적인) 대저택　　look like ~인 것처럼 보이다

1508 □□

telephone

['telɪfoʊn]

명 전화(기)

동 전화를 걸다

telephone은 명사로는 '전화'를, 동사로는 '전화를 걸다'를 뜻합니다. 원래 tele(멀리)와 phone(소리)이 결합한 단어인데 전화가 발명되었을 당시, 두 사람이 거리상 멀리 떨어져 있어도 음성을 통해 대화할 수 있게 해주는 통신 도구라는 뜻으로 처음 이름 붙여졌답니다.

1 **Jack answered the telephone when it rang.**
전화가 울리자 Jack이 받았다.

2 **Nick telephoned in the afternoon.**
Nick이 오후에 전화했다.

Plus+ answer the phone 전화를 받다　　ring 동 (종, 벨 따위가) 울리다

1509 □□

peel

[pi:l]

동 (껍질, 가죽, 옷 등을) 벗기다, (동물) 허물을 벗다[탈피하다]

명 껍질

peel의 기본 의미는 '벗기다, 깎다'입니다. 흔히 과일이나 채소의 껍질을 벗기거나 동물이 허물을 벗는 것을 나타냅니다. 예를 들어, peel potatoes라고 하면 '감자 껍질을 벗기다'라는 뜻이고, peel away는 무언가를 '벗기다'를 의미합니다. 그밖에 명사로는 '껍질'을 의미하기도 합니다.

1 **Max was peeling an apple.**
Max는 사과 껍질을 깎고 있었다.

2 **Fruit peel contains many essential vitamins.**
과일 껍질에는 필수 비타민이 많이 들어 있다.

Plus+ contain 동 ~이 들어 있다　　essential 형 필수적인

1510 

pleasure

['pleʒə(r)]

명 기쁨, 즐거움, 만족

동 즐겁게 해주다

pleasure는 '긍정적인 감정, 기쁨, 즐거움, 만족' 등을 뜻하는 명사입니다. 드물게 동사로 '기쁨을 주다' 즉, '즐겁게 해주다'라는 뜻으로 사용되기도 합니다. 영어에는 pleasure를 활용한 다채로운 표현이 많은데, 예를 들면 pleasure trip(유람 여행), It's my pleasure.(별말씀을요.) 등이 있습니다.

1 His success was a great pleasure to the whole family.

그의 성공은 온 가족에게 큰 기쁨이었다.

2 It was a pleasure to travel with Lily.

Lily와 함께 여행할 수 있어서 즐거웠다.

Plus+ success 명 성공　　whole 형 전체의

1511 

entrance

['entrəns]

명 입구[문], 입장, 입회[입학], 등장

entrance는 원래 '들어가다'를 뜻하는 단어에서 유래했습니다. 그래서 이 의미에서 '입구, 입장, 입학' 등이 파생되었습니다. 예를 들어, entrance exam은 '입학시험'을 뜻하고, entrance fee는 '입장료'를 의미합니다. 이렇게 맥락에 따라 의미가 달라지니 유연하게 해석해야 합니다.

1 The entrance to the building is just around the corner.

그 건물의 입구는 모퉁이를 돌면 바로 보인다.

2 They waited for the entrance ceremony to begin.

그들은 입학식이 시작되기를 기다렸다.

Plus+ corner 명 (건물 등의) 모퉁이　　ceremony 명 식, 의식

1512 

earn

[ɜ:rn]

동 (돈을) 벌다, 얻다, 획득하다

earn의 기본 의미는 '얻다'입니다. 주로 노력이나 일을 통해 돈을 벌거나 어떤 것을 얻는 것을 의미합니다. 또는 존경, 신뢰, 명성 등 추상적인 개념을 얻는 것도 나타낼 수 있습니다. 예를 들어, earn respect라고 하면 '존경을 얻다'라는 뜻이 됩니다.

1 Sally earns a good salary from her job.

Sally는 직장에서 괜찮은 급여를 받는다.

2 It has taken months to earn Tim's trust.

Tim의 신뢰를 얻기까지 몇 달이 걸렸다.

Plus+ salary 명 급여　　take 동 (얼마의 시간이) 걸리다
trust 명 신뢰

1513

soak

[soʊk]

동 (액체에) 담그다[적시다], 스며들게 하다[흡수하다], 술에 진탕 취하다, 엄청난 돈[세금]을 매기다

soak의 기본 의미는 '담그다'입니다. 일반적으로 액체에 무언가를 담그거나 적셔서 스며들게 하는 것을 의미하지요. soak이 아주 재미있는 뜻으로 쓰이기도 하는데, 바로 '술에 취하는 것'을 의미하는 경우입니다. 우리도 사람이 술을 너무 많이 마시면 '술이 사람을 마신다'라고 표현하죠? 그렇게 술에 사람이 담가진 것처럼 묘사하는 것입니다.

1 Soak the shirt in water before washing.
빨래를 하기 전에 셔츠를 물에 담가 두어라.

2 He soaked his feet in warm water to ease the pain.
그는 통증을 가라앉히기 위해 발을 따뜻한 물에 담갔다.

Plus+ foot 명 발 (*pl.* feet) ease 동 (고통 등을) 완화시키다
pain 명 고통

1514

mask

[mæsk]

명 복면, 가면[탈], 덮어 가리는 것

동 ~에 가면을 씌우다[쓰다]

mask는 원래 '악령, 마녀' 등을 뜻하던 단어에서 유래했습니다. 옛날에는 악령이나 마녀를 퇴치하기 위한 의식에서 얼굴에 무언가를 쓰곤 했는데, 여기서 '가면'이라는 의미가 파생되었고, 맥락에 따라 '~에 가면을 씌우다'를 뜻하는데, 이는 실제 모습이나 상태를 드러나지 않게 하는 것을 의미하기도 합니다.

1 Thomas took off his mask at the masquerade.
Thomas는 가장 무도회에서 가면을 벗었다.

2 The mask covered her entire face.
가면이 그녀의 얼굴을 전부 가렸다.

Plus+ take off (옷 등을) 벗다 masquerade 명 가장 무도회
cover 동 가리다 entire 형 전체의

1515

cigarette

['sɪgəret]

명 담배

cigarette은 원래 '식물의 잎을 말아서 피우는 것'을 뜻했습니다. 여기서 의미가 확장되어 '담배'를 의미하게 되었지요. 그래서 to light a cigarette라고 하면 '담배에 불을 붙이다'라는 뜻이 됩니다. 우리가 잘 알고 있는 cigar(시가, 대형 담배) 또한 cigarette와 같은 뿌리에서 나온 단어입니다.

1 I refused the cigarette because I quit smoking.
나는 금연했기 때문에 담배를 거절했다.

2 Sandra smokes one pack of cigarettes a day.
Sandra는 하루에 담배 한 갑을 피운다.

Plus+ refuse 동 거절하다 quit 동 그만두다
smoke 동 (담배를) 피우다

pearl

[pɜːrl]

명 **진주, 진주 같은 것, 귀중한 물건, 진줏빛**

pearl은 기본적으로 '진주'를 의미합니다. 비유적으로는 '귀중한 것'이나 '진주 같은 물건'을 나타내기도 하지요. 미국 하와이에는 Pearl Harbor라는 곳이 있죠. 바로 우리가 '진주만'이라 부르는 곳입니다. 과거 하와이 원주민들이 여기에서 진주를 많이 채취했는데 원래 이름은 Wai Moi(진주의 바다)였다고 하네요.

1 The woman was wearing a pearl necklace.
그 여자는 진주 목걸이를 착용하고 있었다.

2 These oysters produce beautiful pearls.
이 진주 조개들은 아름다운 진주를 만든다.

Plus+ necklace 명 목걸이 　 oyster 명 진주 조개

mystery

['mɪstri]

명 **신비[불가사의], 수수께끼[비밀], 설명할 수 없는 일[것]**

mystery는 '신비, 불가사의, 수수께끼' 등 알 수 없거나 이해하기 어려운 사건이나 현상을 의미합니다. 원래 '입을 닫다'를 뜻하는 단어에서 유래했는데, 이렇게 보니 왜 지금의 뜻이 되었는지 바로 이해가 되네요. 한 마디로 mystery는 '말할 수 없는 것'이군요!

1 The disappearance of the ancient cities remains a mystery.
그 고대 도시들이 사라진 것은 여전히 불가사의로 남아있다.

2 The detective solved the mystery of the robbery.
그 탐정이 강도 사건의 수수께끼를 풀었다.

Plus+ disappearance 명 사라짐, 소멸 　 remain 동 여전히 ~이다
solve 동 해결하다 　 robbery 명 강도(사건)

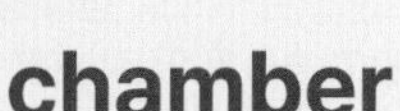

chamber

['tʃeɪmbə(r)]

명 **실(室), 회의실, 방**

chamber는 기본적으로 '방'을 의미합니다. 흔히 '방'을 의미하는 단어로 room이 떠오르시죠? room은 일반적으로 집안의 방이나 공간을 의미합니다. 반면에 chamber는 주로 공식적이거나 특별한 목적을 가진 방을 의미하지요. 예를 들어, 의회 회의실과 같은 장소는 chamber로 표현합니다. 참고로 판사의 집무실이나 판사실을 나타낼 때는 복수 형태인 chambers로 나타냅니다.

1 The meeting will be held in the conference chamber.
회의는 회의실에서 열릴 것이다.

2 The lawyers gathered in the judge's chambers.
변호사들이 판사실에 모였다.

Plus+ hold 동 (회의 등을) 열다 　 judge 명 판사

1519

series

['sɪri:z]

명 연속[연쇄], 연속물, (회로) 직렬연결

series는 원래 '열, 줄'을 뜻하는 단어에서 유래했습니다. 그러다 의미가 확장되어 여러 가지 유사한 물건이나 사건, 사물 등이 차례로 연결된 것을 나타내게 되었습니다. series를 활용한 대표적인 표현들에는 World Series(미국의 프로 야구 챔피언 결정 시리즈)나 mini series(한정된 에피소드 수를 가진 TV 시리즈) 등이 있습니다.

1 Cindy produced a TV series about endangered animals.
Cindy는 멸종 위기에 처한 동물에 관한 TV 시리즈를 제작했다.

2 This lecture series covers a wide range of topics.
이 강연 시리즈는 다양한 주제를 다룬다.

Plus+ endangered 형 멸종 위기에 처한 / lecture 명 강의 / cover 동 다루다 / a wide range of 다양한, 광범위한

1520

pin

[pɪn]

명 (장식용) 핀, (볼링) 핀, (골프에서 홀을 표시하는) 깃대, 비밀번호

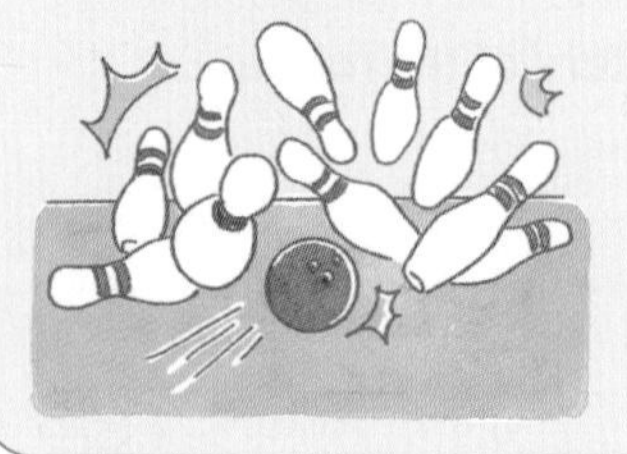

pin은 우리에게 외래어 '핀'으로도 익숙하지요? 주로 '(장식용) 핀'을 의미하는데, 맥락에 따라 '(볼링) 핀'이나 골프에서 홀을 표시하는 '깃대' 등을 의미하기도 합니다. 또한 '비밀번호'를 뜻하기도 하는데, 이때의 PIN은 Personal Identification Number의 약자입니다.

1 The girl fastened a decorative pin to her bag.
그 소녀는 가방에 장식용 핀을 달았다.

2 Mike just hit all ten pins.
Mike가 10개의 핀을 모두 쓰러뜨렸다.

Plus+ fasten 동 고정시키다 / decorative 형 장식용의

1521

trot

[trɑ:t]

동 속보로 걷다[달리다], (빠른 걸음으로) 돌아다니다[서두르다], (아이를 무릎에 올려놓고) 흔들다[어르다]

명 빠른 걸음[속보]

trot의 원래 의미는 '빠른 걸음'이나 '속보'입니다. 동사로는 그런 식으로 걷고 움직이는 것을 나타냅니다. 때로는 아이를 무릎 위에 올려놓고 흔들며 어르는 행위를 뜻하기도 하지요. 그리고 이런 trot에 행위자를 뜻하는 -er이 결합한 trotter라는 단어가 있는데, 이는 종종 '경주마'를 의미하기도 합니다.

1 The horse began to trot around the area.
말이 그 지역 주변을 빠른 걸음으로 돌아다니기 시작했다.

2 He trotted down the street to catch the bus.
그는 버스를 타기 위해 거리를 빠르게 걸어갔다.

Plus+ area 명 지역 / catch 동 (버스 등을 시간 맞춰) 타다

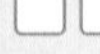

1522

rescue

['reskju:]

동 구조[구출]하다

명 구출, 구원, 해방

rescue는 기본적으로 '풀어주다'를 뜻합니다. 맥락에 따라 '구조하다, 구출하다'를 뜻하기도 하는데 주로 위험한 상황이나 곤란한 상황에서 어떤 사람이나 동물을 도와 그 상황에서 벗어나게 해주는 것을 나타내죠. 그밖에 명사로는 '구출, 구원, 해방' 등을 뜻합니다.

1 **Firefighters rescued the child from the burning building.**
소방관들이 불타는 건물에서 아이를 구조했다.

2 **We organized a rescue mission to find the lost hikers.**
우리는 실종된 등산객들을 찾기 위해 구조 작전을 계획했다.

Plus+ burning 형 불타는 / organize 동 계획하다 / mission 명 임무 / lost 형 길을 잃은

1523

skip

[skɪp]

동 건너뛰다, 빼다[생략하다], ~을 가볍게 뛰다, 뛰어 넘다

skip의 기본 의미는 '빠르게 움직이는 행동'입니다. 그리고 여기서 다양한 의미가 파생되었는데 맥락에 따라 '가볍게 뛰다, 빠르게 이동하다' 또는 '건너뛰다' 등을 나타냅니다. 또한 어떤 순서나 과정, 단계를 빠뜨리거나 생략하는 것을 의미하기도 합니다. 예를 들어, skip a class는 '수업을 빼먹다'를 뜻하고, skip off는 '급히 떠나다' 또는 '(학교 등에서 무단으로) 조퇴하다'를 의미합니다.

1 **Tommy decided to skip lunch and continue working.**
Tommy는 점심을 건너뛰고 계속 일하기로 마음먹었다.

2 **She skipped a few steps and finished the project early.**
그녀는 몇 가지 단계를 건너뛰고 일찍 프로젝트를 완료했다.

Plus+ continue 동 (쉬지 않고) 계속하다 / step 명 단계

1524

dart

[dɑ:rt]

명 (던지기 놀이용 작은) 화살, 다트(화살던지기 놀이), 급격한 동작

동 (화살처럼) 날쌔게 움직이다

dart는 원래 '작은 창'을 의미했습니다. 이후 시간이 지나면서 다양한 의미로 파생되었는데 그중 하나가 우리가 즐겨하는 화살 던지기 놀이, 즉 '다트'입니다. 생각해 보면 다트용 판이 작은 창이나 다름없는 것 같군요. 그밖에도 dart는 동사로 '급격하고 빠르게 움직이는 것'을 나타내기도 합니다.

1 **Joe is good at playing darts and always wins a bet.**
Joe는 다트를 잘해서 늘 내기에서 이긴다.

2 **The fish darted away when it sensed danger.**
위험을 감지한 물고기가 잽싸게 도망갔다.

Plus+ be good at ~을 잘하다 / bet 명 내기 / dart away 잽싸게 도망가다

1525 □□

concentrate

[ˈkɑ:nsntreɪt]

동 **집중하다[집중시키다], 응축[농축]하다, 전념하다[전력을 기울이다], 한 점[중심]에 모이다**

concentrate의 기본 의미는 '중심에 모으다'입니다. 이후 시간이 지나면서 '집중하다, 집중시키다', 또는 '응축하다, 농축하다' 등의 의미가 파생되었어요. 사람의 정신도 '한곳에 모아질 수 있다'라는 맥락에서 '전념하다'라는 의미도 나타낼 수 있습니다. 그래서 concentrate one's efforts라고 하면 '~에 모든 노력을 집중하다'를 뜻합니다.

1 You have to concentrate on your studies to get good grades.
너는 좋은 성적을 받으려면 공부에 집중해야 한다.

2 Sally concentrated the orange to make juice.
Sally는 주스를 만들기 위해 오렌지를 농축했다.

Plus+ grade 명 (학생의) 성적

1526 □□

respect

[rɪˈspekt]

명 **존경, 존중, (측)면**

동 **존경하다**

respect는 re-(다시)와 spec(보다)이 결합한 단어입니다. 말 그대로 표현하면 '다시 보다'인데 누군가를 '다시 본다면' 그것은 그를 '높게 평가하다'라는 뜻으로 볼 수 있겠죠? 이러한 맥락에서 respect는 명사로 '존경, 존중'을, 동사로는 '존경하다'를 뜻하게 되었습니다. 예를 들어, show one's respect는 '경의를 표하다'를 뜻하고, respect one's privacy는 '(누군가의) 사생활을 존중하다'를 의미합니다.

1 Harry has a lot of respect for his parents.
Harry는 부모님을 매우 존경한다.

2 We should respect each other's opinions.
우리는 서로의 의견을 존중해야 한다.

Plus+ each other 서로 opinion 명 의견

1527 □□

willing

[ˈwɪlɪŋ]

형 **기꺼이 하는, 자진해서 하는**

willing은 생김새에서 알 수 있듯이 will에서 파생한 형용사입니다. will이 '~할 것이다'를 뜻하는 것은 다들 알고 계시죠? 사실 이런 뜻으로 쓰일 수 있는 것은 will이 원래 '~을 원하다, 바라다'를 뜻하기 때문입니다. 그래서 willing은 '기꺼이 ~하는, 자발적으로 하는' 등을 의미하게 되었습니다. willing을 활용한 대표 표현으로는 be willing to(흔쾌히 ~하다)가 있습니다.

1 He is always willing to lend a helping hand to others.
그는 항상 다른 사람에게 기꺼이 도움의 손길을 내민다.

2 She was willing to work overtime to complete the project.
그녀는 프로젝트를 마치기 위해 기꺼이 야근도 마다하지 않았다.

Plus+ lend 동 빌려주다 work overtime 야근하다

1528

homework

['hoʊmwɜːrk]

명 숙제, 과제, 사전 조사[준비], 가정에서 하는 일

homework는 home(집)과 work(일)가 결합한 단어로 말 그대로 '집에서 하는 일'입니다. 그런데 일반적으로 학생들이 집에 와서 학교에서 배운 것을 복습하거나 과제를 하기 때문에 이 단어가 '숙제'를 의미하게 되었고, 맥락에 따라 '사전 조사'나 '가정에서 하는 일'을 뜻하기도 합니다.

1 I have a mountain of homework waiting for me.
나를 기다리고 있는 숙제가 산더미처럼 쌓여 있다.

2 We did our homework before making this decision.
우리는 이러한 결정을 내리기 전에 사전 조사를 했다.

Plus + wait for ~를 기다리다 decision 명 결정

1529

collapse

[kə'læps]

동 붕괴되다, 무너지다, 폭락하다, 좌절되다

collapse는 기본적으로 '함께 미끄러져 와장창 무너지는 것'을 의미합니다. 어딘가 엉망진창인 그림이 그려지시죠? 그래서 맥락에 따라 '붕괴되다, 무너지다, 폭락하다, 좌절되다' 등 다양한 뜻을 나타냅니다. 예를 들어, economic collapse라고 하면 '경제의 붕괴'를, negotiations collapse는 '협상이 결렬되다'를 의미하지요.

1 Many buildings collapsed after the earthquake.
지진 후 많은 건물이 무너졌다.

2 The nation's economy is threatening to collapse.
그 나라의 경제는 붕괴될 위기에 처해 있다.

Plus + earthquake 명 지진
threaten 동 ~할 우려가 있다, (위험 등이) ~에 다가오고 있다

1530

stool

[stuːl]

명 의자, 변소, 대변, 그루터기

stool은 주로 등받이가 없는 낮은 의자를 의미합니다. 그런데 stool은 어딘가 의자치고는 낮게 앉아야 하는 의자를 나타내기도 하는데, 이런 흐름에서 '변소'라는 의미가 파생되었고 나아가 '대변'까지 나타내게 되었습니다. 그밖에도 풀이나 나무를 베고 남은 아랫동아리, 즉 '그루터기'를 의미하기도 합니다.

1 Brown was sitting on a wooden stool.
Brown은 나무 의자에 앉아 있었다.

2 There was a stool in the middle of the park.
공원 한가운데에 그루터기가 하나 있었다.

Plus + wooden 형 나무로 된

Review Test 51

우리말에 맞게 빈칸에 알맞은 단어를 쓰세요.

(정답은 본문을 확인하세요.)

1 The ____________ of Liberty is a famous New York landmark. 자유의 여신상은 뉴욕의 유명한 랜드마크이다.

2 The hospital ____________ is too big for Jim. 그 환자복은 Jim에게 너무 크다.

3 The movie made every student ____________. 그 영화는 모든 학생들을 울게 했다.

4 The audience's ____________ was impressive. 관객들의 반응은 인상적이었다.

5 Leah was ____________ of the danger. Leah는 위험을 인식하고 있었다.

6 Judy's ____________ and vitality charmed me. Judy의 아름다움과 활력이 나를 매료시켰다.

7 We went to the beach and made a ____________. 우리는 해변에 가서 모래성을 만들었다.

8 Jack answered the ____________ when it rang. 전화가 울리자 Jack이 받았다.

9 Max was ____________ an apple. Max는 사과 껍질을 깎고 있었다.

10 It was a ____________ to travel with Lily. Lily와 함께 여행할 수 있어서 즐거웠다.

11 They waited for the ____________ ceremony to begin. 그들은 입학식이 시작되기를 기다렸다.

12 Sally ____________ a good salary from her job. Sally는 직장에서 괜찮은 급여를 받는다.

13 ____________ the shirt in water before washing. 빨래를 하기 전에 셔츠를 물에 담가 두어라.

14 The ____________ covered her entire face. 가면이 그녀의 얼굴을 전부 가렸다.

15 Sandra smokes one pack of ____________ a day. Sandra는 하루에 담배 한 갑을 피운다.

16 The woman was wearing a ____________ necklace. 그 여자는 진주 목걸이를 착용하고 있었다.

17 The detective solved the ____________ of the robbery. 그 탐정이 강도 사건의 수수께끼를 풀었다.

18 The lawyers gathered in the judge's ____________. 변호사들이 판사실에 모였다.

19 This lecture ____________ covers a wide range of topics. 이 강연 시리즈는 다양한 주제를 다룬다.

20 Mike just hit all ten ____________. Mike가 10개의 핀을 모두 쓰러뜨렸다.

21 The horse began to ____________ around the area. 말이 그 지역 주변을 빠른 걸음으로 돌아다니기 시작했다.

22 We organized a ____________ mission to find the lost hikers. 우리는 실종된 등산객들을 찾기 위해 구조 작전을 계획했다.

23 Tommy decided to ____________ lunch and continue working. Tommy는 점심을 건너뛰고 계속 일하기로 마음먹었다.

24 The fish ____________ away when it sensed danger. 위험을 감지한 물고기가 잽싸게 도망갔다.

25 Sally ____________ the orange to make juice. Sally는 주스를 만들기 위해 오렌지를 농축했다.

26 We should ____________ each other's opinions. 우리는 서로의 의견을 존중해야 한다.

27 He is always ____________ to lend a helping hand to others. 그는 항상 다른 사람에게 기꺼이 도움의 손길을 내민다.

28 I have a mountain of ____________ waiting for me. 나를 기다리고 있는 숙제가 산더미처럼 쌓여 있다.

29 Many buildings ____________ after the earthquake. 지진 후 많은 건물이 무너졌다.

30 Brown was sitting on a wooden ____________. Brown은 나무 의자에 앉아 있었다.

레벨별 단어 사용 빈도

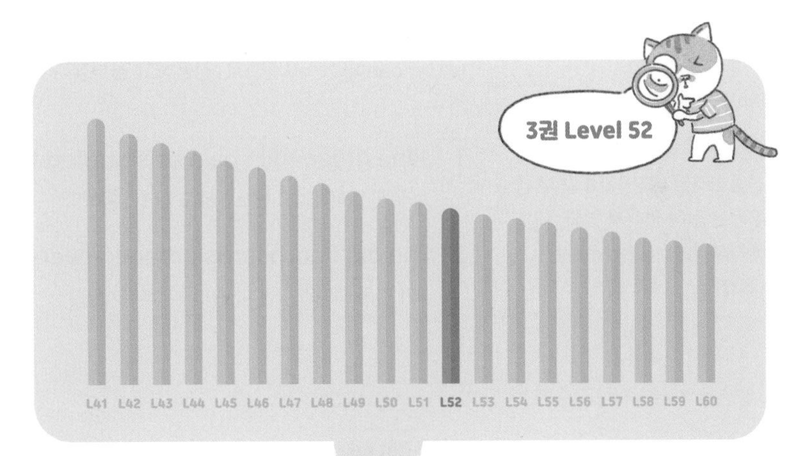

LEVEL 1~20 LEVEL 21~40 **LEVEL 41~60** LEVEL 61~80 LEVEL 81~100

1531 ☐☐

obvious

['ɑ:bviəs]

형 **명백한, 분명한, 노골적인, 눈에 거슬리는**

obvious는 기본적으로 '눈에 띄는'을 의미합니다. 이러한 기본 의미에서 '명백한, 분명한'이라는 뜻이 파생되어 무언가 흐릿하지 않고 눈에 잘 띄는 것을 나타냅니다. 그리고 때에 따라 사뭇 '눈에 띄어 거슬리는' 것을 의미하기도 합니다. 예를 들어, obvious evidence는 '명백한 증거'를, obvious solution은 '분명한 해결책'을 뜻합니다.

1 **It is obvious that Lisa is lying.**
Lisa가 거짓말을 하고 있는 것이 분명하다.

2 **The solution to this issue is obvious.**
이 문제의 해결책은 분명하다.

Plus+ solution 명 해결책　　issue 명 문제

1532 ☐☐

groan

[groʊn]

동 **신음하다[고통을 받다], 신음소리를 내다[내며 말하다], 무거운 짐이 얹혀져 있다, 삐걱삐걱하다[하는 소리가 나다]**

groan은 '신음하다, 고통을 받다'라는 뜻을 나타내는 동사입니다. 꼭 사람이 내는 소리뿐 아니라 삐걱거리는 소리 전반을 나타낼 수 있습니다. 일반적으로 groan and moan이라는 표현으로 '신음하고 울부짖다'라는 뜻을 나타내는데 많이 쓰여요.

1 **Jane groaned in pain as she tried to get up.**
Jane은 일어나려고 애쓰면서 고통에 신음했다.

2 **The old floorboards groaned every time I walked.**
내가 걸을 때마다 낡은 마룻바닥이 삐걱거렸다.

Plus+ get up (앉거나 누워 있다가) 일어나다　　floorboard 명 마룻바닥

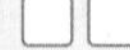

1533 ☐☐

bust

[bʌst]

명 **흉상[반신상], 상반신, (여성의) 가슴, 실패작**

bust라는 단어는 매우 재미있습니다. 원래 기본 의미는 '흉상, 상반신'인데 반만 완성된 미완성작이라는 맥락에서 의미가 파생되어 '실패작'을 뜻하기도 합니다. 그밖에도 맥락에 따라 '(여성의) 가슴'을 의미하기도 합니다.

1 **This museum displays ancient busts.**
이 박물관은 고대의 흉상들을 전시하고 있다.

2 **Luna's latest movie was a real bust, but she wasn't sad.**
Luna의 최근 영화는 실패작이었지만, 그녀는 슬프지 않았다.

Plus+ display 동 전시하다　　ancient 형 고대의
latest 형 (가장) 최신의

1534

rattle

['rætl]

동 덜컹거리다, 덜걱덜걱 움직이다, 빠른 말로 말하다, 척척 해치우다

rattle은 기본적으로 '빠르게 진동하다'를 뜻하는데, 여기서 맥락에 따라 다양한 의미가 파생되었습니다. 무언가 '덜컹거리거나 덜걱덜걱 움직이는' 것을 나타내기도 하고, 심지어 '빠른 말로 말하다'를 뜻하기도 합니다. 그리고 어떤 일을 '척척 해치우는' 모습을 나타내기도 하지요. 전반적으로 뭔가 빠르게 덜걱덜걱 움직이는 그림이 떠오르시죠?

1 The train rattled down the tracks.
기차가 덜컹거리며 선로를 따라 내려갔다.

2 John rattled off the list of ingredients.
John은 재료 목록을 빠른 속도로 줄줄 말했다.

Plus + rattle off (기억하고 있는 내용을) 줄줄 말하다 ingredient 명 재료

1535

connect

[kə'nekt]

동 연결[접속]하다, 관련짓다, 이어지다

connect의 기본 의미는 '연결하다'입니다. 일반적으로는 물리적인 물체나 기술적인 시스템의 연결을 나타내는 데 쓰입니다. 두 가지 이상의 아이디어나 개념을 서로 관련시키는 것도 나타낼 수 있어요. '연결하다'를 뜻하는 비슷한 단어로는 attach, join 등이 있으니 함께 알아두시면 좋겠습니다.

1 You need to connect your computer to the printer.
너는 컴퓨터를 프린터에 연결해야 한다.

2 The detective connected all the clues to solve the case.
형사는 그 사건을 해결하기 위해 모든 단서를 관련지었다.

Plus + detective 명 형사 clue 명 단서
case 명 (경찰이 조사 중인) 사건

1536

squint

[skwɪnt]

형 눈을 가늘게 뜨고 보는, 사팔뜨기의

명 사팔뜨기, 곁눈질

동 실눈으로 보다

squint의 기본 의미는 '눈을 찌푸리고 보다'입니다. 그런데 눈을 찌푸리고 보려면 눈을 가늘게 떠야겠죠? 그래서 squint는 '눈을 가늘게 뜨고 보는'이라는 뜻을 나타내기도 합니다. 그리고 이런 흐름에서 '사팔뜨기, 곁눈질'이라는 의미가 파생되기도 했지요.

1 Mike squinted at the tiny print on the page.
Mike는 실눈을 뜨고 그 페이지의 작은 글씨를 보았다.

2 I had to squint my eyes because of the bright sunlight.
나는 밝은 햇빛 때문에 눈을 가늘게 떠야 했다.

Plus + tiny 형 아주 작은 bright 형 (빛이) 밝은

1537 □□

quarry

['kwɔːri, 'kwɑːrri]

명 **채석장, (지식, 정보의) 원천, (자료의) 출처, 사냥감**

quarry는 원래 '네모난 돌을 자르는 곳'을 의미했습니다. 지금은 이런 곳을 '채석장'이라고 부르죠. 추상적으로는 무언가를 캔다는 흐름에서 의미가 확장되어 '(지식, 정보의) 원천, (자료의) 출처'를 의미하기도 하고, 때로는 맥락에 따라 '사냥감'을 뜻하기도 합니다.

1 **They were busy in the quarry, cutting blocks of stone.**
그들은 채석장에서 돌덩이를 자르느라 바빴다.

2 **Henry failed to see the quarry in front of him.**
Henry는 그의 앞에 있는 사냥감을 보지 못했다.

Plus+ fail 동 ~하지 못하다　　in front of ~의 앞에

1538 

treasure

['treʒə(r)]

명 **보물, 재화[부(富)], 귀중품, 지극히 귀중한 사람**

treasure는 원래 '보물창고'를 뜻하는 단어에서 유래했습니다. 오늘날은 '매우 소중하거나 가치 있는 것'을 의미합니다. 꼭 보물과 재산뿐만 아니라 사람에게도 쓰여 '지극히 귀중한 사람'이라는 뜻을 나타내기도 합니다. 예를 들어, 우리가 어렸을 때 즐겨하던 '보물찾기' 놀이를 treasure hunt라고 하고, '집안의 보배'를 a family treasure라고 하지요.

1 **The pirates set out in search of hidden treasure.**
해적들은 숨겨진 보물을 찾아 떠났다.

2 **His book collection is a treasure trove of knowledge.**
그가 수집한 책들은 지식의 보고이다.

Plus+ pirate 명 해적　　set out (일 등에) 나서다
treasure trove 귀중한 것이 많은 곳　　knowledge 명 지식

1539 

lizard

['lɪzərd]

명 **도마뱀**

lizard는 '도마뱀'을 의미합니다. 원래는 '팔뚝'을 의미했다고 하는데 도마뱀의 생김새가 사람의 팔뚝과 닮아서 뜻이 변한 것으로 추정합니다. 흔히 인간의 진화 과정을 설명할 때 초기 단계의 뇌를 일컬어 '뱀의 뇌'라고 부르기도 하는데, 영어에는 lizard brain이라는 말이 있어서 원초적인 본능을 제어하는 부분을 뜻하는 신경과학 용어로 쓰입니다.

1 **The lizard darted across the hot sand.**
도마뱀은 뜨거운 모래 위를 쏜살같이 빠르게 건넜다.

2 **Henry has a pet lizard named Spike.**
Henry에게는 스파이크라는 이름의 애완 도마뱀이 있다.

Plus+ dart 동 쏜살같이 휙 움직이다　　named 형 이름 지어진

1540 

dumb

[dʌm]

형 **말을 못하는, 벙어리의, 말을 하지 않는, 우둔한**

dumb은 원래 '말을 못하는'을 뜻했습니다. 그런데 말을 못하면 멍청하다고 본 것일까요? 시간이 지나면서 의미가 확장되어 '우둔한'도 뜻하게 되었습니다. dumb은 dummy(인형, 모형)와 같은 뿌리에서 나왔습니다. 생각해 보니 인형도 말을 못한다는 점에서 공통점이 있군요.

1 **My grandmother told me not to bully dumb animals.**
할머니께서는 말 못하는 동물들을 괴롭히지 말라고 하셨다.

2 **Jake was dumb with surprise.**
Jake는 깜짝 놀라서 말을 잇지 못했다.

Plus+ bully 동 (약자를) 괴롭히다

1541 

rag

[ræg]

명 **누더기[해진 천], 조각[단편], 쓰레기 같은 신문**

동 **누더기가 되다[를 만들다]**

rag는 명사로는 '누더기, 조각, 쓰레기 같은 신문' 등을 의미하고, 동사로는 '누더기가 되다'를 뜻합니다. 영어에는 rag를 활용한 재미있는 표현들이 많은데 대표적으로 rags to riches가 있습니다. 직역하면 '누더기에서 부자로'라는 뜻으로, 즉 '가난뱅이에서 부자가 된'을 의미하는 표현입니다.

1 **He wore rags, and his eyes seemed calm.**
그는 누더기 옷을 입고 있었고 눈빛은 차분해 보였다.

2 **The TV show is about a man's rags to riches story.**
그 TV쇼는 한 남자의 무일푼에서 부자가 된 이야기를 다루고 있다.

Plus+ seem 동 ~처럼 보이다　　calm 형 차분한

1542 

honor

['ɑːnər]

명 **명예, 존경, 명예를 나타내는 것**

동 **존경하다**

honor는 명사로 '영광, 명예'를 의미합니다. 예를 들어, on one's honor라고 하면 '명예를 걸고'를 뜻하고, an eternal honor는 '불후의 명예'를 뜻합니다. 그리고 어떤 대상을 영광스럽게 여기는 것은 그것에 감사를 표하고 존경을 나타낸다는 의미겠죠? 그래서 동사로는 '존경하다'를 뜻합니다.

1 **He fought in the war to protect his family's honor.**
그는 가문의 명예를 지키기 위해 전쟁에 참전했다.

2 **It is my honor to introduce you to today's keynote speaker.**
오늘의 기조 연설자를 소개하게 되어 영광입니다.

Plus+ protect 동 지키다　　keynote speaker 기조 연설자

1543 □□

factory

['fæktri]

명 공장

factory를 자세히 보면 '만들다'를 뜻하는 fac이라는 단어가 들어 있습니다. 그래서 factory의 기본 의미는 '만드는 곳'입니다. 예전에는 수공예를 하는 곳을 주로 나타냈지만, 산업혁명 시기를 거치면서 우리가 잘 알고 있는 대규모 생산 공장을 가리키게 되었습니다.

1 We work in a factory that makes cars.
우리는 자동차를 만드는 공장에서 일한다.

2 Smoke from factories is the main source of air pollution.
공장에서 나오는 매연은 대기 오염의 주요 원인이다.

Plus+ automobile 명 자동차 / smoke 명 연기 / pollution 명 오염

1544 □□

comfort

['kʌmfərt]

동 위로[위안]하다, (몸을) 편하게 하다

명 위로[위안], 안락

comfort는 동사로는 '위로하다, (몸을) 편하게 하다' 등을 뜻하고, 명사로는 '위로, 위안'을 의미합니다. 일반적으로 정서적인 안정감이나 몸이 편안한 상태를 가리킵니다. 영어권에는 comfort food라는 말이 있습니다. 직역하면 '위안을 주는 음식' 정도 되는데 흔히 우리가 얘기하는 '그리운 옛 맛'의 의미입니다. 어머니의 손맛이라고나 할까요?

1 I tried to comfort Sam as he grieved.
나는 Sam이 슬퍼하는 동안 위로하려고 노력했다.

2 The warm soup brought her comfort.
따뜻한 수프는 그녀에게 위안을 주었다.

Plus+ grieve 동 몹시 슬퍼하다 / bring comfort 위안을 주다

1545 □□

merely

['mɪrli]

부 단지 (~에 불과한), 다만, 기껏 ~에 지나지 않는

merely는 부사로 '단지, 다만'을 뜻합니다. 더 정확히는 '기껏 ~에 지나지 않는' 이라는 뉘앙스를 품고 있지요. 예를 들어, merely nominal이라고 하면 '유명무실한'을 뜻하고, merely for effect라고 하면 '단지 형식상'을 의미합니다.

1 I merely said that as a joke.
나는 단지 농담으로 한 말이었다.

2 The test is merely a formality.
그 시험은 그저 형식적인 절차에 불과하다.

Plus+ formality 명 형식[의례]적인 일

bake

[beɪk]

동 (음식을) 굽다, (구워) 굳히다, (햇볕이) 태우다

명 빵 굽기

bake는 주로 음식을 굽는 것을 의미합니다. 영어에는 '굽다'를 뜻하는 단어가 많이 세분화되어 있습니다. 고기를 구울 때는 grill, roast를 쓰고 빵을 구울 때는 bake를 쓰지요. 그래서 baked goods라고 하면 빵이나 케이크 같은 '구워진 제품'을 뜻합니다. 그리고 bake는 '굽는다'라는 맥락에서 어떤 대상을 구워서 굳히거나 햇볕에 태우는 것을 의미하기도 합니다.

1 Sherry won first prize at the annual cake baking contest.
Sherry는 연례 케이크 굽기 대회에서 1등을 차지했다.

2 The potters baked the clay pots.
도예가들은 점토 항아리를 구웠다.

Plus+ annual 형 연례의, 매년　　potter 명 도예가, 도공
clay 명 점토

spider

['spaɪdə(r)]

명 거미, (삼발이 등) 거미처럼 생긴 것

spider의 기본 의미는 '거미'입니다. 그리고 여기서 다양한 의미가 파생되었습니다. '삼발이'와 같이 거미처럼 생긴 물건들을 spider라고 칭하기도 합니다. 그래도 우리에게 가장 잘 알려진 spider는 역시 Spiderman(스파이더맨)이겠죠?

1 I found a spider crawling on the ground.
나는 거미 한 마리가 땅 위를 기어가는 것을 발견했다.

2 My little brother is afraid of spiders.
내 남동생은 거미를 무서워한다.

Plus+ crawl 동 (곤충 등이) 기어가다　　be afraid of ~을 무서워하다

ink

[ɪŋk]

명 잉크, 먹물

동 잉크로 쓰다, ~에 잉크를 칠하다

우리에게 외래어 '잉크'로 익숙한 ink는 명사로는 '잉크, 먹물'을 뜻하고, 동사로는 '잉크로 쓰다, ~에 잉크를 칠하다'를 의미합니다. 예를 들어, ink stained라고 하면 '잉크로 더러워진'을 뜻하며 잉크가 옷에 묻어 생긴 얼룩 등을 나타낼 때 쓰이는 표현입니다.

1 Helen dipped her pen into the ink and began to write a letter.
Helen은 펜을 잉크에 적셔 편지를 적기 시작했다.

2 I ran out of ink and had to buy more.
나는 잉크를 다 써버려서 더 사야 했다.

Plus+ dip 동 (액체에) 살짝 적시다　　run out of ~을 다 써버리다

1549

massive

['mæsɪv]

형 거대한, 대규모의, 크고 묵직한

massive는 주로 '크고 거대한' 것을 묘사하는 형용사입니다. 그래서 기본적으로 '거대한, 대규모의, 크고 묵직한' 등을 의미합니다. 예를 들어, make massive use of라고 하면 '~을 대규모로 사용하다'를 뜻합니다. 그밖에 massive와 비슷한 단어로는 enormous(막대한), huge(거대한), gigantic(거대한) 등이 있습니다.

1 **Several massive buildings towered over the city.**
몇몇 거대한 건물들이 도시 위로 높이 솟아있었다.

2 **The flood caused massive damage to the region.**
홍수로 인해 그 지역에 막대한 피해가 발생했다.

Plus+ tower over ~위로 높이 솟아 있다 / flood 명 홍수 / damage 명 피해 / region 명 지역

1550

council

['kaʊnsl]

명 의회, 협의회, 자문 위원회

council은 일반적으로 '의회, 협의회' 등을 뜻합니다. 정치, 비즈니스, 교육 분야에서 흔히 사용되며, 어떤 조직이나 단체의 의사 결정 과정에서 중요한 역할을 하는 기관 내 모임을 나타냅니다. 참고로 우리가 외래어로 자주 쓰는 '컨설팅(consulting), 컨설턴트(consultant)'와 같은 단어들이 모두 council과 같은 뿌리에서 나왔다고 보시면 됩니다.

1 **The city council decided to build a new park.**
시의회는 새로운 공원을 짓기로 결정했다.

2 **The local council works to resolve community problems.**
지역 의회는 지역 사회의 문제를 해결하기 위해 일한다.

Plus+ local 형 지역의, 현지의 / resolve 동 해결하다

1551

presence

['prezns]

명 존재, 출석[참석], 실재, 풍채

presence의 기본 의미는 '존재, 출석, 참석'입니다. 예를 들어, Thanks for your presence.라고 하면 '참석해 주셔서 감사합니다.'라는 뜻이 되지요. 또한 철학 등의 분야에서 presence는 '실재'를 뜻하기도 하는데, Presence of God은 '신의 존재'라는 의미로 철학에서 흔히 다루는 주제입니다.

1 **Her presence in the room was barely noticeable.**
방 안에서 그녀의 존재는 거의 눈에 띄지 않았다.

2 **Your presence at today's meeting is required.**
너는 오늘 회의에 꼭 참석해야 한다.

Plus+ barely 부 거의 ~아니게 / noticeable 형 눈에 띄는 / require 동 요구하다

1552

coal

[koʊl]

명 석탄

동 석탄을 공급하다

coal은 원래 '검정'이라는 뜻에서 유래했는데, 이후 시간이 지나면서 의미가 확장되어 지금의 '석탄'이라는 뜻이 되었습니다. 그래서 지금도 coal black이라고 하면 '검은색'을 뜻하곤 합니다. 그밖에 동사로는 '석탄을 공급하다'라는 뜻을 나타냅니다.

1 The power plant uses coal as its primary energy source.
그 발전소는 주요 에너지원으로 석탄을 사용한다.

2 The company coals nearby factories.
그 회사는 인근 공장들에 석탄을 공급한다.

Plus+ power plant 발전소 / primary 형 주요한 / source 명 근원

1553

tend

[tend]

동 (~하는) 경향이 있다, 돌보다, (길 따위가) 향하다

tend의 기본 의미는 '가다, 향하다'입니다. 여기에서 '~하는 경향이 있다'라는 뜻이 파생하였습니다. 사람의 관심이나 주의가 어느 쪽으로 향한다는 것을 우리는 '~쪽으로 기운다, ~하는 경향이 있다'라고 표현하지요. 또한 누군가를 향해 관심을 기울인다는 맥락에서 '돌보다'라는 의미를 나타내기도 합니다.

1 Sarah tends to eat more when she is stressed.
Sarah는 스트레스 받을 때 더 많이 먹는 경향이 있다.

2 Nate tends to his garden every morning.
Nate는 매일 아침 정원을 가꾼다.

Plus+ tend to V ~하는 경향이 있다 / stressed 형 스트레스를 받는 / tend to 명사/-ing ~을 돌보다

1554

whistle

['wɪsl]

명 호루라기, 휘파람

동 호루라기[휘파람]를 불다

whistle은 명사로는 '호루라기, 휘파람'을 의미하고, 동사로는 '호루라기를 불다'를 뜻합니다. 호루라기나 휘파람 모두 입으로 불어서 소리를 내는 것이죠. whistle과 같은 뿌리에서 나온 단어 중 whisper(속삭이다)가 있습니다. 오! 이렇게 보니 한 번에 느낌이 오시죠?

1 The referee blew the whistle to start the game.
심판이 경기를 시작하기 위해 호루라기를 불었다.

2 She whistled a happy tune as she walked down the street.
그녀는 길을 걸어가면서 행복한 곡조로 휘파람을 불었다.

Plus+ referee 명 심판 / blow 동 불다 / tune 명 곡조, 선율

1555 

determine

[dɪ'tɜ:rmɪn]

동 결정하다, 결심[결의]하다

determine의 기본 의미는 '경계를 정하다, 한계를 설정하다'입니다. 바로 여기에서 '결정하다, 결심하다, 결의하다' 등의 뜻이 파생되었습니다. 어떤 사안이든지 그와 관련된 생각의 범위를 확실히 '경계 짓는' 것이 '결정, 결심, 결의'하는 것이겠죠? 예를 들어, determine the destiny라고 하면 '운명을 결정하다'를 뜻하고, determine qualifications는 '자격을 확정하다'를 의미합니다.

1 The committee determined the budget for this year.
위원회는 올해 예산을 결정했다.

2 Jake was determined to finish his studies despite the challenges.
Jake는 어려움에도 불구하고 학업을 마치기로 결심했다.

Plus+ committee 명 위원회 budget 명 예산

1556 

ridge

[rɪdʒ]

명 산등성이, 산마루, (산등성이처럼) 길쭉하게 솟은 부분

동 이랑 모양으로 융기하다

ridge는 원래 '사람의 등이나 가슴'을 의미했다고 해요. 그러다 이 단어가 산의 형세를 묘사할 때 자주 쓰이면서 지금의 뜻이 되었습니다. 동사로는 '이랑 모양으로 융기하다'를 의미하는데, 여기서 '이랑'이란 물결처럼 줄줄이 오목하고 볼록하게 이루는 모양을 나타냅니다.

1 We climbed to the top of the ridge to enjoy the view.
우리는 경치를 즐기기 위해 산등성이 꼭대기까지 올라갔다.

2 Farmers ridged the soil to prepare for planting.
농부들은 농작물을 심을 준비를 하기 위해 땅을 이랑처럼 만들었다.

Plus+ soil 명 흙 prepare 동 준비하다

1557 

union

['ju:niən]

명 결합, 연방, 동맹[연합], 노동조합

혹시 UNO(우노)라는 게임 아시나요? 보드 게임의 대표격이라고 할 수 있는데요. 이 게임의 이름인 UNO는 숫자 1을 뜻합니다. 그리고 union이 바로 이와 같은 뿌리를 가지고 있습니다. 말하자면 '하나가 된 것'을 의미하지요. 그래서 '결합, 연방, 동맹' 등 다양한 뜻으로 확장될 수 있습니다.

1 The union of the two companies created a new industry giant.
두 회사의 연합은 새로운 산업 거물을 만들었다.

2 Marriage is the union of two families.
결혼은 두 가족의 연합이다.

Plus+ industry 명 산업 marriage 명 결혼

1558

chapel

['tʃæpl]

명 예배당[실],
(학교에서 채플의) 예배식,
(영국 비국교도의) 교회당,
인쇄 공장

chapel의 기본 의미는 '대형 교회나 성당에 추가된 독립적인 예배 장소'입니다. 주로 학교나 병원, 경로당 등 공공시설 내부에 위치한 소규모 예배당을 chapel이라고 일컫습니다.

1 The wedding ceremony will take place in a small chapel.
결혼식은 작은 예배당에서 열릴 예정이다.

2 We attended the weekly chapel service at the school.
우리는 학교에서 매주 열리는 예배식에 참석했다.

Plus+ take place (특히 미리 준비하거나 계획된 일이) 개최되다, 일어나다
weekly 형 매주의, 주 1회의

1559

smash

[smæʃ]

동 박살내다[나다],
힘껏 치다[때리다],
격파하다[대패시키다],
~을 파산[도산]시키다

smash의 기본 의미는 '때려 부수다'입니다. 물건이나 물체를 강력한 힘으로 타격하여 산산조각 내거나 일부 파손시키는 것을 의미합니다. 그리고 여기서 추상적인 의미가 파생되어 스포츠 등에서 경쟁자를 크게 이기거나, 비즈니스에서 기업을 파산시키는 것을 의미하기도 합니다.

1 Lisa smashed the door down with a hammer.
Lisa는 망치로 문을 때려 부쉈다.

2 The badminton player smashed a powerful serve.
그 배드민턴 선수는 강력한 서브를 넣었다.

Plus+ smash down ~을 때려 부수다
serve 명 (테니스 등에서) 서브(넣기)

1560

capture

['kæptʃər]

동 포획하다, 점유하다,
(관심 등을) 사로잡다

capture는 기본적으로 '잡다'를 뜻합니다. 동물이나 사람을 '포획하는' 것에서부터 '영토를 점령하는' 것까지 맥락에 따라 다양한 의미로 확장될 수 있습니다. 또한 누군가의 관심이나 마음을 '사로잡는' 것을 나타내기도 합니다.

1 Police captured the escaped prisoner.
경찰이 탈주한 죄수를 포획했다.

2 They captured the enemy's stronghold.
그들은 적의 요새를 점령했다.

Plus+ escaped 형 탈주한
prisoner 명 죄수
enemy 명 적
stronghold 명 요새

Review Test 52

우리말에 맞게 빈칸에 알맞은 단어를 쓰세요.

(정답은 본문을 확인하세요.)

1 The solution to this issue is ____________. 이 문제의 해결책은 분명하다.

2 Jane ____________ in pain as she tried to get up. Jane은 일어나려고 애쓰면서 고통에 신음했다.

3 This museum displays ancient ____________. 이 박물관은 고대의 흉상들을 전시하고 있다.

4 The train ____________ down the tracks. 기차가 덜컹거리며 선로를 따라 내려갔다.

5 You need to ____________ your computer to the printer. 너는 컴퓨터를 프린터에 연결해야 한다.

6 Mike ____________ at the tiny print on the page. Mike는 실눈을 뜨고 그 페이지의 작은 글씨를 보았다.

7 Henry failed to see the ____________ in front of him. Henry는 그의 앞에 있는 사냥감을 보지 못했다.

8 The pirates set out in search of hidden ____________. 해적들은 숨겨진 보물을 찾아 떠났다.

9 The ____________ darted across the hot sand. 도마뱀은 뜨거운 모래 위를 쏜살같이 빠르게 건넜다.

10 Jake was ____________ with surprise. Jake는 깜짝 놀라서 말을 잇지 못했다.

11 He wore ____________, and his eyes seemed calm. 그는 누더기 옷을 입고 있었고 눈빛은 차분해 보였다.

12 He fought in the war to protect his family's ____________. 그는 가문의 명예를 지키기 위해 전쟁에 참전했다.

13 We work in a ____________ that makes cars. 우리는 자동차를 만드는 공장에서 일한다.

14 I tried to ____________ Sam as he grieved. 나는 Sam이 슬퍼하는 동안 위로하려고 노력했다.

15 I ____________ said that as a joke. 나는 단지 농담으로 한 말이었다.

16 The potters ____________ the clay pots. 도예가들은 점토 항아리를 구웠다.

17 My little brother is afraid of ____________. 내 남동생은 거미를 무서워한다.

18 I ran out of ____________ and had to buy more. 나는 잉크를 다 써버려서 더 사야 했다.

19 Several ____________ buildings towered over the city. 몇몇 거대한 건물들이 도시 위로 높이 솟아있었다.

20 The city ____________ decided to build a new park. 시의회는 새로운 공원을 짓기로 결정했다.

21 Your ____________ at today's meeting is required. 너는 오늘 회의에 꼭 참석해야 한다.

22 The company ____________ nearby factories. 그 회사는 인근 공장들에 석탄을 공급한다.

23 Sarah ____________ to eat more when she is stressed. Sarah는 스트레스 받을 때 더 많이 먹는 경향이 있다.

24 The referee blew the ____________ to start the game. 심판이 경기를 시작하기 위해 호루라기를 불었다.

25 The committee ____________ the budget for this year. 위원회는 올해 예산을 결정했다.

26 Farmers ____________ the soil to prepare for planting. 농부들은 농작물을 심을 준비를 하기 위해 땅을 이랑처럼 만들었다.

27 The ____________ of the two companies created a new industry giant. 두 회사의 연합은 새로운 산업 거물을 만들었다.

28 We attended the weekly ____________ service at the school. 우리는 학교에서 매주 열리는 예배식에 참석했다.

29 Lisa ____________ the door down with a hammer. Lisa는 망치로 문을 때려 부쉈다.

30 Police ____________ the escaped prisoner. 경찰이 탈주한 죄수를 포획했다.

Level
53

레벨별 단어 사용 빈도

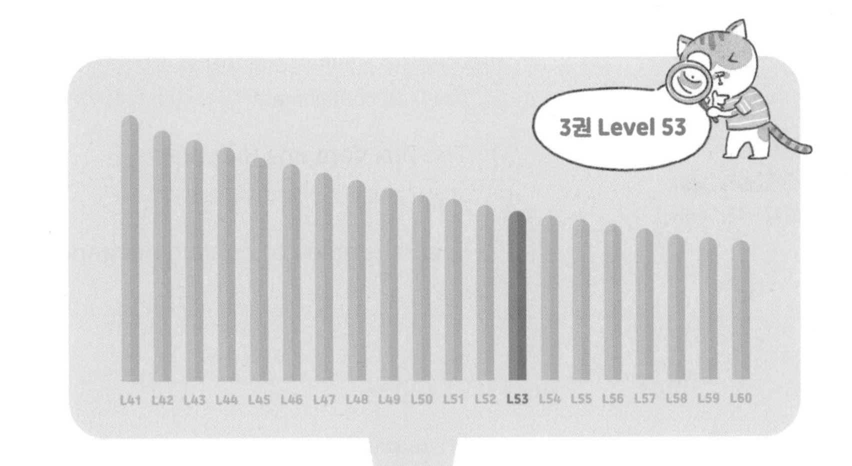
3권 Level 53
L41 L42 L43 L44 L45 L46 L47 L48 L49 L50 L51 L52 L53 L54 L55 L56 L57 L58 L59 L60
LEVEL 1~20
LEVEL 21~40
LEVEL 41~60
LEVEL 61~80
LEVEL 81~100

Level 53

1561

oak

[oʊk]

명 오크 나무

형 오크의

oak는 '오크 나무'를 뜻하는데, 이는 우리가 흔히 '떡갈나무'라고 부르는 나무입니다. 이 나무는 견고하고 단단하기로 유명합니다. 그래서 예술이나 가구, 건축 등 다양한 분야에서 쓰이고 있습니다. '오크 나무로 반든 목재'를 뜻하는 oakwood라는 말이 따로 있을 정도랍니다.

1 **The oak tree in our backyard is over 150 years old.**
우리 뒷마당에 있는 오크 나무는 150년 이상 된 것이다.

2 **This dining table is made of solid oak.**
이 식탁은 견고한 오크 나무로 만들어졌다.

Plus+ solid 형 견고한

1562

contain

[kən'teɪn]

동 포함하다, 억누르다[참다], 견제[봉쇄]하다, 방지하다[억제하다]

contain의 기본 의미는 '한 곳에 몰아서 잡고 있는 것'입니다. 주로 어떤 것이 다른 것을 포함하거나 못 나가게 억제하는 것을 나타냅니다. contain에서 파생한 다른 단어들을 보시면 더 의미가 잘 와 닿으실 겁니다. 대표적으로 container(용기, 컨테이너), containment(격리, 억제) 등이 있습니다.

1 **The box contains four books.**
그 상자 안에는 네 권의 책이 들어 있다.

2 **Leah struggled to contain her anger.**
Leah는 분노를 억누르기 위해 애썼다.

Plus+ struggle 동 애쓰다 anger 명 분노, 화

1563

courtyard

['kɔːrtjɑːrd]

명 안마당[안뜰]

courtyard는 일반적으로 '안마당, 안뜰'을 의미하는 명사입니다. 때로는 정원에 가깝게 조경이 꾸며진 곳을 나타내기도 합니다. 예를 들어, a walled courtyard라고 하면 '담을 두른 뜰'을 의미하고, across the courtyard는 '안마당을 가로질러'를 뜻합니다.

1 **I was taking a nap in a rocking chair in the courtyard.**
나는 안마당에 있는 흔들의자에서 낮잠을 자고 있었다.

2 **We enjoyed coffee and cake in the courtyard.**
우리는 안뜰에서 커피와 케이크를 즐겼다.

Plus+ take a nap 낮잠을 자다 rocking chair 흔들의자

1564 ☐☐

aim

[eɪm]

동 겨냥하다, 목표로 하다

명 목적[목표], 겨냥

aim은 추상적인 목표를 향해 노력하거나, 물리적인 목표물을 겨냥하는 것 모두를 의미합니다. 예를 들어, take aim at이라고 하면 '~을 겨냥하다, 목표를 향해 나아가다'를 뜻하고 -less와 결합한 aimless는 '목적이 없는, 방향이 없는'을 의미합니다.

1 She aimed the gun at the target.
그녀는 목표물에 총을 겨냥했다.

2 My aim is to improve customer satisfaction.
내 목표는 고객 만족도를 향상시키는 것이다.

Plus + target 명 목표(물) / improve 동 향상시키다 / customer 명 고객 / satisfaction 명 만족(감)

1565 ☐☐

stable

['steɪbl]

형 안정된[안정적인], 견고한, 차분한, 동요하지 않는

stable의 기본 의미는 '잘 서있는'입니다. 무언가 '잘 서있는' 것은 '안정되고 견고한' 상태를 나타내겠죠? 이러한 맥락에서 '안정된, 견고한'이라는 뜻이 파생되었습니다. 예를 들어, a stable relationship은 '안정적인 관계'라는 뜻이 되지요. 또한 '차분한, 동요하지 않는'이라는 뜻으로 정신적으로 안정된 상태를 나타내기도 합니다.

1 The financial situation of the firm is not very stable.
그 회사의 재정 상황은 별로 안정적이지 않다.

2 The structure of this bridge is very stable.
이 다리의 구조는 매우 견고하다.

Plus + financial 형 재정의 / firm 명 회사 / structure 명 구조

1566 ☐☐

giggle

['gɪgl]

동 킥킥[낄낄, 키득키득] 웃다

명 킥킥[낄낄, 키득키득] 웃음, 장난[재미있는 것]

giggle은 동사로는 '킥킥 웃는 것'을 뜻하고, 명사로는 '킥킥 웃음, 장난'을 의미합니다. 아마 눈치 빠른 분들은 아시겠지만 giggle은 실제 웃는 소리를 모방하여 만든 단어입니다. 웃음과 관련된 다른 단어로는 chuckle(빙그레 웃다)이 있는데 이 또한 발음이 웃는 소리와 비슷합니다.

1 The kids erupted in giggles when the clown appeared.
광대가 나타나자 아이들은 깔깔대며 웃음을 터뜨렸다.

2 I couldn't help but giggle at her silly joke.
나는 그녀의 바보 같은 농담에 낄낄거리지 않을 수 없었다.

Plus + erupt 동 (감정 따위를) 분출시키다 / clown 명 광대 / cannot help but V ~하지 않을 수 없다 / silly 형 바보 같은

1567 

general

['ʤenrəl]

형 일반적인, 보통의, 대체적인

명 장군[대장]

general은 '일반적인, 보통의, 대체적인' 등을 뜻하는 형용사입니다. 명사로는 특이하게 '장군'을 뜻하기도 하는데, 중세 유럽에서 군대를 지휘하는 사람이 모든 부대와 관련된 '전반적인' 사항을 다뤄야 했기 때문에 general이라는 칭호가 붙게 되었습니다.

1 These rules apply to the general public.
이 규칙들은 일반 대중에게 적용된다.

2 Smith has a general understanding of the subject.
Smith는 그 주제에 대해 대체적으로 이해하고 있다.

Plus+ apply 동 적용하다 public 명 대중
subject 명 주제

1568 

cloak

[kloʊk]

명 망토, 은폐 수단[가면, 위장]

동 (망토 등을) 걸치고 있다, 은폐[위장]하다

cloak은 '망토'를 나타내는 명사입니다. 동사로는 '망토 등을 걸치고 있다'라는 뜻도 나타내는데 여기서 '은폐[위장]하다'라는 의미가 파생했습니다. 원래 cloak은 '종'을 뜻하는 단어에서 유래했는데, 이는 망토의 모양이 종과 유사하게 생겼기 때문이라고 합니다. 그러고 보니 모양이 비슷한 것 같기도 하네요.

1 The magician is wearing a dark cloak.
마술사는 어두운 망토를 입고 있다.

2 The incident was cloaked in secrecy.
그 사건은 비밀에 부쳐졌다.

Plus+ magician 명 마술사 incident 명 (범죄 등의) 사건
secrecy 명 비밀(인 상태)

1569 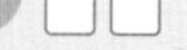

heavily

['hevɪli]

부 심하게, 무겁게, 몹시, 짙게

heavily는 생김새에서 유추할 수 있듯이 형용사 heavy(무거운)의 부사형입니다. 기본적으로 '무겁게'를 의미합니다. 그리고 무겁다는 것을 '상황'에 적용하여 추상적인 개념으로 '심하게, 몹시'를 뜻하기도 합니다. 예를 들어, sigh heavily라고 하면 '한숨을 깊게 쉬다'라는 뜻이 되고, make up heavily는 '화장을 진하게 하다' 등을 의미합니다.

1 It rained heavily this morning.
오늘 아침에 비가 엄청나게 많이 왔다.

2 Leah sighed heavily before speaking.
Leah는 말하기 전에 한숨을 깊게 쉬었다.

Plus+ sigh 동 한숨을 쉬다

tool

[tu:l]

명 도구[공구], 수단[방편]

tool은 일반적으로 물리적인 '도구, 공구'를 의미합니다. 추상적으로는 '수단'이나 '방법'을 의미하기도 합니다. 주로 어떤 일을 수행하거나 문제를 해결하는 데 도움이 되는 것을 나타냅니다.

1 **Jane used a hammer as a tool to fix the table.**
Jane은 탁자를 고치기 위해 망치를 도구로 사용했다.

2 **He views education as an essential tool for personal development.**
그는 교육을 개인 발전의 필수적인 수단으로 간주한다.

Plus+ hammer 명 망치 / view ~ as ~으로 간주하다
essential 형 필수적인 / development 명 발전

fork

[fɔ:rk]

명 포크

동 갈라지다

fork는 기본적으로 '(식사용) 포크'나 그렇게 생긴 대상을 의미합니다. 대표적으로 forklift(지게차)가 있습니다. 마치 포크로 들어올리는 차 같죠? 또한 fork의 끝이 갈라져 있다보니 물리적이거나 추상적 맥락에서 '분기점'을 의미할 수도 있지요. 그밖에 동사로는 '갈라지다'라는 뜻을 나타냅니다.

1 **James picked up the salad with a fork.**
James는 포크로 샐러드를 집어 올렸다.

2 **The road forks, so we should take the right.**
길이 갈라지니 우리는 오른쪽으로 가야 한다.

Plus+ pick up ~을 집다, 들어 올리다 / take 동 (도로 등을) 이용하다

1572

stiff

[stɪf]

형 뻣뻣한, 뻑뻑한, 딱딱한[경직된], 뻐근한[결리는]

stiff는 원래 '강한, 힘이 센'이라는 뜻의 단어에서 유래했습니다. 강하게 힘을 주면 뻣뻣해지죠? 그래서 stiff는 '뻣뻣한, 뻐근한'이라는 뜻을 나타내기도 합니다. stiff를 활용한 재미있는 표현 중 stiff-necked가 있는데 직역하면 '목이 뻣뻣한'인데 바로 '거만하고 고집 센 사람'을 일컫는 표현입니다.

1 **Her muscles were stiff from the long walk.**
그녀는 오랜 산책으로 근육이 뻐근했다.

2 **Jake oiled the stiff leather to soften it.**
Jake는 뻣뻣한 가죽을 부드럽게 하기 위해 기름을 쳤다.

Plus+ muscle 명 근육 / oil 동 기름을 치다
leather 명 가죽 / soften 동 부드럽게 하다

1573 

mass

[mæs]

명 **덩어리[덩이], (사람 등의) 무리, (일반) 대중, (물체의) 질량**

mass는 기본적으로 '덩어리'를 의미합니다. 맥락에 따라 사람들이 모여 있는 '무리'를 뜻하기도 하고, '(일반) 대중'을 나타내기도 합니다. 우리가 잘 알고 있는 mass media가 바로 '대중 매체'라는 뜻이지요. 그밖에 어떤 물체의 '질량'을 나타내기도 합니다.

1 The masses gathered to support the strike.

대중들이 파업을 지지하기 위해 모여들었다.

2 The mass of the object is six kilograms.

그 물체의 질량은 6킬로그램이다.

Plus+ gather 동 모이다 / support 동 지지하다 / strike 명 파업 / object 명 물체

1574 

terrify

['terɪfaɪ]

동 **무섭게[겁나게] 하다, 놀라게 해서 ~시키다**

terrify는 '두려움, 공포'를 뜻하는 명사 terror의 동사형입니다. 그래서 '무섭게 하다, 겁나게 하다'를 뜻하지요. 이를테면 terrify into는 '위협하여 ~하게 하다'라는 뜻이지요. 또한 흔히 terrified(겁먹은)라는 뜻의 형용사 형태로 사람의 감정을 나타낼 때 많이 쓰기도 합니다.

1 The loud thunder terrified the children.

큰 천둥 소리가 아이들을 무섭게 했다.

2 Sue was terrified that her lie would be revealed.

Sue는 자신의 거짓말이 밝혀질까 봐 무서웠다.

Plus+ thunder 명 천둥 / reveal 동 (비밀 등을) 밝히다, 폭로하다

1575 

bind

[baɪnd]

bound - bound

동 **묶다, 감다[싸다], 속박하다[의무를 지우다], 제본[장정]하다**

bind는 '묶다, 감다, 속박하다, 제본하다' 등의 의미를 나타내는 동사입니다. 물리적으로 무언가를 '결속시킨다'는 뜻뿐만 아니라 법적이나 도덕적인 '의무를 부여한다'는 뜻을 나타내기도 합니다. 참고로 이 단어에서 파생된 명사 bond는 '결속, 유대'를 의미하기도 하니 함께 알아두셔도 좋겠군요.

1 I bound the package with a strong rope.

나는 튼튼한 줄로 소포를 묶었다.

2 The contract binds both parties to fulfill their obligations.

이 계약서는 양측 당사자 모두 그들의 의무를 이행하게끔 속박한다.

Plus+ contract 명 계약(서) / party 명 (계약 등의) 당사자 / fulfill 동 (의무 등을) 이행하다 / obligation 명 의무

1576

dash

[dæʃ]

동 **내던지다, (희망 등을) 꺾다, (물 등을) 뿌리다, 돌진하다**

dash의 기본 의미는 '돌진하다'입니다. 그러다 앞으로 돌진하는 대상이 사람이 아니라 창과 같은 물건이 되면서 '내던지다'라는 의미가 파생되었습니다. 또한 맥락에 따라 '희망을 꺾다, 물을 뿌리다' 등을 뜻하기도 합니다. 어떤 가능성을 돌진해서 꺾어버리거나 물을 뿌려 어떤 방향으로 돌진하게 만드는 것이 모두 dash입니다.

1 **Paul dashed the glass against the wall.**
Paul은 유리잔을 벽에 내던졌다.

2 **The defeat in the last game dashed their hopes of winning.**
지난 경기의 패배는 그들의 승리에 대한 희망을 꺾었다.

Plus+ defeat 명 패배 hope 명 희망

1577

split

[splɪt]

split - split

동 **쪼개다, 분열[분리]시키다, 헤어지다[결별하다]**

명 **분열[불화]**

split의 기본 의미는 '쪼개다, 찢다'입니다. 그리고 이 의미가 추상적 맥락에서 확장되면 '헤어지다, 결별하다'를 의미하기도 합니다. 두 사람이 쪼개지는 그림이 그려지시죠? 그밖에 split은 명사로는 '분열, 불화'를 뜻하기도 합니다.

1 **He split the log with an axe.**
그는 도끼로 장작을 쪼갰다.

2 **Our company decided to split its operations into two departments.**
우리 회사는 사업을 두 개의 부서로 분리하기로 결정했다.

Plus+ log 명 통나무 axe 명 도끼
operation 명 사업 department 명 부서

1578

produce

[prə'du:s]

동 **생산하다, 낳다, 제시하다, 야기하다**

produce는 원래 '앞으로 끌어내다'를 뜻하는 단어에서 출발했습니다. 그러다 무언가를 만들어 눈 앞에 보이도록 끌어내는 것, 즉 '생산하다'를 뜻하게 되었습니다. 추상적인 맥락에서는 '제시하다, 야기하다' 등을 의미하기도 합니다.

1 **The region produces over 60% of the country's potatoes.**
그 지역은 국가 감자의 60% 이상을 생산한다.

2 **This factory produces 1,000 products per day.**
이 공장은 하루에 1,000개의 제품을 생산한다.

Plus+ region 명 지역 product 명 제품
per 전 ~마다, ~당

1579 □□

pinch

[pɪntʃ]

동 끼워서 조이다[죄다], 꼬집다, 제한하다, 초췌하게 하다

pinch의 기본 의미는 '꼬집다'입니다. 그리고 '꼬집는' 대상이 무엇인지에 따라 다양한 의미를 나타냅니다. 어디 사이에 마치 꼬집듯이 끼워 넣는 모습에서 '끼워서 조이다'라는 의미가 파생되었고, 어떤 영역이나 범위를 손가락으로 움켜잡아 제한한다는 맥락에서 '제한하다'라는 뜻이 나오기도 했습니다.

1 **He pinched his nose to avoid the bad smell.**
그는 악취를 피하기 위해 코를 꼬집었다.

2 **These new shoes pinch my toes.**
이 새로 산 신발이 내 발가락을 조인다.

Plus+ avoid 동 피하다　　toe 명 발가락

1580 □□

hum

[hʌm]

동 콧노래를 부르다, (벌 등이) 윙윙거리는 소리를 내다, (당황하여) 웅얼거리다

hum은 실제로 우리가 노래를 흥얼거릴 때 내는 소리를 본떠서 만들어진 단어입니다. 그래서 기본적으로 '콧노래를 부르다'를 의미합니다. 맥락에 따라 '(벌 등이) 윙윙거리는 소리를 내다, (당황하여) 웅얼거리다' 등을 뜻하기도 합니다.

1 **Nick hummed his favorite song as he planned his vacation.**
Nick은 휴가를 계획하면서 좋아하는 노래를 흥얼거렸다.

2 **What tune are you humming?**
어떤 노래를 흥얼거리고 있니?

Plus+ plan 동 계획하다　　tune 명 곡, 가락

1581 □□

savvy

['sævi]

savvied - savvied

형 지식이 있는

동 이해하다[알다]

명 실용적인 지식[상식], 이해력[요령]

savvy는 원래 '알다, 이해하다'라는 뜻의 동사에서 유래했습니다. 그래서 오늘날은 형용사로는 '지식이 있는'을 의미하며, 동사로는 '이해하다, 파악하다'라는 뜻을 나타냅니다. 또한 명사로는 '실용적인 지식, 상식, 이해력, 요령' 등을 뜻하기도 해요. 보통 사람 앞에 savvy를 쓰면 무언가에 '능숙한' 사람을 나타내곤 합니다.

1 **Ann fully savvied the complexity of the situation.**
Ann은 상황의 복잡성을 완전히 이해했다.

2 **He is business savvy and knows how to make a profit.**
그는 사업에 정통하고 이익을 내는 방법을 알고 있다.

Plus+ complexity 명 복잡성　　profit 명 이익

1582

splash

[splæʃ]

동 **(물 등이) 튀다, 철벅하는 소리를 내다, 대서특필하다, 격추하다**

splash는 물 튀는 소리를 본떠서 만든 단어로 기본 의미는 '(물 등이) 튀다'입니다. 그래서 '철벅하는 소리를 내다'를 뜻하기도 하지요. 그리고 이런 느낌이 뭔가를 적중시키는 것과 비슷하게 여겨졌는지 '격추하다'라는 뜻도 나타내게 되었습니다.

1 Paul splashed water on his face to cool down.
Paul은 열을 식히기 위해 얼굴에 물을 튀겼다.

2 The kids splashed in the pool for hours.
아이들은 수영장에서 몇 시간 동안 물장난을 쳤다.

Plus+ cool down 식히다, 서늘하게 하다 / for hours 여러 시간 동안

1583

amaze

[ə'meɪz]

동 **(몹시) 놀라게 하다**

amaze는 '(몹시) 놀라게 하다'라는 뜻을 나타내는 동사입니다. amaze와 비슷한 의미를 갖는 단어로는 surprise, shock 등이 있어요. surprise가 '예상밖의 일이나 이해할 수 없는 일로 놀란' 것을 나타낸다면, amaze는 조금 더 '경이로움을 느끼게 하다'라는 어감에 가깝습니다.

1 The magician's escape trick amazed the audience.
그 마술사의 탈출 마술은 관객을 놀라게 했다.

2 We were amazed by the beauty of the landscape.
우리는 그 경치의 아름다움에 놀라움을 금치 못했다.

Plus+ escape 명 탈출 / trick 명 (사람들을 즐겁게 하는) 마술 / landscape 명 경치

1584

choke

[ʧoʊk]

동 **숨이 막히다, 질식하다[시키다], 목을 조르다, (목이) 잠기다[메다]**

choke의 기본 의미는 '목을 조르다'입니다. 사람이 다른 사람의 목을 조르거나 어떤 물체가 목 안에 들어가 기도를 막는 경우에도 쓰이는데 이때는 '숨이 막히다, 질식하다' 정도의 뜻을 나타냅니다. 또한 어떤 감정에 의해 '(목이) 잠기다, 메다'를 의미하기도 합니다.

1 She choked on a piece of carrot.
그녀는 당근 한 조각이 목에 걸렸다.

2 Tim choked up when it was time to make his speech.
Tim은 연설할 시간이 되자 목이 메었다.

Plus+ piece 명 조각 / choke up (감정에 겨워) 목이 메이다 / make a speech 연설하다

1585

soap

[soʊp]

명 비누

동 비누칠을 하다

soap은 명사로는 '비누'를 의미하고, 동사로는 '비누칠을 하다'를 뜻합니다. soap을 활용한 표현 중 soap opera가 있는데 이는 '연속극'을 의미합니다. 예전부터 이런 드라마를 세탁 비누나 화장품 등의 가정 용품 회사들이 후원했기 때문에 이러한 이름이 붙여졌다고 합니다.

1 **Andy washed his hands with soap and water.**
Andy는 비누와 물로 손을 씻었다.

2 **Suzy gave me a homemade soap for my birthday gift.**
Suzy는 내게 직접 만든 비누를 생일 선물로 주었다.

Plus+ homemade 형 손수 만든

1586

desert

[dézərt] [dizə́:rt]

명 사막, 불모지대

형 사막과 같은[불모의]

동 저버리다

desert의 기본 의미는 '버리다, 방치하다'입니다. 그래서 '사막, 불모 지대'와 같은 버려지고 방치된 곳을 의미하게 되었습니다. 또한 형용사로 '사막과 같은, 불모의'라는 뜻을 나타내기도 합니다. 예를 들어, desert island라고 하면 '외딴 섬'을 뜻하지요. 그밖에 동사로는 무언가를 '저버리다'라는 의미를 나타낼 수 있습니다.

1 **The Sahara is the largest desert in the world.**
사하라는 세계에서 가장 큰 사막이다.

2 **After the hurricane, the island become a barren desert.**
허리케인 이후에 그 섬은 척박한 불모지대가 되었다.

Plus+ barren 형 척박한, 황량한

1587

cotton

['kɑ:tn]

명 목화, 솜[면화], 면직물

형 솜의

cotton은 명사로는 '목화, 솜, 면직물' 등을 의미하고, 형용사로는 '솜의'를 뜻합니다. cotton이 들어간 단어 중에 우리에게 가장 친숙한 것은 아마 cotton candy일 것입니다. cotton(솜)과 candy(사탕)가 결합한 단어로 달콤한 '솜사탕'을 뜻합니다.

1 **I'm looking for a cotton T-shirt that absorbs sweat well.**
나는 땀을 잘 흡수하는 면 티셔츠를 찾고 있다.

2 **Some farmers harvested cotton.**
일부 농부들은 목화를 수확했다.

Plus+ look for 찾다
sweat 명 땀
absorb 동 흡수하다
harvest 동 수확하다

1588 □□

century

['sentʃəri]

명 **100년, 세기**

century는 원래 '100'을 의미하는 라틴어 *centum*에서 유래했습니다. 그래서 명사로 '100년, 세기'를 의미합니다. 예를 들어, at the turn of the century라고 하면 '세기의 전환기에'라는 뜻을 나타내고, half-century는 '반세기'를 의미합니다.

1 **The Great Wall of China was built over several centuries.**
중국의 만리장성은 수 세기에 걸쳐 지어졌다.

2 **The book has been passed down since the 15th century.**
그 책은 15세기부터 전해 내려오고 있다.

Plus+ pass down (후대에) ~을 전해주다[물려주다]

1589 

introduce

[ˌɪntrə'du:s]

동 **소개하다, 도입하다, 전하다[들여오다], 시작하다[시작이 되다]**

introduce는 원래 '들여오다'를 뜻하는 단어에서 유래했습니다. 우리가 외국의 문화나 기술 등을 '들여온다'면 그것은 우리 사회에 이를 '소개하는' 것이겠죠? 이러한 맥락에서 introduce는 새로운 사물이나 사람, 개념 등을 소개하거나 알리는 것을 뜻하게 되었습니다.

1 **I want to introduce unknown parts of Korean culture to others.**
나는 한국 문화의 잘 알려지지 않은 부분을 다른 사람들에게 소개하고 싶다.

2 **We introduced new technology to improve our productivity.**
우리는 생산성을 높이기 위해 새로운 기술을 도입했다.

Plus+ unknown 형 알려지지 않은 productivity 명 생산성

1590 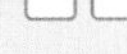

exist

[ɪg'zɪst]

동 **존재[실재]하다, (근근이) 생존하다**

exist는 '존재하다, 실재하다'라는 뜻을 나타내는 동사입니다. 일반적으로는 물리적 세상에 실제로 존재하는 것을 표현하지만, 철학적 논의에서 어떤 개념이 존재하는 것을 나타낼 때도 쓰입니다. 예를 들어, Does God exist?(신은 존재하는가?)와 같은 질문이 바로 존재를 묻는 전형적인 철학의 질문이지요.

1 **Do unicorns really exist?**
유니콘이 정말로 존재합니까?

2 **Millions of people struggle to exist in difficult conditions.**
수백만 명이 어려운 상황에서 근근이 생존하기 위해 애쓰고 있다.

Plus+ million 명 100만 struggle 동 애쓰다
condition 명 상황, 상태

Review Test 53

우리말에 맞게 빈칸에 알맞은 단어를 쓰세요.

(정답은 본문을 확인하세요.)

1 This dining table is made of solid ____________. 이 식탁은 견고한 오크 나무로 만들어졌다.

2 The box ____________ four books. 그 상자 안에는 네 권의 책이 들어 있다.

3 We enjoyed coffee and cake in the ____________. 우리는 안뜰에서 커피와 케이크를 즐겼다.

4 She ____________ the gun at the target. 그녀는 목표물에 총을 겨냥했다.

5 The structure of this bridge is very ____________. 이 다리의 구조는 매우 견고하다.

6 I couldn't help but ____________ at her silly joke. 나는 그녀의 바보 같은 농담에 낄낄거리지 않을 수 없었다.

7 These rules apply to the ____________ public. 이 규칙들은 일반 대중에게 적용된다.

8 The magician is wearing a dark ____________. 마술사는 어두운 망토를 입고 있다.

9 Leah sighed ____________ before speaking. Leah는 말하기 전에 한숨을 깊게 쉬었다.

10 Jane used a hammer as a ____________ to fix the table. Jane은 탁자를 고치기 위해 망치를 도구로 사용했다.

11 James picked up the salad with a ____________. James는 포크로 샐러드를 집어 올렸다.

12 Jake oiled the ____________ leather to soften it. Jake는 뻣뻣한 가죽을 부드럽게 하기 위해 기름을 쳤다.

13 The ____________ of the object is six kilograms. 그 물체의 질량은 6킬로그램이다.

14 The loud thunder ____________ the children. 큰 천둥 소리가 아이들을 무섭게 했다.

15 I ____________ the package with a strong rope. 나는 튼튼한 줄로 소포를 묶었다.

16 Paul ____________ the glass against the wall. Paul은 유리잔을 벽에 내던졌다.

17 He ____________ the log with an axe. 그는 도끼로 장작을 쪼갰다.

18 This factory ____________ 1,000 products per day. 이 공장은 하루에 1,000개의 제품을 생산한다.

19 The new shoes ____________ my toes. 이 새로 산 신발이 내 발가락을 조인다.

20 What tune are you ____________? 어떤 노래를 흥얼거리고 있니?

21 Ann fully ____________ the complexity of the situation. Ann은 상황의 복잡성을 완전히 이해했다.

22 The kids ____________ in the pool for hours. 아이들은 수영장에서 몇 시간 동안 물장난을 쳤다.

23 The magician's escape trick ____________ the audience. 그 마술사의 탈출 마술은 관객을 놀라게 했다.

24 She ____________ on a piece of carrot. 그녀는 당근 한 조각이 목에 걸렸다.

25 Andy washed his hands with ____________ and water. Andy는 비누와 물로 손을 씻었다.

26 The Sahara is the largest ____________ in the world. 사하라는 세계에서 가장 큰 사막이다.

27 Some farmers harvested ____________. 일부 농부들은 목화를 수확했다.

28 The Great Wall of China was built over several ____________. 중국의 만리장성은 수 세기에 걸쳐 지어졌다.

29 We ____________ new technology to improve our productivity. 우리는 생산성을 높이기 위해 새로운 기술을 도입했다.

30 Do unicorns really ____________? 유니콘이 정말로 존재합니까?

Level
54

레벨별 단어 사용 빈도

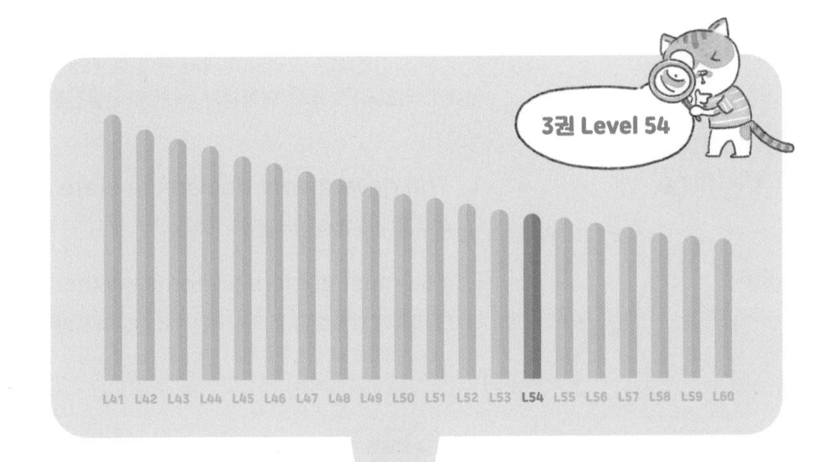
3권 Level 54
L41 L42 L43 L44 L45 L46 L47 L48 L49 L50 L51 L52 L53 L54 L55 L56 L57 L58 L59 L60
LEVEL 1~20
LEVEL 21~40
LEVEL 41~60
LEVEL 61~80
LEVEL 81~100

1591 ☐☐

horn

[hɔːrn]

명 뿔, 뿔나팔[피리],
(자동차 등의) 경적

horn은 기본적으로 '뿔'을 나타내며 맥락에 따라 '나팔, 피리'와 같이 뿔처럼 생긴 관악기를 나타내기도 합니다. 그리고 이러한 관악기의 소리에서 의미가 파생되어 자동차나 기차의 '경적'을 의미하기도 합니다.

1 Bulls have sharp horns.
황소들은 날카로운 뿔을 가지고 있다.

2 The train honked its horn to announce its departure.
기차가 출발을 알리기 위해 경적을 울렸다.

Plus+ bull 명 황소　　honk 동 경적을 울리다
announce 동 알리다　　departure 명 출발

1592 ☐☐

declare

[dɪˈkler]

동 선언[선포]하다,
(세관에서) 신고하다

declare를 자세히 보면 clarify(명확하게 하다)라는 단어와 비슷하게 생긴 부분이 보이죠? declare는 이를 더 강하게 표현하는 단어로 '완전히 명확하게 하다'가 기본 의미입니다. 그리고 여기서 뜻이 파생되어 '선언하다, 선포하다' 등을 나타내게 되었지요. 또한 여행자가 세관에서 물건을 '신고하는' 것을 의미하기도 합니다.

1 The government declared a state of emergency.
정부가 국가 비상 사태를 선언했다.

2 You must declare all items on the list.
그 목록에 있는 모든 품목은 세관에서 신고해야 한다.

Plus+ a state of emergency 비상 사태

1593 ☐☐

male

[meɪl]

형 남자의, 수컷의, 남성적인

명 남자

male은 생물학적 개념으로 '수컷'을 나타내는 단어입니다. 즉, 사람 중에는 '남자'를 뜻합니다. 형용사로는 '수컷의, 남자의, 남성의'를 의미합니다. 비슷한 단어로 man이 있는데 이는 '인간 남성'만을 지칭하는 단어입니다. 한편 '암컷, 여성'을 의미하는 단어는 무엇일까요? 바로 female입니다. 함께 알아두시면 좋겠죠?

1 The male population is slightly larger than the female population in this nation.
이 나라의 남자 인구는 여자 인구보다 약간 많다.

2 The male to female ratio in the class is 4 to 3.
그 반의 남녀 비율은 4대 3이다.

Plus+ population 명 인구　　slightly 부 약간
ratio 명 비율

tide

[taɪd]

명 조수[밀물과 썰물], 흐름[경향], (행운 등의) 절정기, (병 등의) 최악기

tide는 기본적으로 바다의 조수, 즉 '밀물과 썰물'을 의미합니다. 다른 단어들과 마찬가지로 tide 또한 추상적으로 '밀물과 썰물'을 연상시키는 개념을 표현할 수 있는데 대표적으로 '흐름, (행운 등의) 절정기, (병 등의) 최악기' 등을 나타냅니다.

1 The tide of popular sentiment changed over time.
민심의 흐름은 시간이 지남에 따라 바뀌었다.

2 Swimmers were warned not to go into the water during high tide.
수영하는 사람들은 만조 시에는 물에 들어가지 말라는 경고를 받았다.

Plus + popular sentiment 민심
high tide 만조
warn 동 경고하다

strip

[strɪp]

동 (껍질 따위를) 벗기다, 제거하다[비우다], 벗겨내다[떼어내다], 약탈[박탈]하다

strip의 기본 의미는 '벗기다, 제거하다'입니다. 생각해 보면 '벗긴다'는 것은 어떤 대상의 표면을 감싸고 있는 것을 '없애는' 것이겠죠? 이러한 맥락에서 '제거하다'라는 의미가 파생되었습니다. 또한 추상적으로 무언가 차지하고 있는 것을 '벗겨서 내보낸다'는 논리에서 '약탈하다, 박탈하다' 등을 뜻하기도 합니다.

1 He carefully stripped the wallpaper from the wall.
그는 벽지를 벽에서 조심스럽게 벗겼다.

2 The mechanic stripped the engine from the car.
정비공은 차에서 엔진을 빼냈다.

Plus + wallpaper 명 벽지
mechanic 명 (특히 차량 엔진) 정비공

assume

[ə'su:m]

동 추정[추측]하다, (임무 등을) 맡다, ~인 체하다

assume은 원래 '취하다, 받아들이다'를 뜻하는 라틴어에서 유래했습니다. 이후 여러 가능성 중 가장 합리적인 하나를 취하고 받아들인다는 의미에서 '추정하다, 추측하다'라는 의미가 파생되었습니다. 그리고 원래 의미처럼 어떤 임무를 그대로 '맡다'를 뜻하기도 하고, 맥락에 따라 '~인 체 하다'라는 의미를 나타내기도 합니다.

1 We assume Tommy will arrive on time.
우리는 Tommy가 제시간에 도착할 것으로 추측한다.

2 She assumed the role of team leader.
그녀는 팀의 리더 역할을 맡았다.

Plus + on time 시간을 어기지 않고, 정각에
role 명 역할

1597

welcome

['welkəm]

동 환영하다, 기꺼이 받아들이다

형 반가운, 환영받는

welcome은 누군가를 친절하게 맞이하거나 무언가 반갑게 받아들이는 것을 나타냅니다. 그래서 동사로는 '환영하다, 기꺼이 받아들이다'를 뜻하고, 형용사로는 '반가운, 환영받는'을 의미합니다. welcome은 형용사로 '반가운, 환영받는' 등의 뜻을 나타내기도 합니다.

1 **They gave us a party to welcome us.**
그들은 우리를 환영하기 위해 파티를 열었다.

2 **We welcome your suggestions on this project.**
우리는 이 프로젝트에 대한 당신의 제안을 기꺼이 받아들이겠다.

Plus+ give a party 파티를 열다 suggestion 명 제안

1598

forgive

[fər'gɪv]

forgave - forgiven

동 용서하다,
(빚 등을) 면제[탕감]하다

forgive의 기본 의미는 '완전히 주다'입니다. 여기서 다양한 의미가 파생되었습니다. 먼저, 잘못이나 허물을 내려놓고 '없던 일로 하고 넘어간다'라는 맥락에서 '용서하다'라는 의미가 나왔습니다. 그리고 가지고 있지 않고 줘버린다, 즉 '완전히 내려놓다'라는 맥락에서 '(빚 등을) 면제하다, 탕감하다'를 뜻하기도 합니다.

1 **Please forgive Oliver for his mistake.**
제발 Oliver의 실수를 용서해 주십시오.

2 **The bank decided to forgive the remaining debt.**
은행은 남은 빚을 면제하기로 결정했다.

Plus+ remaining 형 남아 있는 debt 명 빚

1599

weigh

[weɪ]

동 무게[체중]를 달다,
심사숙고하다, 닻을 올리다,
중요시되다

weigh의 기본 의미는 '무게를 달다'입니다. 그리고 어떤 선택이나 판단을 해야 하는 상황에서 그로 인한 득실 등을 달아 재보는 모습에서 '심사숙고하다'라는 의미가 나왔습니다. 또한 맥락에 따라 선박의 '닻을 올리거나' 어떤 것을 '중요시하여' 영향력을 미치는 것을 나타내기도 합니다.

1 **I need to weigh my suitcase before checking in.**
나는 탑승 수속 전에 여행 가방의 무게를 달아야 한다.

2 **Lucas took his time weighing the pros and cons before making a decision.**
Lucas는 결정을 내리기 전에 장단점을 신중하게 따져보았다.

Plus+ check in (비행기의) 탑승 수속을 밟다 pros and cons 장단점

mission

['mɪʃn]

명 임무, 사명, (종교적) 전도

동 임무를 맡기다

mission은 원래 '보내다'라는 뜻을 가진 단어에서 유래했습니다. 그러다 어떠한 목적으로 이 땅에 누군가 '보내졌다'라는 종교적인 맥락에서 의미가 확장되어 '임무, 사명'을 뜻하게 되었습니다. 또한 '(종교적) 전도'를 의미하기도 합니다.

1 The soldiers were given a mission to rescue the hostages.

군인들은 인질들을 구출하는 임무를 받았다.

2 Mark was missioned with making dinner.

Mark는 저녁 식사를 만드는 임무를 맡았다.

Plus+ rescue 동 구출하다 hostage 명 인질

emerge

[i'mɜ:rdʒ]

동 부상하다[떠오르다], 드러나다[알려지다], 나오다[나타나다], (어려움에서) 벗어나다

emerge는 무언가 눈에 띄는 위치로 나오는 것을 의미합니다. 즉, 가려져 있던 것이 '부상하다, 떠오르다'라는 뜻을 나타내지요. 추상적으로는 '어떠한 어려움에서 벗어나는' 것을 뜻하기도 합니다. 예를 들어, begin to emerge는 '부상하기 시작하다'를, emerge from은 '~에서 벗어나다'를 의미합니다.

1 Out of the chaos, he emerged as a new leader.

혼란 속에서 그는 새로운 지도자로 부상했다.

2 The truth emerged after an investigation.

수사 끝에 진실이 드러났다.

Plus+ chaos 명 혼란 investigation 명 수사

ridiculous

[rɪ'dɪkjələs]

형 터무니없는, 우스꽝스러운, 말도 안 되는

ridiculous는 '웃다, 비웃다'를 뜻하는 동사에서 유래했습니다. 우리는 흔히 무언가 터무니없는 것을 볼 때 비웃죠? 그래서 '터무니없는, 우스꽝스러운'이라는 의미가 파생되었습니다. 비판적이거나 조롱하는 뉘앙스가 강하기 때문에 때로는 비현실적이거나 경멸스러운 것을 묘사할 수도 있습니다.

1 Your demands are absolutely ridiculous.

너의 요구 사항은 굉장히 터무니없다.

2 His outfit was so ridiculous that everyone laughed.

그의 옷차림이 너무 우스꽝스러워서 모두가 웃었다.

Plus+ demand 명 요구(사항) absolutely 부 굉장히, 극도로
outfit 명 옷, 복장

grateful

['greɪtfl]

형 **고맙게 생각하는, 감사하는, 즐거운[기분 좋은]**

grateful은 grate와 ful로 나눠서 볼 수 있습니다. grate는 '감사, 은혜, 기쁨'을 표현하고 -ful은 '꽉 찬' 상태를 나타냅니다. 그래서 grateful은 '감사로 꽉 찬', 즉 '고맙게 생각하는, 감사하는, 즐거운' 등을 의미합니다. 비슷한 단어로는 thankful (감사하는), glad(고마운) 등이 있어요.

1 We are very grateful for your support.
여러분의 지지에 진심으로 감사드립니다.

2 Max was grateful for Sally's advice.
Max는 그녀의 조언에 감사했다.

Plus+ support 명 지지 동 지지하다　　advice 명 조언

perform

[pəːr'fɔrm]

동 **행하다[수행하다], 공연[연주]하다, 작동하다**

perform은 어떤 행위를 하거나 공연이나 연주 등을 하는 것을 의미합니다. 예를 들어, '수술을 하다'는 perform surgery로 표현하고, '의무를 다하다'는 perform one's duty라고 합니다. '수행하다'를 뜻하는 비슷한 표현으로는 carry out이 있으니 함께 알아두시면 좋습니다.

1 Alex trained hard to perform his duty as a soldier.
Alex는 군인으로서의 의무를 수행하기 위해 열심히 훈련했다.

2 The orchestra performed Beethoven's Symphony No. 9.
오케스트라는 베토벤의 교향곡 제9번을 연주했다.

Plus+ train 동 훈련하다　　duty 명 의무
symphony 명 교향곡

effect

[ɪ'fekt]

명 **영향, 결과, 효과**

동 **(결과를) 초래하다**

effect는 명사로는 어떤 원인에 따른 '영향, 결과, 효과'를 의미합니다. 동사로는 '(결과를) 초래하다'를 뜻합니다. 생각해 보면 모두 무언가 작용하여 생겨난 것이군요. effect를 활용한 표현에는 cause and effect(원인과 결과), take effect (시행되다) 등이 있습니다.

1 The effect of the policy was immediate.
그 정책의 효과는 즉각적이었다.

2 The government's decision effected significant changes.
정부의 결정은 상당한 변화를 초래했다.

Plus+ policy 명 정책　　immediate 형 즉각적인
significant 형 상당한, 중요한

ache

[eɪk]

명 아픔[통증], 열망

동 아프다,
(하고 싶어) 견디지 못하다

ache의 기본 의미는 '아픔'입니다. toothache(치통), stomachache(복통)처럼 신체적인 아픔을 표현하기도 하고, heartache(근심, 슬픔)처럼 감정적인 아픔을 나타내기도 합니다. 때로는 맥락에 따라 무언가 하고 싶거나 그에 대한 강렬한 열망 등을 나타내기도 합니다. 사람은 무언가를 정말 하고 싶으면 '평정심'을 잃게 되지요. 바로 이 마음을 ache로 표현한 것이라 보시면 됩니다.

1 I had a terrible headache all day.
나는 하루 종일 끔찍한 두통에 시달렸다.

2 Olivia ached to win the competition.
Olivia는 그 경기에서 이기고 싶어 견딜 수 없었다.

Plus + terrible 형 끔찍한 competition 명 경기

slice

[slaɪs]

명 (얇게 썬) 조각, 일부분[몫]

동 얇게 베다[썰다],
대폭 줄이다[삭감하다]

slice는 명사로 무언가를 '얇게 썰어낸 조각'을 나타냅니다. 반드시 만질 수 있는 물체를 썰어낸 조각만 의미하지 않고 추상적인 개념으로 존재하는 무언가를 나눈 일부분 즉, '몫'을 뜻하기도 합니다. 동사로는 무언가를 '얇게 썰다, 대폭 줄이다'라는 뜻을 나타냅니다.

1 Do you want a cheeseburger or a slice of pizza?
치즈버거나 피자 한 조각을 드시겠습니까?

2 The cook sliced the carrot into small slivers.
요리사가 당근을 작은 조각으로 썰었다.

Plus + sliver 명 (잘라 낸) 조각

purse

[pɜːrs]

명 (특히 여성의) 지갑[핸드백],
돈[재원],
상금[기부금, 장려금]

동 (걱정, 의혹으로) 입술을
오므리다[눈살을 찌푸리다]

purse는 원래 '가죽 주머니'를 의미하는 단어에서 유래했습니다. 오늘날은 주로 여성이 사용하는 '작은 지갑'이나 '핸드백'을 나타냅니다. 또한 '돈, 재원, 상금' 등을 뜻하기도 하는데 이는 '주머니' 안에 들어있는 돈을 추상적으로 표현한 것입니다. 그밖에 동사로는 걱정이나 의혹 때문에 '입술을 오므리다, 눈살을 찌푸리다'라는 뜻을 나타냅니다.

1 Mia lost her purse at the mall.
Mia는 쇼핑몰에서 지갑을 잃어버렸다.

2 As the purse is emptied, the heart is filled.
지갑을 비우면 마음이 채워진다.

Plus + empty 동 비우다 fill 동 채우다

1609

tease

[tiːz]

동 (악의적으로) 놀려대다[괴롭히다], (귀찮게) 조르다[요구하다], (보풀 등을) 세우다

명 놀리기[괴롭히기]

tease는 악의를 가지고 상대를 '놀리거나 괴롭히는' 것을 의미하는 동사입니다. 맥락에 따라 누군가를 귀찮게 '조르다, 요구하다'라는 뜻을 나타내기도 합니다. 생각해 보면 괴롭히는 것과 조르고 요구하는 것은 한 끗 차이군요!

1 **I have no comeback when Jim teases me.**
Jim이 나를 놀리면 나는 대꾸할 말이 없다.

2 **Eric teased his mother about buying him a new laptop.**
Eric은 엄마에게 새 노트북을 사달라고 졸랐다.

Plus+ comeback 말대꾸, 재치 있는 응답 laptop 명 노트북, 휴대용 컴퓨터

1610

pride

[praɪd]

명 자존심[자긍심], 자랑거리, 자만심[우월감], 전성기

pride는 양면성이 있는 단어입니다. 긍정적으로 '자존심, 자긍심'을 나타내기도 하지만 부정적인 차원에서 '자만심, 우월감'을 나타내기도 하지요. 사람이라면 누구나 pride를 가지고 있습니다. 그러나 이것이 '자존심, 자긍심'이 될지 '자만심, 우월감'이 될지는 지금 내 생각과 행동에 달렸지요.

1 **Timothy takes great pride in his work.**
Timothy는 자신의 일에 큰 자긍심을 가지고 있다.

2 **I decided to swallow my pride and apologize to John.**
나는 자존심을 버리고 John에게 사과하기로 결심했다.

Plus+ swallow one's pride 자존심을 억누르다 apologize 동 사과하다

1611

date

[deɪt]

명 날짜, 시기[때], (남녀간의) 데이트

동 날짜를 기입하다

date의 기본 의미는 '때'입니다. 그리고 '때'라는 개념은 맥락에 따라 '날짜'가 되기도 하고 '시기'가 되기도 하지요. 그리고 남녀가 적절한 '때'에 만나 서로 행복한 시간을 갖는것, 즉 '데이트'를 의미하기도 합니다. 동사로는 '날짜를 기입하다'를 뜻합니다.

1 **Please write your name and the date on the document.**
서류에 이름과 날짜를 적어주십시오.

2 **Jamie was so excited to go on a date with Mike.**
Jamie는 Mike와 데이트 하기로 해서 매우 설렜다.

Plus+ document 명 서류 go on a date 데이트하러 가다

1612

warmth

[wɔːrmθ]

명 따뜻함, 열의, 다정함

warmth는 '따뜻함'을 의미합니다. 이는 맥락에 따라 공기의 온도나 물체의 온도가 높은 상태를 나타내거나 마음이 따뜻하고 친절한 상태를 의미하기도 합니다. 이런 경우에는 '따뜻함, 다정함' 등으로 표현할 수 있습니다.

1 The warmth of the sun made Leah feel better.
태양의 따뜻함이 Leah를 기분 좋게 했다.

2 He enjoyed the warmth of the heater.
그는 히터의 따뜻한 온기에 즐겼다.

Plus+ feel better 기분이 좋아지다 warmth 명 온기

1613

attach

[ə'tætʃ]

동 붙이다[접착하다], 첨부하다, 소속[참여]시키다, (중요성 등을) 부여하다

attach의 기본 의미는 '붙이다'입니다. 맥락에 따라 '접착하다, 첨부하다' 등 어떤 대상을 '붙인다'는 의미를 그대로 적용한 뜻으로 쓰이기도 하고, 추상적으로 '소속시키다, 참여시키다' 등을 뜻하기도 합니다. 생각해 보면 누군가를 어떤 대상에 '붙이는' 것이 그 집단에 '소속시키거나 참여시키는' 것이 되겠군요!

1 Make sure to attach the label to the package.
반드시 라벨을 소포에 붙여 주십시오.

2 He forgot to attach the document to the e-mail.
그는 이메일에 그 문서를 첨부하는 것을 잊어 버렸다.

Plus+ forget 동 잊어버리다 document 명 문서

1614

beard

[bɪrd]

명 턱수염

beard는 '턱수염'을 의미합니다. 주로 남성의 얼굴 털을 지칭하지요. 참고로 우리는 '수염' 앞에 신체 부위를 붙여 '턱수염'이나 '콧수염'이라는 식으로 단어를 만들죠? 영어는 각 신체 부위에서 나는 수염을 다르게 부릅니다. 예를 들면 whisker(뺨이나 입 주변 수염), mustache(콧수염), goatee(턱과 입 주변 수염) 등이 있습니다.

1 Jim grew a thick beard after not shaving for a month.
Jim은 한 달 동안 면도를 하지 않아 턱수염이 덥수룩했다.

2 The old man had a long white beard.
그 나이 든 남자는 길고 하얀 턱수염을 기르고 있었다.

Plus+ thick 형 (머리털 따위가) 숱이 많은 shave 동 면도하다

1615 □□

bunny

['bʌni]

명 토끼, 바니걸, (관광지 등에서) 남자를 유혹하는 여자, 귀여운 여자 아이

bunny는 '토끼'를 조금 귀엽게 지칭하는 단어입니다. 그래서 토끼같이 귀여운 여자 아이들을 bunny라고 부르기도 합니다. 때로는 할로윈 파티 등에서 토끼 귀 모양의 의상을 입은 여성을 지칭하기도 하는데, 이 같은 의미로 인해 맥락에 따라 남자를 유혹하는 여자 등을 뜻하기도 하니 주의하셔야 합니다.

1 Lisa bought a cute bunny headband.

Lisa는 귀여운 토끼 머리띠를 샀다.

2 Eric always goes to sleep hugging his stuffed bunny rabbit.

Eric은 항상 토끼 인형을 껴안고 잠을 잔다.

Plus+ hug 동 (무엇을) 끌어안다 stuffed 형 (솜 등으로) 속을 채운

1616 □□

blast

[blæst]

명 돌풍[센 바람], 폭발, 맹비판[비난]

동 폭발시키다[하다], (특히 음악이) 쾅쾅 울리다

blast의 기본 의미는 '강한 바람'입니다. 이러한 바람을 흔히 '돌풍'이라고 표현하지요. 또한 '폭발'을 뜻하기도 하는데 아마 무언가 폭발할 때 강력한 바람이 부는 모습에서 파생된 뜻으로 추정합니다. 우리말에도 '거센 바람을 헤치고 나간다.'라는 말이 있지요? 이 같은 맥락에서 blast는 '맹비난'을 뜻하기도 합니다.

1 A sudden blast of wind knocked down the trees.

갑작스러운 돌풍이 나무들을 쓰러뜨렸다.

2 The children blasted the music loudly.

아이들은 음악을 쾅쾅 울리도록 크게 틀어댔다.

Plus+ knock down 쓰러뜨리다 loudly 부 큰 소리로, 강하게

1617 □□

excite

[ɪk'saɪt]

동 흥분시키다, 자극하다, 일으키다, 촉발시키다

excite는 '깨우다, 끌어올리다'를 의미하는 단어에서 유래했습니다. 그런데 무언가를 깨우고 끌어올리는 것은 흥분하거나 감정이 높아지게 하는 것으로 볼 수 있겠죠? 그래서 excite는 '흥분시키다, 자극하다' 등을 뜻하게 되었습니다. 그밖에 어떤 사태를 일으키거나 촉발시키는 것을 의미하기도 합니다.

1 Be careful not to excite the animals.

동물들을 흥분시키지 않도록 조심해라.

2 The campaign was designed to excite interest in the product.

그 캠페인은 제품에 관한 관심을 불러일으키기 위해 고안되었다.

Plus+ design 동 (특정한 목적을 위해) 고안하다 interest 명 관심

1618

famous

['feɪməs]

형 유명한, 잘 알려진

famous의 기본 의미는 '널리 알려진'입니다. 주로 긍정적인 맥락에서 사람이나 장소, 작품 등에 적용되어 '유명한, 잘 알려진'을 뜻하지요. 비슷한 단어로는 well-known(잘 알려진), prominent(유명한), renowned(유명한, 명성 있는) 등이 있습니다.

1 Ethan became a world-famous author.
Ethan은 세계적으로 유명한 작가가 되었다.

2 This restaurant is famous for its delicious pasta.
이 레스토랑은 파스타가 맛있기로 유명하다.

Plus + author 명 작가 be famous for ~로 유명하다

1619

upset

[ˌʌp'set] ['ʌpset]

형 속상한[마음이 상한], 당황한, 혼란한

명 혼란[엉망진창인 상태]

upset은 형용사로는 '속상한, 당황한, 혼란한' 등을 의미하고, 명사로는 '혼란' 그 자체를 뜻합니다. upset은 단순히 화가 난 상태를 의미하는 것을 넘어 무언가 슬프거나 언짢거나, 혹은 실망했을 때와 같은 전반적으로 기분이 좋지 않은 상태를 의미합니다.

1 Luna was upset because Tom ignored what she said.
Luna는 Tom이 자신의 말을 무시한 것에 마음이 상했다.

2 I was upset by the unexpected news.
나는 예기치 않은 소식에 당황했다.

Plus + ignore 동 무시하다 unexpected 형 예기치 않은

1620

straw

[strɔ:]

명 빨대, 짚, 지푸라기

형 짚으로 만든

straw는 원래 '지푸라기'를 의미했으나 이후 '빨대'가 발명되면서 이를 지칭하기 위해 가져다 쓰게 된 단어인데, 아마도 지푸라기와 빨대의 생김새가 비슷해서 그런 것이라 추정합니다. straw는 형용사로 '짚으로 만든'을 의미하기도 합니다.

1 He sipped his drink through a straw.
그는 빨대로 음료를 홀짝였다.

2 The farmer spread straw on the ground to protect the plants.
농부는 식물을 보호하기 위해 땅에 지푸라기를 펼쳤다.

Plus + sip 동 (음료를) 홀짝이다 spread 동 펼치다
protect 동 보호하다

Review Test 54

우리말에 맞게 빈칸에 알맞은 단어를 쓰세요.

(정답은 본문을 확인하세요.)

1 Bulls have sharp ______________. 황소들은 날카로운 뿔을 가지고 있다.

2 You must ______________ all items on the list. 그 목록에 있는 모든 품목은 세관에서 신고해야 한다.

3 The ______________ to female ratio in the class is 4 to 3. 그 반의 남녀 비율은 4대 3이다.

4 The ______________ of popular sentiment changed over time. 민심의 흐름은 시간이 지남에 따라 바뀌었다.

5 He carefully ______________ the wallpaper from the wall. 그는 벽지를 벽에서 조심스럽게 벗겼다.

6 We ______________ Tommy will arrive on time. 우리는 Tommy가 제시간에 도착할 것으로 추측한다.

7 They gave us a party to ______________ us. 그들은 우리를 환영하기 위해 파티를 열었다.

8 Please ______________ Oliver for his mistake. 제발 Oliver의 실수를 용서해 주십시오.

9 I need to ______________ my suitcase before checking in. 나는 탑승 수속 전에 여행 가방의 무게를 달아야 한다.

10 Mark was ______________ with making dinner. Mark는 저녁 식사를 만드는 임무를 맡았다.

11 The truth ______________ after an investigation. 수사 끝에 진실이 드러났다.

12 Your demands are absolutely ______________. 너의 요구 사항은 굉장히 터무니없다.

13 We are very ______________ for your support. 여러분의 지지에 진심으로 감사드립니다.

14 The orchestra ______________ Beethoven's Symphony No. 9. 오케스트라는 베토벤의 교향곡 제9번을 연주했다.

15 The ______________ of the policy was immediate. 그 정책의 효과는 즉각적이었다.

16 Olivia ______________ to win the competition. Olivia는 그 경기에서 이기고 싶어 견딜 수 없었다.

17 The cook ______________ the carrot into small slivers. 요리사가 당근을 작은 조각으로 썰었다.

18 Mia lost her ______________ at the mall. Mia는 쇼핑몰에서 지갑을 잃어버렸다.

19 I have no comeback when Jim ______________ me. Jim이 나를 놀리면 나는 대꾸할 말이 없다.

20 Timothy takes great ______________ in his work. Timothy는 자신의 일에 큰 자긍심을 가지고 있다.

21 Jamie was so excited to go on a ______________ with Mike. Jamie는 Mike와 데이트 하기로 해서 매우 설렜다.

22 The ______________ of the sun made Leah feel better. 태양의 따뜻함이 Leah를 기분 좋게 했다.

23 Make sure to ______________ the label to the package. 반드시 라벨을 소포에 붙여 주십시오.

24 The old man had a long white ______________. 그 나이 든 남자는 길고 하얀 턱수염을 기르고 있었다.

25 Lisa bought a cute ______________ headband. Lisa는 귀여운 토끼 머리띠를 샀다.

26 The children ______________ the music loudly. 아이들은 음악을 쾅쾅 울리도록 크게 틀어댔다.

27 Be careful not to ______________ the animals. 동물들을 흥분시키지 않도록 조심해라.

28 Ethan became a world-______________ author. Ethan은 세계적으로 유명한 작가가 되었다.

29 I was ______________ by the unexpected news. 나는 예기치 않은 소식에 당황했다.

30 He sipped his drink through a ______________. 그는 빨대로 음료를 홀짝였다.

Level
55

레벨별 단어 사용 빈도

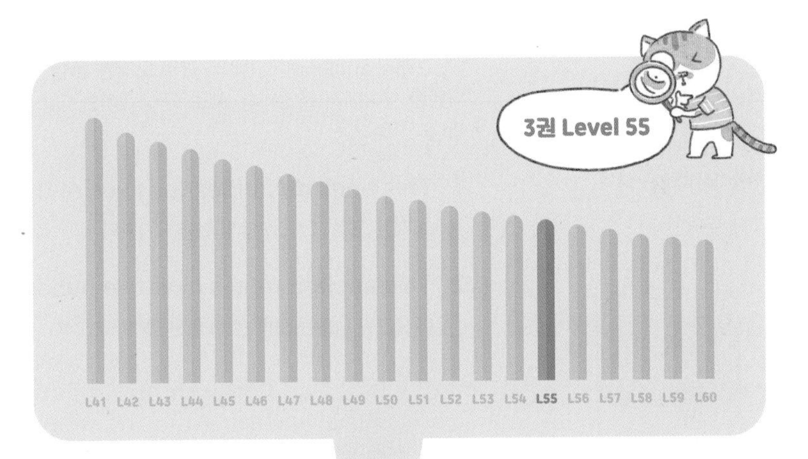
3권 Level 55
L41 L42 L43 L44 L45 L46 L47 L48 L49 L50 L51 L52 L53 L54 L55 L56 L57 L58 L59 L60
LEVEL 1~20
LEVEL 21~40
LEVEL 41~60
LEVEL 61~80
LEVEL 81~100

1621 

chop

[ʧɑ:p]

동 (음식 재료를 토막으로) 썰다[다지다], (예산 등을) 크게 삭감하다, 해고하다, (계획 따위를) 중지하다

주로 음식 재료를 '토막으로 썰거나 다지는' 것을 의미합니다. '자르다'를 뜻하는 비슷한 단어로 slice, cut 등이 있는데 slice는 '얇게 잘라내다'를 뜻하고 cut은 일반적인 자르기, 즉 '(무언가를) 베다'를 의미합니다. 그에 비해 chop은 '토막으로 썰거나 다지다'라는 뉘앙스가 강합니다. 추상적인 맥락에서는 예산이나 계획 등을 크게 줄이거나 중단하는 것을 나타내기도 합니다.

1 Please chop the onions for this salad.
이 샐러드에 사용할 양파를 다져주십시오.

2 The company had to chop its marketing budget.
그 회사는 마케팅 예산을 삭감해야 했다.

Plus+ onion 명 양파 budget 명 예산

1622 

ancient

['eɪnʧənt]

형 고대의[먼 옛날의], 아주 오래된, 구식의

명 고대 문명인

ancient는 '앞쪽의'를 뜻하는 단어에서 유래했습니다. '앞'이라는 말은 공간상의 위치를 표현할 수도 있지만 기준 시점보다 '이전'의 시간을 의미할 수도 있습니다. 그래서 ancient는 '고대의, 아주 오래된' 등을 뜻하며 문화나 역사, 건축물 등 다양한 분야에서 쓰입니다. 때로 '구식'이라는 다소 부정적인 의미를 나타내기도 합니다.

1 This book describes the lives of the ancient Greeks.
이 책은 고대 그리스인들의 삶을 묘사한다.

2 This ancient tree is over five hundred years old.
이 오래된 나무는 오백 년 이상 된 것이다.

Plus+ describe 동 (특징 등을) 묘사하다, 기술하다 Greek 명 그리스인

1623 

juice

[ʤu:s]

명 즙[주스], 육즙, (위에서 분비되는) 액, 기운[활기]

우리에게 마시는 '주스'로 익숙한 juice는 원래 '고기나 과일의 즙'을 의미했습니다. 생각해 보면 우리가 마시는 주스가 바로 '과일의 즙'이니 기본 의미가 그대로 이어진 것 같군요. 오늘날엔 이 의미가 확장되어 '(위 등에서 분비되는) 액'을 뜻하기도 하고 '기운, 활기' 등을 의미하기도 합니다.

1 I ordered orange juice with no sugar.
나는 설탕이 들어가지 않은 오렌지 주스를 주문했다.

2 Look at the juices flowing from the steak!
스테이크에서 흘러나오는 육즙을 좀 봐!

Plus+ order 동 주문하다 flow 동 흐르다

1624 

manner

['mænə(r)]

명 방법[방식], 태도
(*pl.*) 예절[예의], 관습

manner는 행동이나 태도의 방식, 일을 처리하는 방법, 예절 및 사회적 규범 등을 나타내는 명사입니다. 우리가 보통 '매너'라고 말하는 '예의범절'을 나타내거나 '관습, 풍습'의 의미로 사용될 때는 복수형(manners)으로 나타낸다는 점도 알아 두세요. 그래서 식사 예절을 table manners라고 합니다.

1 They solved the problem in a creative manner.
그들은 창의적인 방식으로 그 문제를 해결했다.

2 His manners are impeccable.
그의 매너는 흠잡을 데 없다.

Plus+ solve 동 (문제 등을) 해결하다 creative 형 창의적인
impeccable 형 흠잡을 데 없는

1625 

cottage

['kɑːtɪdʒ]

명 (시골의) 작은 집[별장]

cottage의 기본 의미는 '오두막'입니다. 주로 작고 아늑한 시골집이나 별장을 의미합니다. '오두막'을 뜻하는 비슷한 단어로는 cabin, bungalow 등이 있습니다. cabin은 주로 나무로 지은 오두막을 의미하고 bungalow는 한 층으로 된 작은 주택을 가리킵니다. 한편 cottage는 한 층 이상의 돌과 벽돌로 지어진 작은 집을 의미합니다.

1 Linda has a small cottage on the lake.
Linda는 호숫가에 작은 별장이 있다.

2 Ian and Sue spent their summer vacation at a cottage.
Ian과 Sue는 별장에서 여름방학을 보냈다.

Plus+ lake 명 호수 spend 동 (시간을) 보내다

1626 

advice

[əd'vaɪs]

명 조언, 충고, 통지

advice의 기본 의미는 '생각'입니다. 그 생각이 무엇인지에 따라 '조언, 충고, 통지' 등 다양한 의미로 확장될 수 있습니다. 예를 들어, take a person's advice라고 하면 '~의 충고에 따르다'를 뜻하고, seek advice는 '의견을 구하다'를 의미합니다.

1 Sally gave me some advice on how to deal with stress.
Sally는 내게 스트레스를 다루는 방법에 대해 조언을 해주었다.

2 We received advice on shipment and logistics.
우리는 운송과 물류에 관한 조언을 받았다.

Plus+ deal with (문제 등을) 처리하다 advice 명 조언
shipment 명 수송 logistics 명 물류, 물류 관리

1627 

restaurant

['restrɑːnt; 'restərɑːnt]

명 **식당, 음식점**

restaurant를 가만히 보면 restore(회복시키다)와 닮지 않았나요? 실제로 이 단어에서 유래했는데, 여기에는 여러 설이 있습니다. 그 중 하나가 바로 좋은 음식을 먹는 행위가 시람을 회복시키고 생기를 되찾게 해준다는 설입니다. 이런 맥락에서 restaurant는 '식당'을 뜻하게 되었습니다.

1 **We went to a restaurant to have dinner.**
우리는 저녁을 먹으러 식당에 갔다.

2 **This restaurant has a good atmosphere.**
이 음식점은 분위기가 좋다.

Plus+ have 동 먹다 atmosphere 명 분위기

1628 

bark

[bɑːrk]

명 **개 짖는 소리, (총 등의) 소리, 기침 소리, 나무 껍질**

bark는 '개 짖는 소리'와 '나무 껍질'이라는 두 가지 대표 의미를 가지고 있습니다. 참 특이하죠? 원래는 '나무 껍질'만을 의미했지만 시간이 지나면서 '개 짖는 소리'를 나타내게 되었습니다. bark는 그 외에도 '총소리, 기침소리' 등을 나타낼 수 있습니다. 모두 '개 짖는 소리'와 비슷해서 그랬을까요?

1 **She heard a dog bark in the distance.**
그녀는 멀리서 개 짖는 소리를 들었다.

2 **The building echoed with the bark of the gun.**
건물에 총소리가 울려 퍼졌다.

Plus+ in the distance 저 멀리, 먼 곳에 echo 동 (소리가) 울리다

1629 

chip

[ʧɪp]

명 **조각[토막], (음식의) 얇은 조각, (연장에서) 이 빠진 자국, (전자) 칩**

chip은 chop(토막 내다)과 같은 뿌리에서 파생되었습니다. 그래서 주로 무언가 부서지고 깨지거나 토막 나서 생긴 작은 '조각'을 의미합니다. 우리가 즐겨 먹는 chips(얇은 감자 튀김)도 여기에서 파생되었지요. 맥락에 따라서 '(전자) 칩'이나 '이 빠진 자국' 등을 의미하기도 합니다.

1 **The ground was littered with wood chips.**
땅에는 나무 조각이 흩어져 있었다.

2 **This cup has a chip in it, so we should buy another one.**
이 컵은 이가 빠졌으니 다른 것을 사야 한다.

Plus+ ground 명 땅 litter 동 흩뜨리다

1630

bundle

['bʌndl]

명 묶음[보따리]

동 (짐 등을) 꾸리다, 마구 집어넣다, 서둘러 떠나다

bundle은 '묶다'를 뜻하는 단어에서 유래했습니다. 오늘날 bundle은 명사로 여러 개가 함께 묶여 있는 것을 의미하는데, 이는 일반적으로 동일하거나 관련있는 것들을 함께 묶어 놓은 것을 나타냅니다. 동사로는 물건을 꾸리거나 마구 집어 넣는 동작을 주로 의미합니다.

1 She carried a bundle of clothes.
그녀는 옷 보따리를 들고 있었다.

2 The store bundled some soda with a bag of chips.
매장에서 탄산음료와 과자 한 봉지를 묶어서 팔았다.

Plus+ carry 동 (이동 중에) 들고 있다, 나르다　　bag 명 한 봉지

1631 

property

['prɑːpərti]

명 재산[소유물], 부동산, (사물의) 특성[특질]

property는 기본적으로 '자신의 것'을 뜻합니다. 개인의 '재산, 소유물' 등을 뜻하는데 특히 '부동산'을 말할 때 자주 쓰입니다. 또한 '자신의 것'이라는 의미에서 어떤 사물의 '특성, 특질'이라는 뜻이 파생되기도 했습니다.

1 She inherited a large property from her uncle.
그녀는 삼촌으로부터 막대한 재산을 상속받았다.

2 John showed us several properties in the area.
John은 우리에게 그 지역에 있는 몇 개의 부동산을 보여주었다.

Plus+ inherit 동 상속받다　　area 명 지역

1632 

type

[taɪp]

명 유형[종류], 전형, (인쇄) 활자

동 (타자기·컴퓨터로) 타자 치다, 입력하다, 분류하다

type은 원래 '틀'을 의미하는 단어에서 유래했습니다. 오늘날에는 '유형, 종류, 전형'을 의미하는데, 모든 것들을 '틀'이라고 보면 이해가 쉽겠군요. 인쇄 분야에서는 '활자'를 나타내기도 합니다. 이는 초창기 타자기가 글자마다 다른 '틀'을 활용해 활자를 찍어내던 것에서 유래했다고 추정합니다.

1 This type of work requires extreme concentration.
이런 유형의 작업은 고도의 집중력을 필요로 한다.

2 Harold took forever to type up the report.
Harold는 보고서를 입력하는 데 시간이 오래 걸렸다.

Plus+ require 동 필요로 하다　　concentration 명 집중력, (정신의) 집중
take 동 (얼마의 시간이) 걸리다　　report 명 보고서

1633 □□

explosion

[ɪk'sploʊʒn]

명 폭발[폭파], 폭발적 증가

explosion은 '폭발, 폭파'를 의미합니다. 갑작스럽고 격렬한 에너지 방출을 떠올리시면 됩니다. '폭발'을 의미하는 또 다른 단어로 blast가 있는데 주로 강한 바람이나 폭풍, 소리 등에 초점을 맞추는 경우가 많습니다. explosion은 문맥에 따라 '폭발적 증가'를 의미하기도 합니다.

1 There was a huge explosion at the chemical plant yesterday.
어제 화학 공장에서 큰 폭발이 있었다.

2 The explosion in smartphone use has changed how we communicate.
스마트폰 사용의 폭발적 증가가 우리의 소통 방식을 바꾸었다.

Plus+ chemical 형 화학의　　communicate 동 소통하다

1634 □□

sob

[sɑb]

동 흐느끼며 울다[말하다], (바람, 기계 등이) 흐느끼듯 소리내다

명 흐느껴 울기, 흐느껴 우는 듯한 소리

sob은 동사로는 '흐느껴 울다' 등을 의미하고, 명사로는 흐느껴 우는 행동 자체를 나타냅니다. 여기서 의미가 확장되어 바람이나 기계 같은 것들이 사람처럼 흐느끼듯 소리를 내는 것도 뜻할 수 있습니다. 참고로 sob과 비슷한 단어로는 weep(울다), whine(칭얼거리다, 우는 소리를 하다) 등이 있습니다.

1 Ben sobbed when he heard the tragic news.
Ben은 비극적인 소식을 듣고 흐느껴 울었다.

2 Maria could barely speak through the sobs.
Maria는 흐느끼는 소리로 간신히 말을 이어갔다.

Plus+ tragic 형 비극적인　　barely 부 간신히, 가까스로

1635 □□

spoon

[spu:n]

명 숟가락

동 숟가락으로 뜨다, (공 등을) 가볍게 쳐올리다

spoon은 원래 '나무 조각'을 뜻하는 단어에서 유래했습니다. 그러다 시간이 지나면서 '숟가락'을 뜻하게 되었습니다. 왠지 초창기 숟가락의 모습이 그려지지 않나요? spoon은 동사로는 '숟가락으로 뜨다'를 뜻하기도 하고 맥락에 따라 공을 가볍게 쳐올리는 동작을 의미하기도 합니다.

1 The baby started banging on the table with a spoon in his mouth.
아기는 숟가락을 입에 물고 탁자를 두드리기 시작했다.

2 Ann spooned the soup into a bowl.
Ann은 숟가락으로 수프를 떠서 그릇에 담았다.

Plus+ bang 동 쾅하고 치다　　bowl 명 그릇

1636 □□

scold

[skoʊld]

동 꾸짖다[야단치다], 잔소리하다

명 잔소리가 많은 사람

scold는 '꾸짖다, 야단치다'라는 뜻을 나타내는 동사입니다. 신기하게도 원래 '시인'이나 '작가'를 의미했는데, 옛날에는 이런 사람들이 사회적 문제에 대해서 날카로운 비판을 날렸기 때문에 지금의 뜻을 갖게 된 것 같습니다.

1 Tim scolded his son for not doing his homework.
Tim은 아들이 숙제를 하지 않아서 꾸짖었다.

2 My father is such a scold.
우리 아빠는 정말 잔소리꾼이야.

Plus+ such 형 대단히, 매우

1637 

motion

['moʊʃn]

명 움직임, 동작, 거동, 제의[동의(動議)]

motion의 기본 의미는 '움직임'입니다. '움직임, 동작, 거동' 외에 맥락에 따라 '제의, 동의'를 뜻하기도 합니다. 생각해 보면 사람과 사람 사이에서 아이디어가 움직여 발생한 것을 '제의, 동의'로 볼 수 있겠군요!

1 Mike has just noticed the motion of the mouse.
Mike가 방금 쥐의 움직임을 알아차렸다.

2 He made a motion for Sam to take a seat.
그는 Sam에게 자리에 앉으라고 손짓했다.

Plus+ notice 동 알아채다, 인지하다 take a seat 자리에 앉다

1638 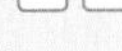

hush

[hʌʃ]

동 (쉬하며) 조용히 하게 하다, (쉬하며) 숨기다[은폐하다], 달래다[가라앉히다]

명 조용함[고요, 침묵]

hush는 동사로는 '조용히 하게 하다'를 뜻하고, 명사로는 '조용함' 자체를 의미합니다. 보통 '쉬' 소리를 내며 조용히 시키는 것을 나타냅니다. 입에 손가락을 가져다 대고 비밀 유지를 요구하는 모습이 떠올려 보세요. '숨기다, 은폐하다'라는 뜻과 쉽게 연결이 되시죠?

1 She hushed the crying baby.
그녀는 우는 아기를 달래주었다.

2 The room fell into a hush after the reading of the verdict.
판결문 낭독 후 법정은 조용해졌다.

Plus+ verdict 명 (배심원단의) 평결

pistol

['pɪstl]

명 권총

동 권총으로 쏘다

pistol은 명사로는 '권총'을 의미하고, 동사로는 권총으로 쏘는 행위를 나타냅니다. 영어권, 특히 미국에서는 총과 관련있는 단어들이 매우 세분화 되어 있습니다. pistol을 대체할 수 있는 대표적인 단어로는 handgun이 있는데 딱 봐도 손으로 쥐고 발사하는 총인지 아시겠죠?

1 She pulled out a pistol and fired into the air.
그녀는 권총을 꺼내 허공에 대고 발사했다.

2 The man pistoled the new target.
그 남자는 새 목표물에 권총을 겨누었다.

Plus+ fire 동 사격하다 target 명 목표(물)

respond

[rɪ'spɑːnd]

동 응답[대답]하다, (특정한) 반응을 보이다

respond는 re-(다시)와 spond(약속하다)가 결합한 단어입니다. 직역하면 '다시 약속하다'를 뜻하는데, 여기서 다양한 의미가 파생되었습니다. 무언가에 응답하는 것을 뜻하기도 하고 어떤 일에 대해 특정한 반응을 보이는 것을 나타내기도 합니다.

1 He didn't respond to my message at all.
그는 내 메시지에 전혀 응답하지 않았다.

2 The company always responds quickly to customer complaints.
그 회사는 고객의 불만에 항상 빠르게 대응한다.

Plus+ complaint 명 불만, 불평거리

bloody

['blʌdi]

형 유혈의, 피비린내 나는, 피투성이의, 살벌[잔인]한

bloody는 '유혈의, 피비린내 나는' 등을 의미하는 형용사입니다. 혹시 Bloody Mary(피의 메리)라는 말을 아시나요? 16세기 영국의 메리 1세 여왕에게 붙여진 별명인데요. 당시 영국의 종교 개혁을 거부하고 수많은 사람들을 탄압했고, 그때 얻은 별명이라고 하니 메리 1세도 참 대단한 사람이었죠?

1 I was surprised that Tim had a bloody nose.
나는 Tim이 코피를 흘려서 놀랐다.

2 The scene of the accident was bloody and horrific.
그 사고 현장은 피비린내 나고 끔찍했다.

Plus+ have a bloody nose 코피가 나다 scene 명 현장
horrific 형 끔찍한

1642 

explode

[ɪk'sploʊd]

동 (폭탄 등이) 터지다[터뜨리다], 폭발하다[폭파시키다], 폭발적으로 증가하다, (감정이) 격발하다

explode는 갑작스럽게 폭발하는 것을 의미하는 동사입니다. 또한 추상적으로는 무언가 폭발적으로 증가하는 것이나 감정이 격발되는 것을 표현할 수도 있습니다. 예를 들어, The fireworks exploded in the sky.라고 하면 '불꽃놀이가 하늘에서 터졌다.'를 뜻하고, He exploded with anger.는 '그는 분노로 폭발했다.'를 의미합니다.

1 **The bomb exploded in the crowded square.**
붐비는 광장에서 폭탄이 터졌다.

2 **Sam suddenly exploded into laughter.**
Sam은 갑자기 웃음을 터뜨렸다.

Plus+ bomb 명 폭탄 / crowded 형 붐비는 / square 명 광장 / laughter 명 웃음

1643 

adventure

[əd'ventʃə(r)]

명 모험, 돌발적인 일[사건], 대담[위험]한 시도[계획]

동 모험하다

adventure의 기본 의미는 '모험'입니다. 원래 '도착하다'라는 뜻에서 출발했는데 시간이 지나면서 새로운 곳에 도착한다는 의미로 '모험'을 뜻하게 되었다고 해요. 이후 어떤 일이 발생하는 상태에 다다른다는 맥락에서 '돌발적인 일, 사건' 등도 의미하기 시작했습니다. 주로 긍정적인 맥락에서 쓰입니다.

1 **Joe always dreamed of going on a great adventure.**
Joe는 항상 위대한 모험을 떠나는 것을 꿈꿨다.

2 **The crew seldom adventured during rough weather.**
선원들은 궂은 날씨에 모험을 떠나는 일이 거의 없었다.

Plus+ crew 명 선원 / seldom 부 (거의) ~않는 / rough 형 (날씨가) 거친

1644 

scrub

[skrʌb]

동 문지르다, 문질러 없애다, 취소하다, 정화하다

scrub은 기본적으로 '문지르다'를 뜻하는 동사입니다. 주로 청소를 할 때 더러운 것을 '문질러 없애는' 것을 나타내지요. 또한 추상적인 맥락에서 계획이나 일정을 '취소하는' 것을 뜻하기도 합니다. 일정표에 표시해두었던 계획을 '문질러 없애는' 것이라 생각하시면 쉽습니다.

1 **She scrubbed the dirty dishes with a sponge.**
그녀는 스펀지로 더러운 접시를 문질렀다.

2 **Henry scrubbed the stain from his shirt.**
Henry는 셔츠의 얼룩을 문질러 없앴다.

Plus+ dish 명 접시 / stain 명 (지우기 힘든) 얼룩

1645 

hare

[her]

명 **산토끼, 무임승차 손님, 의제, 바보[멍청이]**

hare는 주로 '산토끼'를 나타냅니다. 그리고 산토끼가 깡충 뛰어서 장애물을 넘는 모습에서 의미가 확장되어 '무임승차 손님'을 뜻하기도 합니다. 원래 통과해야 할 질차를 뛰어넘어 버리고 탑승하는 것이니 '무임승차 손님'이 되겠죠. 그밖에도 맥락에 따라 '의제, 바보' 등을 뜻하기도 합니다.

1 We caught a hare running through the forest.
우리는 숲속을 뛰어가는 산토끼를 잡았다.

2 To escape the eagle, the hare entered the cave.
독수리를 피하기 위해 산토끼는 굴로 들어갔다.

Plus+ escape 동 도망하다, 달아나다 / eagle 명 독수리
enter 동 들어가다 / cave 명 땅굴

1646

atom

['ætəm]

명 **원자, 미립자, 티끌, 소량**

atom은 '원자'를 나타냅니다. '원자'란 물질을 이루는 가장 작은 입자로, 물리학과 화학에서 중요한 개념입니다. 이러한 원자의 특성에서 의미가 확장되어 '티끌, 소량' 등을 뜻하기도 합니다. 예를 들어, an atom of라고 하면 '쥐꼬리만 한'을 뜻합니다.

1 An atom is the basic unit of everything.
원자는 모든 것의 기본 단위이다.

2 Dust particles resemble tiny atoms floating in the air.
먼지 입자는 공기 중에 떠다니는 작은 원자와 비슷하다.

Plus+ unit 명 구성 단위 / dust 명 먼지
particle 명 (아주 작은) 입자 / floating 형 떠다니는

1647

aisle

[aɪl]

명 **통로**

aisle은 '날개'를 뜻하는 단어에서 유래했으며 원래 건물의 두 측면에 위치한 부분을 지칭했는데, 시간이 지나면서 지금의 대형 마트나 비행기 등에서 볼 수 있는 '통로, 복도'를 칭하게 되었습니다.

1 Keep the aisle clear for other passengers.
다른 승객을 위해 통로를 비워두십시오.

2 Peter had to clean the school aisle because he was late for school.
Peter는 학교에 지각해서 복도를 청소해야 했다.

Plus+ passenger 명 승객

1648

solid

['sɑ:lɪd]

형 **고체의, 단단한, 견고한, 튼튼한**

solid는 일반적으로 물체의 상태나 구조가 '단단하고 견고한' 것을 나타냅니다. 그래서 맥락에 따라 '고체의, 단단한, 견고한, 튼튼한' 등으로 표현될 수 있습니다. 추상적으로는 신뢰할 수 있거나 확실한 무언가를 의미하기도 합니다.

1 Ice is the solid form of water.
얼음은 물의 고체 형태이다.

2 This table is made from solid materials.
이 테이블은 단단한 재료로 만들어졌다.

Plus+ form 명 형태 material 명 재료

1649

heap

[hi:p]

명 **더미, 다수, 고물차**

동 **쌓다[축적하다]**

heap은 기본적으로 '더미'를 뜻합니다. 그래서 명사로는 많이 쌓여 있는 물건이나 물질을 나타내며 동사로는 '쌓다, 축적하다'를 뜻합니다. '쌓다'를 뜻하는 비슷한 단어로는 stack이 있습니다. stack이 '차례차례 정돈되어 쌓인 더미'를 뜻하는 반면에 heap은 '무질서하게 쌓인 더미'에 더 가깝습니다.

1 We saw a heap of stones at the beach.
우리는 해변에서 돌무더기를 보았다.

2 Alex heaped his clothes onto the sofa.
Alex는 소파 위에 옷을 쌓아두었다.

Plus+ clothes 명 옷, 이복

1650

program

['proʊgræm]

명 **계획, 차례표**

동 **프로그램을 만들다[짜다]**

program은 원래 '선포하다, 공표하다, 공지하다'를 뜻하는 단어에서 유래했습니다. 그래서 오늘날에는 '계획, 차례표' 등을 의미하게 되었습니다. 어떤 일을 언제 어디서 하겠다고 '선포나 공표, 공지 하는' 것이 바로 '계획, 차례표'이니까요. 그밖에 동사로는 '프로그램을 만들다, 짜다'를 뜻하기도 합니다.

1 What's the program for tomorrow?
내일 계획은 어떻게 됩니까?

2 They programmed the computer to boot up automatically.
그들은 컴퓨터가 자동으로 시동되도록 프로그램을 짰다.

Plus+ boot up 컴퓨터를 시동하다 automatically 부 자동적으로

Review Test 55

우리말에 맞게 빈칸에 알맞은 단어를 쓰세요.

(정답은 본문을 확인하세요.)

1	Please ______________ the onions for this salad.	이 샐러드에 사용할 양파를 다져주십시오.
2	This ______________ tree is over five hundred years old.	이 오래된 나무는 오백 년 이상 된 것이다.
3	I ordered orange ______________ with no sugar.	나는 설탕이 들어가지 않은 오렌지 주스를 주문했다.
4	His ______________ are impeccable.	그의 매너는 흠잡을 데 없다.
5	Linda has a small ______________ on the lake.	Linda는 호숫가에 작은 별장이 있다.
6	We received ______________ on shipment and logistics.	우리는 운송과 물류에 관한 조언을 받았다.
7	This ______________ has a good atmosphere.	이 음식점은 분위기가 좋다.
8	She heard a dog ______________ in the distance.	그녀는 멀리서 개 짖는 소리를 들었다.
9	The ground was littered with wood ______________.	땅에는 나무 조각이 흩어져 있었다.
10	She carried a ______________ of clothes.	그녀는 옷 보따리를 들고 있었다.
11	She inherited a large ______________ from her uncle.	그녀는 삼촌으로부터 막대한 재산을 상속받았다.
12	Harold took forever to ______________ up the report.	Harold는 보고서를 입력하는 데 시간이 오래 걸렸다.
13	There was a huge ______________ at the chemical plant yesterday.	어제 화학 공장에서 큰 폭발이 있었다.
14	Maria could barely speak through the ______________.	Maria는 흐느끼는 소리로 간신히 말을 이어갔다.
15	Ann ______________ the soup into a bowl.	Ann은 숟가락으로 수프를 떠서 그릇에 담았다.
16	My father is such a ______________.	우리 아빠는 정말 잔소리꾼이야.
17	He made a ______________ for Sam to take a seat.	그는 Sam에게 자리에 앉으라고 손짓했다.
18	She ______________ the crying baby.	그녀는 우는 아기를 달래주었다.
19	She pulled out a ______________ and fired in to the air.	그녀는 권총을 꺼내 허공에 대고 발사했다.
20	He didn't ______________ to my message at all.	그는 내 메시지에 전혀 응답하지 않았다.
21	I was surprised that Tim had a ______________ nose.	나는 Tim이 코피를 흘려서 놀랐다.
22	Sam suddenly ______________ into laughter.	Sam은 갑자기 웃음을 터뜨렸다.
23	The crew seldom ______________ during rough weather.	선원들은 궂은 날씨에 모험을 떠나는 일이 거의 없었다.
24	Henry ______________ the stain from his shirt.	Henry는 셔츠의 얼룩을 문질러 없앴다.
25	To escape the eagle, the ______________ entered the cave.	독수리를 피하기 위해 산토끼는 굴로 들어갔다.
26	An ______________ is the basic unit of everything.	원자는 모든 것의 기본 단위이다.
27	Keep the ______________ clear for other passengers.	다른 승객을 위해 통로를 비워두십시오.
28	Ice is the ______________ form of water.	얼음은 물의 고체 형태이다.
29	Alex ______________ his clothes on to the sofa.	Alex는 소파 위에 옷을 쌓아두었다.
30	What's the ______________ for tomorrow?	내일 계획은 어떻게 됩니까?

레벨별 단어 사용 빈도

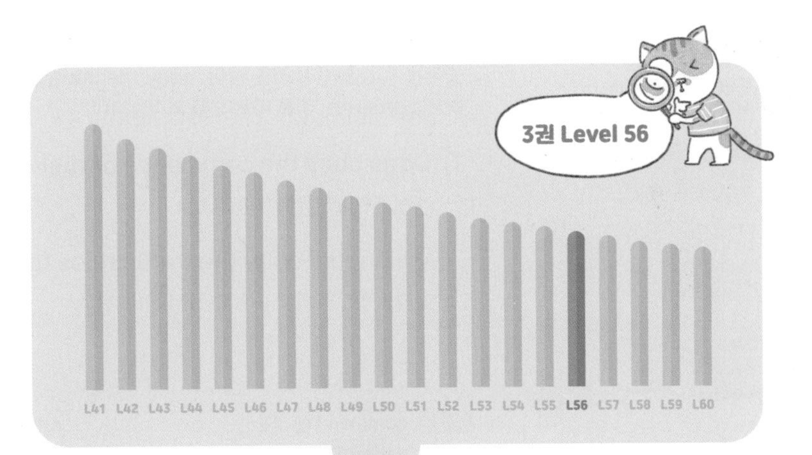

LEVEL 61~80 LEVEL 81~100

1651

threaten

['θretn]

동 협박[위협]하다, 위태롭게 하다, 징조[조짐]를 보이다

threaten은 누군가를 협박하거나 불길한 징조나 조짐을 나타내는 동사입니다. 물리적 위협과 정신적인 위협을 모두 의미할 수 있습니다. 예를 들어, Don't threat me.라는 표현은 '나를 위협하지마.'를 뜻하는데, 이는 '나를 정신적으로 괴롭히지 말라'는 뜻을 나타낼 수도 있습니다.

1 **Robots threaten human jobs.**
로봇은 사람의 일자리를 위협한다.

2 **The clouds in the distance threatened rain.**
저 멀리 구름을 보니 비가 올 듯 하다.

Plus+ job 명 일자리　　in the distance 저 멀리

1652 

obey

[ə'beɪ]

동 복종하다, ~에 따라 행동하다

obey의 기본 의미는 '듣고 따르다'입니다. 이후 시간이 지나면서 누군가의 명령을 '듣고 그대로 따르는' 것으로 의미가 확장되어 '복종하다, ~에 따라 행동하다'를 뜻하게 되었습니다. 예를 들어, obey the law라고 하면 '법을 따르다'를, obey one's orders는 '명을 따르다'를 의미합니다.

1 **Dogs obey the commands of their owners.**
개는 주인의 명령에 복종한다.

2 **We should obey the traffic rules for our safety.**
우리는 안전을 위해 교통 법규를 따라야 한다.

Plus+ command 명 명령　　rule 명 법규
safety 명 안전

1653 

birth

[bɜːrθ]

명 출산, 탄생, 태생[혈통], 시작[출현]

birth의 기본 의미는 '태어남'입니다. 이는 맥락에 따라 '출산, 탄생, 태생, 시작' 등 다양한 의미로 확장될 수 있습니다. 예를 들어, birth rate라고 하면 '출산율'을 의미하고, the birth of democracy는 '민주주의의 탄생'을 나타냅니다.

1 **She gave birth to a healthy baby boy.**
그녀는 건강한 남자 아이를 낳았다.

2 **The birth of the Internet completely changed the world.**
인터넷의 출현은 세상을 완전히 바꿨다.

Plus+ give birth (아이를) 낳다, 출산하다

stroke

[stroʊk]

명 뇌졸중, 때리기[타격], (반복 운동의) 한 동작, (보트 등의) 한 번 젓기

동 짧은 선을 긋다, 쓰다듬다[어루만지다]

stroke가 동사 strike(세게 치다)에서 유래했다는 사실 알고 계셨나요? stroke는 기본적으로 '타격'을 의미하며 맥락에 따라 '뇌졸중, 때리기, (반복 운동의) 한 동작' 등 다양한 의미로 파생되었습니다. 뇌에 갑작스러운 타격을 입는 것이 '뇌졸증'이겠죠. 한편 stroke가 동사로 사용될 때는 펜 등으로 선을 그리거나, 쓰다듬는 행동을 나타내기도 합니다.

1 My grandmother suffered a stroke last year.

작년에 할머니께서 뇌졸중을 겪으셨다.

2 Little strokes fell great oaks.

작은 타격으로 큰 떡갈 나무를 쓰러트린다. (= 노력하면 안 되는 일이 없다.)

Plus + suffer 동 (병을) 앓다

level

['levl]

명 정도[수준], 단계, 높이, 층

level은 '균형, 수평'을 뜻하는 단어에서 유래했습니다. 여기에서 '정도, 수준, 단계, 높이, 층'이라는 다양한 뜻이 파생했습니다. 모두 균형 잡힌 평평한 느낌을 기반으로 합니다. 생각해 보면 '정도, 수준'도 결국 '층'을 추상화 한 셈이니까요. 그래서 on the same level(같은 수준에서)처럼 level을 활용한 표현들은 '층'에 쓰이는 전치사 on 등이 잘 쓰입니다.

1 The higher levels of this video game are hard.

이 비디오 게임은 높은 레벨일수록 어렵다.

2 The water level is getting higher.

물의 수위가 점점 높아지고 있다.

Plus + hard 형 어려운, 힘든

cane

[keɪn]

명 (대나무, 사탕수수 등의) 줄기, 지팡이[회초리]

동 (회초리 등으로) 때리다

cane은 '갈대'처럼 생긴 것들을 지칭하는 단어입니다. 그래서 명사로는 주로 '(대나무, 사탕수수 등의) 줄기, 지팡이' 등을 의미합니다. 동사로는 '(회초리 등으로) 때리다'를 뜻하지요. 예를 들어, walking cane은 '걸을 때 쓰는 지팡이'를 의미하며 cane sugar은 '사탕수수에서 추출한 설탕'을 뜻합니다.

1 The farmers harvested the sugar cane.

농부들은 사탕수수를 수확했다.

2 The old man used a cane to support himself.

그 노인은 지팡이를 사용해 몸을 지탱했다.

Plus + harvest 동 수확하다　　support 동 (~로) 지탱하다

1657 

dive

[daɪv]

dived[dove] - dived

동 (물속으로 거꾸로) 뛰어들다, 잠수하다, 급락하다, 급강하하다

dive의 기본 의미는 '뛰어들다'입니다. 주로 물속으로 뛰어들거나 잠수하는 행위를 나타내지요. 추상적인 맥락에서는 경제를 나타내는 지표 등이 급락하거나 급강하하는 것을 표현하기도 합니다.

1 You should do some warm-up exercises before diving.
물속에 들어가기 전에 준비 운동을 해야 한다.

2 They dove to explore the coral reef.
그들은 산호초를 탐험하기 위해 잠수했다.

Plus+ warm-up exercises 준비 운동　explore 동 탐험하다
coral reef 산호초

1658 

pet

[pet]

명 반려동물, (불공평할 정도로) 총애를 받는 사람

형 애완의, 특히 좋아하는

우리에게 '반려동물'이라는 뜻으로 익숙한 pet은 원래 '특별히 돌봄을 받는 대상'을 의미했습니다. 그래서 맥락에 따라서 불공평할 정도로 '총애를 받는 사람'을 뜻하기도 합니다. pet은 형용사로는 '애완의, 특히 좋아하는'을 의미하기도 합니다.

1 Linda lost her pet three years ago.
Linda는 3년 전에 반려동물을 잃었다.

2 The family decided to get a dog for a pet.
가족은 반려동물로 개를 키우기로 결정했다.

Plus+ lose 동 잃다, 상실하다

1659

halfway

[ˌhæfweɪ]

형 중간[중도]의, 불충분한

부 중간[중도]에서

halfway는 half(절반)와 way(길)이 결합한 단어입니다. 주로 중간 지점이나 진행 과정의 중간 단계를 나타내어 완전히 끝나지 않은 상태나 불충분한 것을 표현합니다. 예를 들어, meet someone halfway라고 하면 '상대방과 타협하다'를 뜻합니다.

1 They stopped at a small cafe halfway between the two buildings.
그들은 두 건물 사이의 중간 지점에 있는 작은 카페에서 멈췄다.

2 His effort was halfway, and he didn't achieve the desired result.
그는 노력이 불충분해서 원하는 결과를 얻지 못했다.

Plus+ achieve 동 얻다, 달성하다　desired 형 바랐던

grumble

['grʌmbl]

동 투덜거리다[불평하다], (소리가) 으르렁거리다 [우르르 울리다]

명 불평[불만], 으르렁[우르르]거리는 소리

grumble은 기본적으로 '불평하다'를 뜻합니다. 아주 정확하게는 낮은 소리로 불평하는 것을 의미합니다. 그래서 '으르렁거리다'라는 뜻을 나타내기도 합니다. 명사로는 '불평, 불만, 으르렁거리는 소리' 등을 나타낼 수 있습니다.

1 **Sue always grumbles about her job.**
Sue는 항상 직장에 대해 불평한다.

2 **There were a few grumbles about the new manager.**
새로운 관리자에 대한 불평이 적지 않았다.

Plus+ manager 명 관리자

clench

[klentʃ]

동 단단히[꽉] 쥐다, (입을) 굳게 다물다, 단단히 고정시키다, 결말을 짓다

clench는 '꽉 쥐다'라는 뜻을 나타내는 동사입니다. 기본적으로 손으로 꽉 쥐는 것을 의미하지만 어떤 것으로 쥐든 꽉 쥐는 것은 모두 나타낼 수 있습니다. 그래서 맥락에 따라 '입을 굳게 다물다'를 뜻하기도 하고 무언가를 '단단히 고정시키는' 것을 의미하기도 합니다.

1 **Helen clenched her fist in anger.**
Helen은 화가 나서 주먹을 꽉 쥐었다.

2 **He clenched his teeth to bear the pain.**
그는 아픔을 참기 위해 이를 꽉 물었다.

Plus+ fist 명 주먹　　bear 동 참다, 견디다
pain 명 고통

1662

soup

[su:p]

명 수프

동 곤경에 빠뜨리다

soup이라는 단어의 어원이 참 재미있습니다. 원래 '빵을 담근 물'을 의미했는데 시간이 지나면서 다양한 재료를 담는 음식으로 발전하다가 지금의 뜻이 되었습니다. soup은 동사로는 '곤경에 빠뜨리다'를 뜻합니다. 마치 늪처럼 걸쭉하고 깊은 soup에 빠진 상황이 떠오르지 않나요?

1 **Amy has a bowl of hot chicken soup when she has a cold.**
Amy는 감기에 걸리면 뜨거운 닭 수프 한 그릇을 먹는다.

2 **Max was in the soup after the blunder.**
Max는 그 실수 이후에 곤경에 처했다.

Plus+ be in the soup 곤경에 처하다　　blunder 명 (어리석은) 실수

1663

rare

[rer]

형 드문[보기 힘든], 진귀한, (고기를) 살짝 익힌

rare의 기본 의미는 '드문'입니다. 보통 드문 것은 희소성에 의해 '귀하고 값진' 것이라 여겨지죠? 그래서 rare는 '진귀한'을 뜻합니다. 그밖에 고기를 구울 때 전체를 바싹 익히지 않고 드문드문 '살짝 익힌' 상태를 나타내기도 합니다.

1 It is rare to find someone who speaks five languages fluently.
5개 국어를 유창하게 구사하는 사람을 찾는 것은 드문 일이다.

2 This sculpture is a rare masterpiece.
이 조각상은 보기 드문 걸작이다.

Plus+ language 명 언어 / fluently 부 유창하게 / sculpture 명 조각상 / masterpiece 명 걸작

1664

armor

['ɑːrmər]

명 갑옷, 기갑 부대

armor는 전투 중에 입는 '갑옷'을 뜻합니다. 명사 arms(무기)와 같은 뿌리에서 파생된 것으로 추정합니다. 오늘날 군인과 경찰이 착용하는 방탄 조끼도 armor의 한 종류로 볼 수 있습니다. 이를 흔히 body armor라고 합니다.

1 The knight wore armor to protect herself.
기사는 스스로를 보호하기 위해 갑옷을 착용했다.

2 This museum displays a collection of medieval armor.
이 박물관은 중세 갑옷 컬렉션을 전시하고 있다.

Plus+ protect oneself 스스로를 보호하다 / display 동 전시하다 / medieval 형 중세의

1665

carriage

['kærɪdʒ]

명 탈 것, 객차[마차], 운반[수송], 운송료

carriage는 주로 말 등이 끄는 '수레'나 '마차', 또는 기차의 '객차'를 뜻합니다. 더 넓은 의미로는 '운반, 수송' 자체를 나타내기도 하며 이와 관련된 '비용'을 의미하기도 합니다. carriage는 동사 carry(나르다)와 같은 뿌리에서 파생된 단어인데요. 결국 '실어 나르는 것'을 carriage가 나타낸다고 보시면 됩니다.

1 The prince arrived in an elegant carriage.
왕자는 고급스러운 마차를 타고 도착했다.

2 The cost of carriage for shipping the goods is high.
상품을 운송하는 데 드는 운송료가 비싸다.

Plus+ elegant 형 기품 있는 / cost 명 가격 / ship 동 운송하다 / goods 명 상품

1666

gap

[gæp]

명 틈, 격차, 공백

동 틈이 벌어지다

gap의 기본 의미는 '열린 공간'입니다. 여기서 의미가 확장되어 명사로는 '틈, 격차, 공백'을 뜻하고, 동사로는 '틈이 벌어지다'를 의미하게 되었습니다. 예를 들어, generation gap이라고 하면 '세대간 격차'를 의미하고 income gap은 '소득 격차'를 뜻합니다.

1 **Many societies have a significant gap between rich and poor.**

많은 사회가 빈부 격차가 심하다.

2 **She noticed a small gap in the fence.**

그녀는 울타리에 있는 작은 틈을 발견했다.

Plus+ significant 형 상당한　　notice 동 알아채다

1667

silly

['sɪli]

형 어리석은, (얻어맞아) 기절한

silly의 원래 의미는 '행복한'이었습니다. 그러다 쓸데없이 헤벌레 웃는 모습에서 '어리석은'이라는 의미가 파생되었지요. 심지어 영국 영어에서는 어딘가에 얻어맞아 '기절한' 상태를 나타내기도 합니다. 일상 대화에서 자주 쓰이는 표현 중에는 Don't be silly.(어리석게 굴지 마라.) 등이 있습니다.

1 **Jimmy made a silly mistake on the test.**

Jimmy는 시험에서 어리석은 실수를 했다.

2 **She was nervous and kept asking silly questions.**

그녀는 긴장한 나머지 계속 바보 같은 질문을 던졌다.

Plus+ keep -ing 계속 ~하다　　ask a question ~에게 질문을 하다

1668

steep

[sti:p]

형 가파른[경사가 급한], (가격 따위가) 터무니없는[엄청난], 급격한, 과장된[극단적인]

steep의 기본 의미는 '높고 거친'입니다. 높고 거친 곳은 주로 어떤 곳일까요? 바로 '가파르거나 경사진' 곳이겠죠? 그래서 steep은 주로 산이나 언덕 등의 가파르거나 경사가 급한 지형을 나타냅니다. 또는 비유적으로 가격이 터무니없이 높거나 요구사항이 지나치게 엄격한 것을 의미하기도 합니다.

1 **The mountain has a very steep slope.**

그 산은 매우 가파른 경사로 되어 있다.

2 **The store charges a steep price for its items.**

그 상점은 상품들에 터무니없는 가격을 받고 있다.

Plus+ slope 명 (산) 비탈, 경사면　　charge 동 (요금·값을) 청구하다

condition

[kən'dɪʃn]

명 상태, 조건, 환경[상황]

동 길들이다

condition은 어떤 대상의 '상태'나 '특성'을 나타내는 명사입니다. 또한, 맥락에 따라 특정한 '상황'이나 '조건'을 뜻하기도 합니다. 동사로는 훈련이나 교육을 통해 '길들이다'라는 뜻을 나타냅니다.

1 The condition of the house got worse and worse.
그 집의 상태는 점점 더 나빠졌다.

2 The dog was conditioned to bark when the bell rang.
그 개는 종이 울리면 짖도록 길들여졌다.

Plus+ get worse 악화되다 bark 동 (개가) 짖다

bandage

['bændɪdʒ]

명 붕대[안대]

동 붕대를 감다

bandage는 원래 '묶다'를 뜻하는 동사에서 유래했습니다. 그러다 상처 부위를 꽉 묶는 모습에서 지금의 '붕대'라는 뜻이 파생되었습니다. 동사로는 상처 부위에 붕대를 감싸 고정시키는 행위 자체를 의미합니다.

1 The nurse changed the bandage on my wound.
간호사가 내 상처에 붕대를 교체했다.

2 William bandaged his injured arm.
William은 다친 팔에 붕대를 감았다.

Plus+ wound 동 상처, 부상 injured 형 다친

natural

['nætʃrəl]

형 자연[천연]의, 타고난, 본래의[꾸밈없는]

명 적임자

natural은 명사 nature(자연)에서 파생한 단어로 '자연 그대로의 상태'를 나타냅니다. 기본적으로 만들어진 것이 아닌 원래 모습 그대로를 의미합니다. 또한 이를 사람에게 적용하면 '타고난, 본래의, 꾸밈없는' 등의 의미를 나타냅니다. 그 밖에 어떤 일의 '적임자'를 뜻하기도 합니다.

1 These shampoos are made from natural ingredients.
이 샴푸들은 천연 성분으로 만들어졌다.

2 Owen is a natural at painting.
Owen은 그림 그리는 데 타고난 재능이 있다.

Plus+ ingredient 명 (혼합물의) 성분

1672

mosquito

[mə'ski:toʊ, mɒski:təʊ]

명 모기

mosquito는 원래 '작은 파리'를 의미하다가 시간이 지나면서 '모기'를 뜻하게 되었습니다. 여름이 되면 mosquito를 대비해서 준비해야 할 것이 많죠? 대표적으로 mosquito net(모기장)이 있습니다. 또한 많은 질병이 모기에 의해서 전염되는데, 이를 mosquito-borne disease(모기 매개 질환)이라고 표현합니다.

1 There are many mosquitoes at night.
밤에는 모기가 많다.

2 Malaria is a mosquito-borne disease.
말라리아는 모기 매개 질환이다.

Plus+ mosquito-borne 모기를 매개로 하는 disease 명 질환, 질병

1673

flight

[flaɪt]

명 비행, 비행기, 항공편, 탈출[도피]

flight은 기본적으로 '비행, 비행기'를 의미하는 명사입니다. 그리고 빠르게 날아가는 비행기의 모습에서 의미가 확장하여 어딘가에서 '탈출하거나 도피하는' 것을 나타내기도 합니다. 예를 들어, put somebody to flight은 '~를 달아나게 하다'를 의미합니다.

1 Watching the flight of birds is fascinating.
새들의 비행을 관찰하는 것은 매력적이다.

2 Alex booked a flight to Paris for vacation.
Alex는 휴가를 위해 파리로 가는 항공편을 예약했다.

Plus+ fascinating 형 매력적인 book 동 예약하다

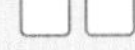

1674

creek

[kri:k]

명 시내[개울], (바다나 호수의) 작은 만

creek은 주로 작은 물이 흐르는 '시내'나 '개울'을 의미하며, 때로 바다나 호수의 '작은 만'을 뜻하기도 합니다. creek을 활용한 표현 중 up a creek without a paddle이 있는데, 직역하면 '개울가에 노 없이 있는'이 됩니다. 이는 보통 '극도로 어려운 상황에 처한, 궁지에 몰린' 등을 의미합니다.

1 They played with a boat in the creek.
그들은 개울에서 배를 가지고 놀았다.

2 The village is nestled along a creek.
그 마을은 작은 만을 따라 자리 잡고 있다.

Plus+ village 명 마을 nestle 동 (집 등이) 자리 잡고 있다
along 전 ~을 따라

1675

admire

[əd'maɪə(r)]

동 존경하다, 칭찬하다, 감탄[탄복]하다

admire는 누군가를 인정하고 존경하거나, 무언가 아름답고 감동적이라 느껴 감탄한다는 뜻을 나타냅니다. 예를 들어, admire one's passion은 '~의 열정을 존경하다'를 뜻하고, admire the scenery는 '경치에 감탄하다'를 의미합니다.

1 I admire the way Sam handled the problem.
나는 Sam이 그 문제를 다루는 방식을 존경한다.

2 People admired the beautiful sunrise on the beach.
사람들은 해변에서 아름다운 일출을 보며 감탄했다.

Plus+ way 명 방식, 방법 / handle 동 다루다 / sunrise 명 일출

1676

vast

[væst]

형 광대[거대]한, 방대한, 막대한

vast는 원래 '텅 빈'을 의미하는 단어에서 유래했는데, 매우 크고 넓은 영역이나 아주 많은 양을 나타냅니다. 우리는 보통 아무 것도 없을 정도로 넓은 지역을 보면 '황량'하다고 표현하죠? vast는 그 정도로 '광대한' 것을 나타낸다고 보시면 됩니다.

1 The vast ocean stretched out before us.
광활한 바다가 눈 앞에 펼쳐져 있었다.

2 Emily has a vast knowledge of history.
Emily는 역사에 대한 방대한 지식을 가지고 있다.

Plus+ stretch 동 펼쳐지다 / knowledge 명 지식

1677

colt

[koʊlt]

명 콜트 권총, (특히 수컷) 어린 말[망아지], 초심자[풋내기, 신출내기]

colt는 권총의 한 종류인 '콜트 권총'을 의미하기도 하고 '(수컷) 어린 말'을 뜻하기도 합니다. 어린 말을 '망아지'라고 하는데, 보통 망아지 하면 아무것도 모르고 날뛰는 이미지가 떠오르지요? 그래서 colt는 비유적으로 '초심자, 신입'을 의미하기도 합니다.

1 She bought a colt revolver for self-defense.
그녀는 자기 방어를 위해 콜트 리볼버 권총을 샀다.

2 The colt is galloping in the field with its mother.
그 어린 말은 엄마 말과 함께 들판에서 뛰어다니고 있다.

Plus+ self-defense 자기 방어 / gallop 동 (말 등이) 질주하다

1678 □□

costume

['kɑ:stu:m]

명 의상[복장], 옷차림

동 의상[옷]을 입히다,
~을 위하여 의상을 마련하다

costume은 원래 '습관, 관례'를 뜻하는 단어에서 유래했습니다. 그러다 시간이 지나 의미가 확장되어 특별한 경우나 연극, 영화, 파티 등에서 입는 '옷'을 의미하게 되었습니다. 동사로는 누군가에게 그런 의상을 입히거나 마련하는 것을 뜻합니다.

1 James wore a pirate costume to the party.
James는 파티에서 해적 의상을 입었다.

2 Grant is costuming a play about Maria Antoinette.
Grant는 마리아 앙투아네트에 관한 연극 의상을 제작하고 있다.

Plus+ pirate 명 해적 play 명 연극

1679 □□

gut

[gʌt]

명 내장[창자], 소화기관[장(腸)],
핵심[본질], 용기[배짱]

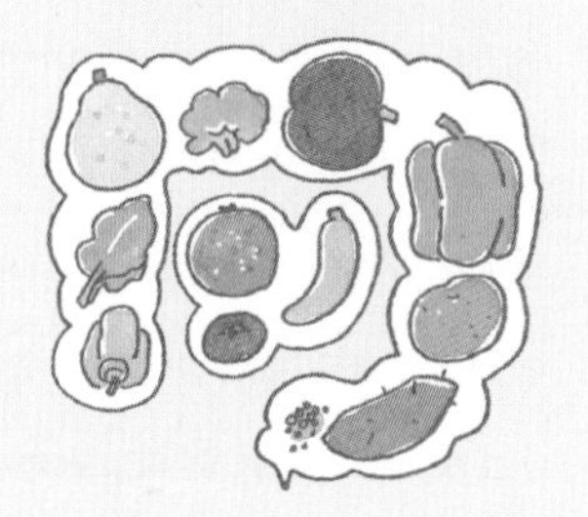

gut은 크게 두 가지 의미를 나타냅니다. 첫 번째는 '내장'이나 창자, 장(腸)과 같은 '소화기관' 등 사람이나 동물의 내부 기관을 뜻합니다. 두 번째로는 어떤 대상의 '핵심, 본질', 또는 '용기, 배짱' 같은 추상적인 의미를 나타냅니다. 그래서 have the guts라고 하면 '배짱이 있다'를 뜻합니다.

1 The tiger ripped out the guts of its prey.
호랑이는 먹이의 내장을 뜯어냈다.

2 Eating fiber-rich foods is good for our gut health.
섬유질이 풍부한 음식을 먹는 것은 장 건강에 좋다.

Plus+ rip 동 (거칠게) 뜯어내다 prey 명 먹이
fiber 명 섬유질

1680 □□

ugly

['ʌgli]

형 못생긴, 추한, 불쾌한,
(날씨 등이) 험악한

ugly는 '못생긴'을 뜻하는 형용사입니다. 그리고 무언가 너무 못생기거나 흉하면 보기 불쾌할 수 있겠죠? 그래서 '불쾌한, 험악한'이라는 의미가 파생되었습니다. ugly를 활용한 표현 중 우리에게 가장 익숙한 것은 아마 ugly duckling(미운 오리 새끼)이 아닐까 합니다.

1 Sam wore a hat to cover up the ugly scar on his face.
Sam은 얼굴의 흉한 흉터를 가리기 위해 모자를 썼다.

2 The ugly truth is that she is not going to change.
불편한 진실은 그녀가 변하지 않을 것이라는 점이다.

Plus+ cover up ~완전히 가리다 scar 명 흉터
truth 명 진실

Review Test 56

우리말에 맞게 빈칸에 알맞은 단어를 쓰세요.

(정답은 본문을 확인하세요.)

1 Robots ____________ human jobs. 로봇은 사람의 일자리를 위협한다.

2 Dogs ____________ the commands of their owners. 개는 주인의 명령에 복종한다.

3 She gave ____________ to a healthy baby boy. 그녀는 건강한 남자 아이를 낳았다.

4 My grandmother suffered a ____________ last year. 작년에 할머니께서 뇌졸중을 겪으셨다.

5 The water ____________ is getting higher. 물의 수위가 점점 높아지고 있다.

6 The farmers harvested the sugar ____________. 농부들은 사탕수수를 수확했다.

7 They ____________ to explore the coral reef. 그들은 산호초를 탐험하기 위해 잠수했다.

8 Linda lost her ____________ three years ago. Linda는 3년 전에 반려동물을 잃었다.

9 His effort was ____________, and didn't achieve the desired result. 그는 노력이 불충분해서 원하는 결과를 얻지 못했다.

10 Sue always ____________ about her job. Sue는 항상 직장에 대해 불평한다.

11 He ____________ his teeth to bear the pain. 그는 아픔을 참기 위해 이를 꽉 물었다.

12 Max was in the ____________ after the blunder. Max는 그 실수 후에 곤경에 처했다.

13 This sculpture is a ____________ masterpiece. 이 조각상은 보기 드문 걸작이다.

14 The knight wore ____________ to protect herself. 기사는 스스로를 보호하기 위해 갑옷을 착용했다.

15 The prince arrived in an elegant ____________. 왕자는 고급스러운 마차를 타고 도착했다.

16 She noticed a small ____________ in the fence. 그녀는 울타리에 있는 작은 틈을 발견했다.

17 Jimmy made a ____________ mistake on the test. Jimmy는 시험에서 어리석은 실수를 했다.

18 The mountain has a very ____________ slope. 그 산은 매우 가파른 경사로 되어 있다.

19 The dog was ____________ to bark when the bell rang. 그 개는 종이 울리면 짖도록 길들여졌다.

20 William ____________ his injured arm. William은 다친 팔에 붕대를 감았다.

21 Owen is a ____________ at painting. Owen은 그림 그리는 데 타고난 재능이 있다.

22 Malaria is a ____________-borne disease. 말라리아는 모기 매개 질환이다.

23 Watching the ____________ of birds is fascinating. 새들의 비행을 관찰하는 것은 매력적이다.

24 The village is nestled along a ____________. 그 마을은 작은 만을 따라 자리 잡고 있다.

25 I ____________ the way Sam handled the problem. 나는 Sam이 그 문제를 다루는 방식을 존경한다.

26 The ____________ ocean stretched out before us. 광활한 바다가 눈 앞에 펼쳐져 있었다.

27 The ____________ is galloping in the field with its mother. 그 어린 말은 엄마 말과 함께 들판에서 뛰어다니고 있다.

28 James wore a pirate ____________ to the party. James는 파티에서 해적 의상을 입었다.

29 The tiger ripped out the ____________ of its prey. 호랑이는 먹이의 내장을 뜯어냈다.

30 The ____________ truth is that she is not going to change. 불편한 진실은 그녀가 변하지 않을 것이라는 점이다.

레벨별 단어 사용 빈도

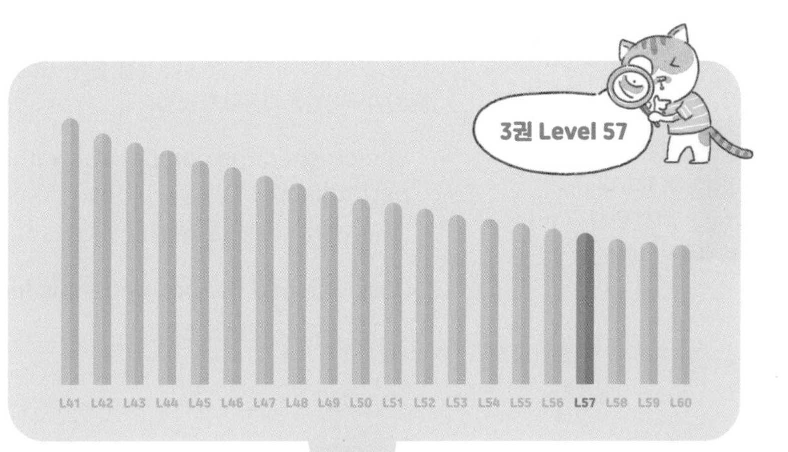

LEVEL 1~20 LEVEL 21~40 **LEVEL 41~60** LEVEL 61~80 LEVEL 81~100

1681

section

['sɛkʃn]

명 부분[부문], 부품, 부서[과], 구역[지구]

section의 기본 의미는 '잘린 부분'입니다. 그래서 전체가 아닌 '부분' 또는 '부문' 등을 의미합니다. 그리고 여기서 뜻이 확장되어 조직이나 기관의 특정 '부서'나 '과'를 가리키기도 하고 어떤 지역이나 건물의 특정 '구역'이나 '지구'를 의미하기도 하죠.

1 **Alice got a spot in the orchestra's violin section.**
Alice는 오케스트라의 바이올린 부문에 합류했다.

2 **Apples are in the produce section of the store.**
사과는 매장 내 농산물 코너에 있다.

Plus+ spot 명 직업, 지위 produce 명 농산물, 농작

1682

crush

[krʌʃ]

동 뭉개다[찌부러뜨리다], 압착하다[짓이기다], 가루로 빻다[찧다], 밀어[쑤셔] 넣다

crush는 '뭉개다, 빻다' 등을 뜻하며 무언가를 부수어 가루로 만드는 것을 나타냅니다. 또 추상적인 맥락에서는 누군가 상대방을 감정적으로 압도하거나 좌절시키는 것을 의미하기도 합니다. 예를 들어, crush out of shape이라고 하면 '(물건을) 묵사발을 만들다'를 뜻합니다.

1 **She crushed the competition with her spectacular performance.**
그녀는 굉장한 퍼포먼스로 경쟁자를 압도했다.

2 **Jack crushed the box under his foot.**
Jack은 발로 상자를 뭉개 버렸다.

Plus+ competition 명 경쟁자 spectacular 형 굉장한, 볼 만한

1683

committee

[kə'mɪti]

명 위원회

committee의 기본 의미는 '모임'입니다. 여기 저기서 보내진 사람들이 함께 모여있는 것을 뜻합니다. 특히 특정 목적을 위해 결정을 내리거나 계획을 세우는 데 관여하는 한 그룹의 사람들로 구성된 조직을 말하는데, 이는 우리말의 '위원회'에 해당합니다.

1 **The committee is going to discuss the proposal.**
위원회는 그 제안에 대해 논의할 예정이다.

2 **She was appointed head of the organizing committee.**
그녀는 조직위원회의 회장으로 임명되었다.

Plus+ proposal 명 제안 appoint 동 임명하다
head 명 (단체, 조직 등의) 책임자

lion

['laɪən]

명 (동물) 사자

우리가 잘 알고 있듯이 lion은 '사자'를 의미합니다. 서양에서 사자는 가장 용맹하고 강한 동물로 여겨지기 때문에 lion을 활용한 멋진 표현들이 많이 있습니다. 예를 들어 lionhearted라고 하면 '사자의 심장을 가진', 즉 '용기 있는 사람, 용사'를 뜻합니다.

1 **Lions are often called the king of the jungle.**
사자는 종종 정글의 왕이라고 불린다.

2 **Pola showed a lion-hearted spirit in the face of adversity.**
Pola는 역경에 맞서 용감한 정신을 보였다.

Plus + spirit 명 정신
adversity 명 역경
in the face of ~에 직면하여

reaction

[ri'ækʃn]

명 반응, 반작용, (사회적) 반동

reaction은 사건, 상황이나 자극 등에 대한 응답이나 대응을 의미합니다. 즉, '반응, 반작용'이라고 할 수 있죠. 예를 들어 chain reaction이라고 하면 '연쇄 반응'을 뜻하고, cross-reaction은 '교차 반응'을 뜻합니다.

1 **Her reaction to the news was shock and disbelief.**
그 소식에 대한 그녀의 반응은 충격과 불신이었다.

2 **The chemical reaction produces a lot of heat and gas.**
그 화학 반응이 많은 열과 가스를 생성하고 있다.

Plus + disbelief 명 불신감
chemical 형 화학의

1686

armpit

['ɑːrmpɪt]

명 겨드랑이

armpit은 arm(팔)과 pit(구멍, 움푹한 곳)이 결합한 단어로 '겨드랑이'를 의미합니다. 그런데 겨드랑이는 무언가 좋지 않은 이미지가 있나 봅니다. 영어에는 armpit of the world라는 말이 있는데, 이는 '불쾌하거나 좋지 않은 장소'를 묘사하는 속된 표현입니다.

1 **She wiped the sweat from her armpit.**
그녀는 겨드랑이에 난 땀을 닦았다.

2 **He applied deodorant to his armpits to prevent body odor.**
그는 체취를 막기 위해 겨드랑이에 데오도란트를 바르고 있다.

Plus + sweat 명 땀
prevent 동 막다
apply 동 (크림 등을) 바르다
odor 명 악취, 냄새

1687

account

[ə'kaʊnt]

명 계좌, 장부, (이용) 계정, 설명

account를 자세히 보면 count(세다)가 들어있죠. 그래서 '계좌, 장부'와 같이 숫자와 관련된 개념을 나타냅니다. 맥락에 따라서는 '(이용) 계정'이나 '설명'을 뜻하기도 하지요. 예를 들어, bank account라고 하면 '은행 계좌'를 뜻하고, pay an account는 '셈을 치르다'를 의미합니다.

1 **Joe opened a new bank account.**
Joe는 새로운 은행 계좌를 개설했다.

2 **Sarah is responsible for maintaining the company's financial accounts.**
Sarah가 회사의 재무 장부를 관리하는 책임자다.

Plus + accountant 명 회계사 / be responsible for ~에 책임이 있다 / maintain 동 유지하다, 보존하다

1688

idiot

['ɪdiət]

명 바보, 멍청이, 백치

idiot은 누군가를 지식이나 상식이 부족한 사람이라고 비난하거나 조롱할 때 사용하는 말입니다. 원래 idiot은 아무런 전문 지식이나 특별한 능력이 없는 '평범한 사람'을 뜻했습니다.

1 **Don't be an idiot! You should do better.**
바보 같은 짓 하지 마! 너는 더 잘해야지.

2 **She acted like a complete idiot at the festival.**
그녀는 축제에서 완전히 바보처럼 행동했다.

Plus + act 동 행동하다 / complete 형 완전한, 전적인

1689

fiction

['fɪkʃn]

명 소설, 허구[꾸며낸 이야기]

fiction의 기본 의미는 '만들어낸 것'입니다. 여기서 의미가 확장되어 '소설, 허구' 등을 의미합니다. 주로 상상을 기반으로 한 문학 작품을 뜻할 때가 많지요. 예를 들면 우리가 SF라는 약자로 많이 알고 있는 Science Fiction(공상 과학 소설)이 있고 역사적 사건이나 인물을 기반으로 한 소설 장르인 historical fiction 등이 있습니다.

1 **Josh enjoys reading fiction in his spare time.**
Josh는 여가 시간에 소설을 즐겨 읽는다.

2 **Her new historical fiction novel is set in the 19th century.**
그녀의 새 역사 소설은 19세기를 배경으로 한다.

Plus + spare 형 여가의 / historical 형 역사적, 역사상의 / set 동 (소설 등의) 배경을 설정하다

1690 

nearby

[ˌnɪrˈbaɪ]

형 인근의, 가까이의

부 인근에, 가까운 곳에

nearby는 형용사로는 '인근의, 가까이의'를, 부사로는 '인근에, 가까운 곳에'를 뜻합니다. 주로 가까운 위치를 나타낸다고 이해하시면 됩니다. 예를 들어, nearby store는 '가까운 상점'을 뜻하고, in the nearby area라고 하면 '인근 지역에서'를 의미합니다.

1 There's a park nearby with lots of flowers.
이 근처에 꽃이 많이 있는 공원이 있다.

2 My little brother lives nearby, so we often meet for coffee.
내 남동생이 가까운 곳에 살아서, 우리는 종종 만나서 커피를 마신다.

Plus+ live 동 살다　　often 부 종종, 가끔

1691 

buzz

[bʌz]

동 윙윙거리다, 분주하게 돌아다니다, 부산스럽다, 활기가 넘치다

buzz는 원래 벌이나 곤충의 날개가 움직이며 내는 소리를 본떠 만들어진 단어입니다. 그래서 기본적으로 '윙윙거리다'를 뜻합니다. 그리고 여기서 다양한 의미가 파생되었는데 사람들이 분주하게 돌아다니거나, 부산스러운 활동을 하는 것을 나타내기도 합니다. 또는 무언가 흥미롭고 활기가 넘치는 것을 묘사하기도 하지요.

1 The bees are buzzing all around the flowers.
벌들이 꽃 주위를 윙윙거리고 있다.

2 The office is buzzing with everyone getting ready for the presentation.
사무실은 발표 준비를 하는 모든 사람들로 분주하다.

Plus+ get ready for ~을 준비하다　　presentation 명 발표

1692

tile

[taɪl]

명 타일, 기와, 조각

동 (회의 등을) 극비로 하다

tile의 기본 의미는 '장식 조각'으로, 예로부터 지붕이나 바닥을 덮는 것을 뜻했습니다. 그래서 tile은 '타일, 기와, 조각' 등과 같이 주로 건물이나 바닥, 벽, 지붕 등을 덮는 직사각형 또는 정사각형의 조각을 의미합니다. 특이하게 동사로는 회의 등을 '극비로 처리하는' 것을 뜻하기도 합니다.

1 The kitchen floor was covered with ceramic tiles.
주방 바닥은 도자기 타일로 덮여 있었다.

2 They tiled an emergency meeting.
그들은 비상 회의를 극비로 진행했다.

Plus+ ceramic 명 도자기　　emergency 명 비상

1693 □□

grunt

[grʌnt]

동 꿀꿀[붕붕]거리다, 투덜거리다[불평하며 말하다]

명 꿀꿀[붕붕]거리는 소리, 보병

grunt는 기본적으로 돼지같은 동물들이 꿀꿀거리는 것을 의미합니다. 이후 이런 모습에서 의미가 확장되어 무언가에 대해 '불만을 갖거나 불평하며 말하는' 것을 뜻하게 되었습니다. 예를 들어, grunt and groan이라고 하면 '툴툴거리며 끙끙거리다'를 의미합니다.

1 **The pig made a grunt when it spotted the food.**
돼지는 먹이를 발견하자 꿀꿀거리는 소리를 냈다.

2 **Alex grunted in dissatisfaction with her decision.**
Alex는 그녀의 결정에 불만을 품고 투덜거렸다.

Plus+ spot 동 발견하다, 찾다 　 dissatisfaction 명 불만
decision 명 결정

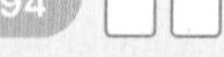

1694 □□

thump

[θʌmp]

동 (쿵, 쾅하며) 세게 치다 [두드리다, 때리다], 완벽히 패배시키다, (심장이) 쿵쿵 고동치다, (상품, 생각 등을) 적극적으로 알리다

thump의 기본 의미는 '크게 두드리다'입니다. 주로 무언가를 세게 치거나 두드리는 행위를 나타냅니다. 그리고 이런 모습에서 의미가 확장되어 어떤 경기나 대결에서 '완벽하게 승리하여 상대를 패배시킨다'라는 뜻을 나타내기도 합니다. 예를 들어, thump the table이라는 표현이 있는데 직역하면 '탁자를 세게 때리다'이며 바로 '강력한 주장을 하다'를 의미합니다.

1 **Stop thumping up there!**
그만 쿵쾅거려!

2 **Our team has been thumped by the opponent in the game today.**
우리 팀은 오늘 경기에서 상대팀에게 완벽하게 패배했다.

Plus+ opponent 명 (대회 등의) 상대

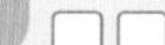

1695 □□

activity

[æk'tɪvəti]

명 활동, 활기, 활발

activity는 잘 알려진 대로 '활동'이나 '움직임'을 나타내는 명사입니다. 그리고 맥락에 따라 행위뿐만 아니라 '활기, 활발함'과 같은 개념을 나타내기도 합니다. 예를 들어, physical activity라고 하면 '신체 활동'을, extracurricular activities는 '방과 후 활동'을 뜻합니다.

1 **We planned cultural activities for the village.**
우리는 마을을 위한 문화 활동을 구상했다.

2 **Regular exercise is important for maintaining good mental health.**
규칙적인 운동은 정신 건강 유지에 중요하다.

Plus+ village 명 마을 　 mental 형 정신의

dining

[dáiniŋ]

명 식사[정찬]

dining은 원래 동사 dine(식사하다)에서 파생한 명사로 사람들이 함께 모여 식사를 하며 시간을 보내는 과정 자체를 의미합니다. 그래서 dining table은 '식탁'을 뜻하고 dining room은 '식당'을 나타냅니다.

1 **Each country has its own dining etiquette.**
각 나라마다 고유한 식사 예절이 있다.

2 **The dining room is beautifully decorated for the party.**
그 식당은 파티를 위해 아름답게 장식되어 있다.

Plus+ own 형 고유한 / etiquette 명 예절, 예법
decorate 동 장식하다

scrap

[skræp]

명 조각[파편], 조금, (신문 등의) 오려낸 것, (재활용할 수 있는) 폐품

scrap의 기본 의미는 '조각'입니다. 어떤 물건의 아주 작은 부분이나 일부를 나타내지요. 그리고 여기서 의미가 확장되어 '(신문 등의) 오려낸 부분'이나 재활용할 수 있는 '폐품'을 뜻하기도 합니다. 예를 들어, scrapbook이라고 하면 '오려낸 기사나 사진 등을 모아 놓은 책'을 의미합니다.

1 **She collected various scraps of metal to recycle.**
그녀는 재활용하기 위해 다양한 금속 조각을 모았다.

2 **The artist created a beautiful collage out of scraps of newspaper.**
그 화가는 신문에서 오려낸 조각들로 아름다운 콜라주 작품을 만들었다.

Plus+ various 형 다양한 / recycle 동 재활용하다
collage 명 콜라주(색종이나 사진 등의 조각을 붙여 만든 그림)

magistrate

['mædʒɪstreɪt]

명 치안판사, 행정 장관

magistrate는 원래 '관리자, 감독관'을 뜻했습니다. 그러다 의미가 확장되어 오늘날에는 법원의 '판사'나 '재판관', 또는 '행정부의 관리자나 감독관'을 의미합니다.

1 **The magistrate listened to both sides of the argument.**
판사는 양측의 주장에 귀를 기울였다.

2 **The local magistrate oversees all legal matters in our city.**
그 지방 치안판사는 우리 시의 모든 법적 문제를 감독한다.

Plus+ argument 명 주장 / oversee 동 감독하다
legal 형 법률의 / matter 명 문제

1699

flutter

['flʌtə(r)]

동 너울너울[팔랑팔랑] 날다, (깃발 따위가) 펄럭이다, (심장이) 빨리 불규칙적으로 고동치다, (흥분 따위로) 가슴이 뛰다

flutter의 기본 의미는 '날다'입니다. 그런데 그냥 나는 것이 아니라 '너울너울, 팔랑팔랑 날다'라는 뜻이 강해서 '(깃발 따위가) 펄럭이다'라는 뜻을 나타내기도 합니다. 또한 여기서 의미가 확장하여 '마음이 떨리거나 설레는' 감정 상태를 나타내기도 합니다.

1 The curtains fluttered in the breeze.
커튼은 산들바람에 흔들리며 팔랑거렸다.

2 The flag fluttered in the wind on top of the building.
건물 꼭대기에 있는 깃발은 바람에 나부끼며 흔들렸다.

Plus+ breeze 명 산들바람, 미풍 flag 명 깃발

1700

torch

[tɔ:rtʃ]

명 횃불[손전등], 방화범

동 횃불로 태우다 [횃불처럼 타오르다]

torch는 '횃불'을 의미합니다. 그리고 기술의 발전과 함께 오늘날에는 '횃불' 대신 '손전등'을 의미하기도 하지요. 또한, 옛날에 불을 지르려는 목적으로 횃불을 만들었던 것에서 착안하여 '방화범'이라는 의미를 나타내기도 합니다. 동사로는 '횃불로 태우다, 횃불처럼 타오르다'라는 뜻을 나타냅니다.

1 Little Red Riding Hood carried a torch to light her way.
빨간 모자 소녀는 길을 밝히기 위해 손전등을 들고 갔다.

2 The thief used a torch to set the building on fire.
도둑은 건물에 불을 지르기 위해 횃불을 사용했다.

Plus+ light 동 (~가 가는 길을) 밝혀 주다 thief 명 도둑
set on fire ~에 불지르다

1701

audience

['ɔ:diəns]

명 청중[관객], 시청자[독자]

audience는 기본적으로 '듣는 사람'을 의미합니다. 주로 공연 등의 '관객'을 뜻하거나 미디어에서의 '시청자, 독자'를 지칭합니다. 예를 들어, draw an audience라고 하면 '청중을 끌다'를 의미하고, audience figures라고 하면 '시청률'을 뜻합니다.

1 The entire audience applauded as the performer took a bow.
모든 공연자가 인사를 하자 관객들은 모두 박수를 보냈다.

2 The TV show is struggling to attract a large audience.
그 TV 프로는 많은 시청자를 끌어모으기 위해 분투하고 있다.

Plus+ applaud 동 박수를 보내다 take a bow (환호하는 청중에게) 인사하다
struggle 동 분투하다

1702

frost

[frɔːst]

명 서리, 결빙, (태도 등의) 냉혹함

동 성에로 뒤덮다, 성에가 끼다

frost는 '냉기'를 뜻하는 고대 영어 *frost*에서 유래하여 지금의 '서리, 결빙'등을 의미하게 되었어요. 그리고 이러한 차가운 느낌에서 '냉혹함'이라는 뜻이 파생되었습니다. 예를 들어, 일기 예보의 frost warning은 '서리 주의보'를 뜻합니다.

1 This cold winter morning, the grass is covered in thick frost.
추운 겨울 아침, 잔디가 두꺼운 서리로 덮여 있다.

2 The weather center issued a frost warning for the region.
기상청은 그 지역에 서리 주의보를 발표했다.

Plus+ issue 동 발표하다　　warning 명 주의

1703

dentist

['dentɪst]

명 치과 의사

dentist의 dent는 '치아'를 의미합니다. 그래서 dentist는 '치과 의사'를 뜻하죠. 일상 생활에서 '치과에 간다'고 할 때 go to the dentist라고 합니다. 그밖에 치과와 관련된 표현으로 dentistry는 '치과학'을 뜻하고, dental clinic은 보통 '치과 병원'을 의미해요.

1 I had a dentist appointment yesterday.
나는 어제 치과 예약이 있었다.

2 The dentist found a cavity in my tooth.
치과 의사는 내 치아에 구멍이 있는 것을 발견했다.

Plus+ appointment 명 예약, 약속　　cavity 명 (치아에 생긴) 구멍

1704

tattoo

[tæ'tuː]

명 문신

동 문신을 새기다[하다]

tattoo는 명사로는 '문신'을 뜻하고, 동사로는 '문신을 새기다'를 의미합니다. 과거에 tattoo는 종교나 문화적인 목적으로 많이 새겨졌지만 오늘날은 패션의 개념으로 새기는 경우가 많죠? 그래서 요즘은 tattoo artist(문신 예술가)나 tattoo removal(문신 제거)이라는 말도 많이 쓰입니다.

1 Sue got a turtle tattoo on her arm last week.
지난 주에 Sue는 팔에 거북이 문신을 새겼다.

2 The artist tattooed a rose on my leg.
그 예술가는 내 다리에 장미 문신을 새겨주었다.

Plus+ turtle 명 거북이　　leg 명 다리

Level 57

1705 

slope

[sloʊp]

명 경사(면), 기울기, 비탈

동 경사지다

slope의 기본 의미는 '경사면'입니다. 산악 등반이나 스키, 스노보드 등의 스포츠에서 '경사면'을 지칭할 때도 사용됩니다. 예를 들어, ski slope라고 하면 '스키장의 경사면'을 뜻하지요. slope는 동사로는 '경사지다'라는 뜻을 나타낼 수도 있습니다.

1 The slope of the hill is too steep for me to climb.
그 언덕의 경사면은 내가 오르기에는 너무 가파르다.

2 We skied down the ski slope.
우리는 스키장의 경사면을 미끄러지듯 내려갔다.

Plus+ hill 명 언덕 steep 형 가파른

1706 

holy

['hoʊli]

형 신성한[성스러운], 독실한[신앙심 깊은], 거룩한

holy는 '신성한, 거룩한' 등을 의미하는 형용사입니다. 종교적인 맥락에서 자주 쓰입니다. 예를 들어, holy water라고 하면 '성수'를 뜻하고 holy spirit은 '성령'을 의미하지요. 그밖에 holy communion은 '성찬'을 뜻합니다.

1 Jerusalem is considered a holy city by many religions.
예루살렘은 다양한 종교에서 신성한 도시로 여겨진다.

2 The holy man meditated in the temple for days.
그 독실한 남자는 며칠 동안 사원에서 명상을 했다.

Plus+ religion 명 종교 meditate 동 명상하다
temple 명 사원

1707

useful

['ju:sfl]

형 유용한, 쓸모 있는, 유능한

useful은 '유용한, 쓸모 있는'을 뜻합니다. 주로 매우 실용적이거나 효과적인 것을 나타냅니다. 예를 들면 '유용한 도구'라는 뜻의 a useful tool, '쓸모 있는 정보'라는 뜻의 useful information 등으로 쓸 수 있어요.

1 This book is useful for learning English grammar.
이 책은 영문법을 배우기에 유용하다.

2 He made a very useful contribution to the project.
그는 그 프로젝트에 매우 도움이 되는 공헌을 했다.

Plus+ grammar 명 문법 contribution 명 공헌, 기여

1708

closely

['kləʊsli]

부 밀접하게, 접근하여, 빈틈없이, 면밀히

closely는 형용사 close(가까운)에서 유래한 부사로 '가까이, 밀접하게'를 의미합니다. 맥락에 따라 '빈틈없이, 면밀히'를 뜻하기도 합니다. 예를 들어, closely related라고 하면 '밀접하게 관련되어 있는'을 뜻하고 closely watch는 '면밀히 지켜보다'를 의미합니다.

1 Both teams worked closely on the project.
양 팀은 모두 그 프로젝트에 대해 긴밀히 협력했다.

2 The success of a team is closely related to the communication skills of its members.
팀의 성공은 구성원들의 의사소통 능력과 밀접하게 관련되어 있다.

Plus + relate to ~와 관련되다 communication 명 의사소통

1709

howl

[haʊl]

동 (개과 동물들이 긴 소리로) 짖다[울다], (악을 쓰며) 울부짖다, (고통 등으로) 신음하다, (바람 등이) 윙윙 소리를 내다

howl은 원래 동물의 울음 소리를 모사하여 만들어진 동사입니다. 주로 개나 늑대 등이 긴 소리로 우는 것을 나타냅니다. 또는 맥락에 따라 사람이 고통이나 분노로 울부짖거나 신음하는 소리를 묘사할 수도 있습니다. 예를 들어, howl in pain이라고 하면 '고통 속에서 울부짖다'라는 뜻이 되지요.

1 The wolf howled in the distance.
멀리서 늑대가 울었다.

2 The protesters in the streets howled for justice.
거리의 시위대는 정의를 위해 울부짖었다.

Plus + protester 명 시위대 justice 명 정의

1710

ledge

[ledʒ]

명 (벽에 붙인) 선반, (절벽에서) 선반처럼 돌출된 부분, 암층

ledge는 주로 '(벽에 붙인) 선반'이나 그와 비슷하게 생긴 것들을 의미합니다. 대표적으로 절벽에서 '선반처럼 돌출된 부분이나 암석층'을 뜻하기도 하지요. 그밖에 보통 window ledge라고 하면 '창턱, 창문 선반'을 뜻하며 작은 화분 등을 올려놓는 자리를 의미합니다.

1 Tony put the plate on the ledge.
Tony는 그릇을 선반에 놓았다.

2 The mountain climber stepped onto the ledge.
산악 등반가는 절벽의 돌출된 부분에 발을 디뎠다.

Plus + plate 명 (보통 둥그런) 접시, 그릇 step 동 (발걸음을 떼어놓다) 디디다

Review Test 57

우리말에 맞게 빈칸에 알맞은 단어를 쓰세요.

(정답은 본문을 확인하세요.)

1 Apples are in the produce ____________ of the store. 사과는 매장 내 농산물 코너에 있다.

2 Jack ____________ the box under his foot. Jack은 발로 상자를 뭉개 버렸다.

3 The ____________ is going to discuss the proposal. 위원회는 그 제안에 대해 논의할 예정이다.

4 A ____________ often called the king of the jungle. 사자는 종종 정글의 왕이라고 불린다.

5 Her ____________ to the news was shock and disbelief. 그 소식에 대한 그녀의 반응은 충격과 불신이었다.

6 She wiped the sweat from her ____________. 그녀는 겨드랑이에 난 땀을 닦았다.

7 Joe opened a new bank ____________. Joe는 새로운 은행 계좌를 개설했다.

8 Don't be an ____________! You should do better. 바보 같은 짓 하지 마! 너는 더 잘해야지.

9 Josh enjoys reading ____________ in his spare time. Josh는 여가 시간에 소설을 즐겨 읽는다.

10 There's a park ____________ with many different flowers. 이 근처에 꽃이 많이 있는 공원이 있다.

11 The bees are ____________ all around the flowers. 벌들이 꽃 주위를 윙윙거리고 있다.

12 They ____________ an emergency meeting. 그들은 비상 회의를 극비로 진행했다.

13 The pig made a ____________ when it spotted the food. 돼지는 먹이를 발견하자 꿀꿀거리는 소리를 냈다.

14 Stop ____________ up there! 그만 쿵쾅거려!

15 We planned cultural ____________ for the village. 우리는 마을을 위한 문화 활동을 구상했다.

16 Each country has its own ____________ etiquette. 각 나라마다 고유한 식사 예절이 있다.

17 She collected various ____________ of metal to recycle. 그녀는 재활용하기 위해 다양한 금속 조각을 모았다.

18 The ____________ listened to both sides of the argument. 판사는 양측의 주장에 귀를 기울였다.

19 The curtains ____________ in the breeze. 커튼은 산들바람에 흔들리며 팔랑거렸다.

20 The thief used a ____________ to set the building on fire. 도둑은 건물에 불을 지르기 위해 횃불을 사용했다.

21 The TV show is struggling to attract a large ____________. 그 TV 프로는 많은 시청자를 끌어 모으기 위해 분투하고 있다.

22 The weather center issued a ____________ warning for the region. 기상청은 그 지역에 서리 주의보를 발표했다.

23 I had a ____________ appointment yesterday. 나는 어제 치과 예약이 있었다.

24 Sue got a turtle ____________ on her arm last week. 지난 주에 Sue는 팔에 거북이 문신을 새겼다.

25 We skied down the ski ____________. 우리는 스키장의 경사면을 미끄러지듯 내려갔다.

26 The ____________ man meditated in the temple for days. 그 독실한 남자는 며칠 동안 사원에서 명상을 했다.

27 This book is ____________ for learning English grammar. 이 책은 영문법을 배우기에 유용하다.

28 Both teams worked ____________ on the project. 양 팀은 모두 그 프로젝트에 대해 긴밀히 협력했다.

29 The wolf ____________ in the distance. 멀리서 늑대가 울었다.

30 Tony put the plate on the ____________. Tony는 그릇을 선반에 놓았다.

Level
58

레벨별 단어 사용 빈도

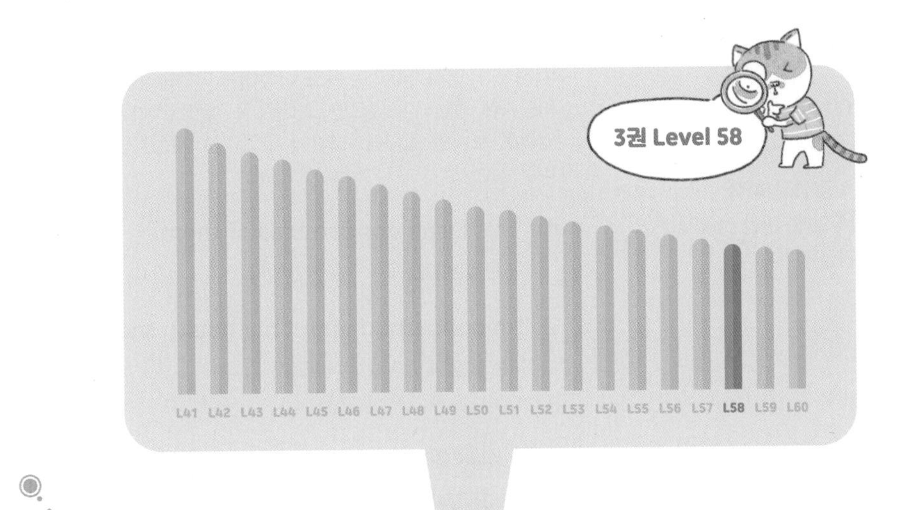
3권 Level 58
L41 L42 L43 L44 L45 L46 L47 L48 L49 L50 L51 L52 L53 L54 L55 L56 L57 L58 L59 L60
LEVEL 1~20
LEVEL 21~40
LEVEL 41~60
LEVEL 61~80
LEVEL 81~100

1711

stomp

[stɑ:mp]

동 (발을) 쿵쿵거리며 걷다 [춤추다]

명 발을 쿵쿵 구르기

stomp는 발을 쿵쿵거리며 걷거나 춤을 추는 것을 의미합니다. 사실 stamp(쾅쾅거리며 걷다)와 같은 뿌리에서 파생되었는데 stamp가 발로 세게 땅을 밟는 동작들을 나타낸다면 stomp는 stamp보다 조금 약한 느낌이라 발을 쿵쿵거리며 걷거나 춤을 춘다는 뉘앙스만 나타냅니다.

1 We stomped the soil down after planting flower seeds.
우리는 꽃씨를 심은 후 흙을 밟아주었다.

2 The next step is a stomp to the right.
다음 단계는 오른쪽으로 발을 구르는 것이다.

Plus+ soil 명 흙 seed 명 씨앗
step 명 단계

1712

concern

[kən'sɜ:rn]

동 ~에 관계하다, 걱정[염려]하다, (무엇에) 관한 것이다, 관심을 가지다

concern은 어떤 것이 다른 것과 '관련되어 있다'는 것을 나타내는 동사입니다. 그러다 시간이 지나면서 '관심을 끌다, 중요하다'로 의미가 확장되다가 지금의 '걱정하다, 염려하다'라는 뜻도 나타내게 되었습니다. 세상 이치라는 게 내 생각이 어딘가에 관련되어 있으면 그것은 꼭 걱정거리가 되죠? 그런 흐름에서 파생된 의미로 보시면 됩니다. 그밖에 무언가에 '관심을 가지는' 것을 의미하기도 합니다.

1 This issue concerns all of them.
이 문제는 그들 모두와 관련이 있다.

2 I'm concerned about my health these days.
나는 요즘 내 건강을 염려하고 있다.

Plus+ issue 명 문제

1713

couch

[kaʊtʃ]

명 긴 의자, 소파, (풀밭처럼) 쉬는 곳

동 (몸을) 가로 눕히다

couch는 원래 '눕다, 누워있다'를 뜻하는 동사에서 유래하여 '긴 의자'나 '소파'를 의미하게 되었습니다. 그렇게 이해하고 보니 '(풀밭과 같은) 쉬는 곳'을 뜻하는 게 전혀 어색해 보이지 않네요. 어차피 '눕는 게' 핵심이니까요. 아, couch는 동사로는 '몸을 가로 눕히다'라는 뜻이 됩니다.

1 He was lying on the couch.
그는 소파에 누워 있었다.

2 This bed can be used as a couch when folded.
이 침대는 접었을 때 소파로 쓸 수 있다.

Plus+ lie 동 누워 있다 fold 동 접다

snort

[snɔːrt]

동 코를 풀다[콧바람을 불다], 코웃음을 치다[콧방귀를 뀌다], (마약을) 코로 들이마시다, (증기기관 등이) 증기를 내뿜다

snort는 '코를 풀다'라는 뜻의 동사입니다. 그리고 여기에서 다양한 뜻이 파생되었습니다. 코가 막혀서 코를 푸는 경우가 아니라면 snort는 '코웃음을 치다, 콧방귀를 뀌다' 정도를 뜻하게 됩니다. 그리고 '(마약을) 코로 들이마시다' 또는 '(증기기관 등이) 증기를 내뿜다'를 의미하기도 하는데, 이는 코를 풀 때 나는 소리에 착안하여 파생된 것입니다.

1 Some horses snorted and stamped their feet.
몇 마리의 말이 콧바람을 불며 발을 굴렀다.

2 She snorted with laughter at the joke.
그녀는 농담에 참지 못하고 코웃음을 쳤다.

Plus+ stamp 동 발을 구르다　　laughter 명 웃음

wrinkle

['rɪŋkl]

명 주름

동 주름지다

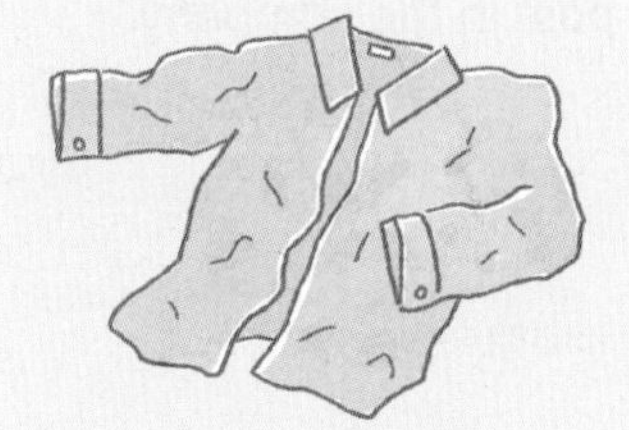

wrinkle은 원래 '비틀다'라는 뜻의 동사에서 유래했습니다. 그래서 명사로는 '주름'을, 동사로는 '주름지다'를 뜻합니다. wrinkle을 활용한 표현 중 참으로 시적인 것이 하나 있는데 바로 A wrinkle in time입니다. '시간의 주름'이라는 뜻인데, 시간의 흐름 속에서 일어나는 미묘한 변화를 나타냅니다.

1 He has some wrinkles around his eyes.
그는 눈가에 주름이 좀 있다.

2 The shirt is wrinkled after being left in the dryer for days.
셔츠를 건조기에 며칠 동안 두었더니 주름져 버렸다.

Plus+ leave 동 (어떤 장소 등에 계속) 그대로 두다

protest

['prəʊtest]

동 항의하다, 반대하다, 주장[항변]하다

명 항의[항변], 시위

protest의 핵심 의미는 '선언하거나 공식적으로 주장하는 것'입니다. 여기서 맥락에 따라 다양한 의미가 파생되었습니다. 무언가에 반대하거나 주장하는 것을 의미하기도 하고, 어떤 일에 대해 항변하는 것을 의미하기도 합니다.

1 Citizens protest the government's decision.
시민들이 정부의 결정에 대해 항의하고 있다.

2 We held a protest outside of the nuclear power plant.
우리는 원자력 발전소 밖에서 시위를 벌였다.

Plus+ citizen 명 시민　　hold 동 열다, 개최하다
nuclear 형 원자력의　　power plant 발전소

1717

burning

['bɜːrnɪŋ]

형 **불타는[갈망하는], 연소 중인[타는], 격렬[강렬]한, (문제 따위) 의논이 분분한**

burning은 동사 burn(불타다)에서 파생한 형용사입니다. 기본적으로 '불타는'을 뜻하지만 맥락에 따라 '갈망하는, 연소 중인, 격렬한' 등 다양한 의미를 나타낼 수 있습니다. 우리도 어떤 문제에 대한 격렬한 토론을 "뜨겁다"라고 표현하지요? burning도 특정 문제에 대해 격렬한 논쟁이 있을 때 쓰일 수 있습니다.

1 **I like the sound of firewood burning.**
나는 장작이 타는 소리를 좋아한다.

2 **He had a burning desire to become a famous artist.**
그는 유명한 예술가가 되고 싶은 강렬한 욕망이 있었다.

Plus+ firewood 명 장작 desire 명 욕망, 요구

1718

post

[poʊst]

명 **우편(물), 직책, 기둥[말뚝]**

동 **(우편물을) 발송하다**

post는 원래 '놓여진 것'이라는 의미로 주로 '기둥'을 나타냈습니다. 옛날 사람들은 길목에 기둥을 설치하고 그곳에서 편지를 교환했다고 하는데 여기서 의미가 확장되어 오늘날 post는 명사로는 '우편, 직책, 기둥, 말뚝' 등을 의미하고, 동사로는 '(우편물을) 발송하다'를 뜻합니다.

1 **I'm looking for a postbox to mail a letter.**
나는 편지를 부치려고 우체통을 찾고 있다.

2 **She was promoted to a higher post in the company.**
그녀는 회사에서 더 높은 직책으로 승진했다.

Plus+ look for 찾다 mail 동 우편에 부치다
promote 동 승진시키다

1719

lawn

[lɔːn]

명 **잔디밭**

lawn은 '잔디밭'을 뜻하는 명사입니다. 집이나 공원, 정원 등에 잔디가 깔린 곳을 상상하시면 됩니다. 영어권 국가들은 우리보다 잔디밭이 많은 편입니다. 그래서 lawn이 들어가는 단어들도 매우 많습니다. 예를 들어, lawn care라고 하면 '잔디 관리'라는 뜻이고, lawn mower는 '잔디 깎는 기계'를 의미합니다.

1 **Children are playing on the lawn.**
아이들이 잔디밭에서 놀고 있다.

2 **We hired a gardener to take care of our lawn.**
우리는 잔디밭 관리를 위해 원예사를 고용했다.

Plus+ gardener 명 원예사, 정원사 take care of ~을 돌보다

1720

click

[klɪk]

동 누르다[클릭하다],
딸깍[찰칵] 소리나다,
갑자기 이해되다,
호흡이 맞다

click은 원래 '딸깍' 소리가 나는 동작을 뜻했는데, 컴퓨터 마우스가 발명되면서 오늘날의 '누르다, 클릭하다'라는 의미를 나타내게 되었지요. 그리고 '딸깍'하며 무언가 들어맞는 흐름에서 '갑자기 이해되다, 호흡이 맞다' 등의 뜻이 파생되었습니다. 실제로 click with someone이라고 하면 '호흡이 맞다, 잘 지내다'라는 뜻을 나타냅니다.

1 He double-clicked on the file to open it.
그는 파일을 두 번 클릭하여 열었다.

2 You can start your own webpage in just two clicks!
단 두 번의 클릭으로 나만의 웹페이지를 시작할 수 있습니다!

Plus+ own 형 (소유의 뜻을 강조하여) 자기 자신의

1721

stroll

[stroʊl]

동 산책하다, 한가롭게 거닐다,
순회공연을 하다, 유랑하다

stroll은 '방랑하다'를 뜻하는 단어에서 유래되었습니다. 그래서 주로 목적지 없이 '여유롭게 걷는 것'을 의미하지요. 걷는 것 보다는 거니는 것에 가까워서 '산책하다'라는 의미로 많이 쓰입니다. 예를 들어, stroll through the park는 '공원을 거닐다' 정도의 뜻을 나타냅니다.

1 Jamie strolled through the park with her dog.
Jamie는 강아지와 함께 공원을 산책했다.

2 We strolled along the beach absent-mindedly.
우리는 하염없이 해변을 거닐었다.

Plus+ absent-mindedly 하염없이, 멍하니

1722

prefer

[prɪˈfɜː(r)]

동 선호하다, 차라리 ~을 택하다,
우선권을 주다,
(법원 등에) 제출[제기]하다

prefer는 어떤 것을 다른 것보다 '선호한다'는 뜻을 나타내는 동사입니다. 보통 prefer A to B의 형태로 'B보다 A를 선호한다'라는 의미를 나타냅니다. 예를 들어, I prefer winter to summer.는 '나는 여름보다 겨울을 선호한다.'를 의미합니다.

1 I prefer lattes to americanos.
나는 아메리카노보다 라떼를 더 선호한다.

2 He prefers to stay at home rather than go out.
그는 밖에 나가는 것보다 집에 있는 것을 택한다.

Plus+ stay 동 (다른 곳에 가지 않고) 머무르다 rather than ~보다는
go out 외출하다, 나가다

1723

crime

[kraɪm]

명 범죄[범행]

crime은 주로 '범죄'나 '범행'을 의미하는 명사입니다. crime을 활용한 다양한 범죄 관련 표현이 있습니다. 예를 들면 crime scene(범죄 현장), crime rate(범죄율), crime prevention(범죄 예방) 등이 있지요. 참고로 '범죄자'를 뜻하는 단어는 criminal이니 함께 알아두시면 좋겠습니다.

1 The police investigated the crime for a month.
경찰은 한 달 동안 범행을 조사했다.

2 She was charged with a serious crime.
그녀는 중대 범죄 혐의로 기소되었다.

Plus+ investigate 동 조사하다 　 be charged with ~의 혐의를 받다

1724

cash

[kæʃ]

명 현금, 현찰, 돈[자금]

동 (수표 등을) 현금으로 바꾸다

cash는 명사로는 '현금, 돈, 자금' 등을 의미하고, 동사로는 '(수표 등을) 현금으로 바꾸는' 것을 나타냅니다. cash에서 파생한 대표 표현으로는 cash cow(고수익 상품, 효자 상품), cashier(계산원) 등이 있습니다.

1 This product line is our cash cow.
이 제품 라인이 우리의 효자 상품이다.

2 I need to cash this check at the bank.
나는 은행에서 이 수표를 현금으로 바꿔야 한다.

Plus+ product line 제품 라인 (일련의 생산 과정에서 생산되는 제품군(群))
check 명 수표

1725

balloon

[bəˈluːn]

명 풍선, 기구(氣球)

동 부풀다[커지다], 급증[급상승]하다

balloon은 원래 '큰 공'을 뜻했고, 여기서 다양한 뜻이 파생되었습니다. '큰 공'의 모습을 본 따 '풍선, 기구'라는 의미가 파생되었고, '큰'이라는 의미에서 '부풀다, 커지다'와 같은 뜻이 나오게 되었습니다.

1 Tony bought his daughter a balloon.
Tony는 딸에게 풍선을 사줬다.

2 His face ballooned due to an allergic reaction.
알레르기 반응 때문에 그의 얼굴은 부풀어 올랐다.

Plus+ due to ~때문에 　 allergic 형 알레르기성의
reaction 명 반응

1726

hover

['hʌvər]

동 (허공을) 맴돌다, 배회하다, 어슬렁거리다, 주저하다

hover의 핵심 의미는 '어슬렁 거리며 주변을 맴도는 것'입니다. 주로 허공을 맴돌거나 주변을 배회하고 어슬렁거리는 동작을 나타냅니다. 어딘가 힘이 없고 단호하지 못한 모습이 연상되지 않나요? 그래서 어떤 결정이나 행동을 '주저하는' 것을 의미하기도 합니다.

1 The hummingbird hovered in front of the flower.
벌새가 꽃 앞에서 맴돌았다.

2 He hovered around the buffet table, unsure of what to eat.
그는 무엇을 먹을지 몰라서 뷔페 테이블 주변을 배회했다.

Plus+ hummingbird 명 벌새　　unsure of ~에 확신이 없는

1727

chill

[tʃɪl]

명 냉기[쌀쌀함], 오한[으스스함], 오싹한 느낌, 냉담

chill은 '냉기, 쌀쌀함, 오한, 오싹한 느낌, 냉담' 등을 뜻하는 명사입니다. 우리도 뭔가 무서운 얘기를 할 때 '오싹하다'라고 표현하죠? chill도 비슷한 의미를 나타냅니다. 그리고 무언가에 꽂혀서 열이 올랐던 것을 '식힌다'는 맥락에서 chill out (편안하게 쉬다, 긴장을 풀다)과 같은 표현으로 쓰이기도 합니다.

1 I felt a chill in the air after the sun went down.
해가 지고 난 후 쌀쌀한 기운이 느껴졌다.

2 This ghost story gave me a chill down my spine.
이 유령 이야기는 등골을 오싹하게 했다.

Plus+ in the air (어떤) 기운이 감도는　　go down (해, 달 등이) 지다
spine 명 등뼈, 척추

1728

extend

[ɪk'stend]

동 확대[확장]하다, 연장하다, 늘이다[펼치다], 뻗다

extend는 무언가를 '확장하거나 늘이는' 것을 의미하는 동사입니다. 물리적인 대상이 아니더라도 '시간, 기간'과 같은 추상적인 개념에도 적용할 수 있습니다. 예를 들어, extend the limit이라고 하면 '시간을 늦추다'를 뜻하고, extend the period는 '기간을 연장하다'를 의미합니다.

1 The company planned to extend its services to other countries.
그 회사는 서비스를 다른 국가들로 확대할 계획이었다.

2 I want to extend the project deadline.
나는 프로젝트의 마감 기한을 연장하고 싶다.

Plus+ deadline 명 마감 기한

1729

horizon

[hə'raɪzn]

명 지평[수평]선, (지식 따위의) 시야[범위]

horizon은 '경계'를 뜻하는 단어에서 유래했습니다. 이후 의미가 확장되어 오늘날은 '지평선, 수평선'을 의미하고, 더 넓게는 '(지식 따위의) 시야, 범위' 등을 나타냅니다. 예를 들어, widen one's horizon라고 하면 '시야를 넓히다'를 뜻합니다.

1 The moon began to rise above the horizon.
달이 수평선 위로 떠오르기 시작했다.

2 Jenny wants to travel to broaden her horizons.
Jenny는 여행을 통해 시야를 넓히고 싶어한다.

Plus+ rise 동 (해, 달이) 뜨다 above 전 (위치 등에서) ~보다 위로
broaden 동 (경험, 지식 등을) 넓히다

1730

knuckle

['nʌkl]

명 손가락 관절[마디], 주먹, (네발짐승의) 무릎마디[살]

동 주먹으로 치다[을 쥐다]

knuckle은 원래 '관절'을 뜻했다가 지금은 주로 '손가락의 관절'이나 '마디'를 의미하게 되었습니다. 그리고 옛 뜻이 그대로 반영되어 '(네발짐승의) 무릎마디'를 나타내기도 합니다. knuckle은 동사로는 주먹으로 치거나 주먹을 쥐는 행위를 나타냅니다.

1 Eric clenched his knuckles in anger.
Eric은 화가 나서 주먹을 쥐었다.

2 Ann knuckled the wall in rage.
Ann은 분노에 차서 벽을 주먹으로 쳤다.

Plus+ clench 동 (주먹을) 꽉 쥐다 rage 명 격렬한 분노, 격노

1731

distract

[dɪ'strækt]

동 (주의를) 흐트러뜨리다, (마음을) 어지럽히다, (주의를) 딴 데로 돌리다

distract는 일반적으로 '주의를 흐트러뜨리거나 마음을 어지럽히는' 것을 의미하는 동사입니다. 예를 들어, distract someone from something이라고 하면 '어떤 일로부터 누군가의 주의를 딴 데로 돌리다'를 뜻합니다. 그밖에 distract one's attention은 '정신을 흐트러뜨리다'를 의미합니다.

1 The noise outside distracted Jane from studying.
밖에서 들리는 소음 때문에 Jane은 공부에 집중할 수 없었다.

2 He tried to distract the baby with toys.
그는 장난감으로 아기의 주의를 딴 데로 돌리려고 했다.

Plus+ noise 명 소음 try to V ~하려고 노력하다

1732

further

['fɜːrðə(r)]

부 더 멀리, 더 나아가, 게다가

형 더 이상의

further는 원래 '거리상 더 멀리'를 뜻했습니다. 여기에서 추상적 의미들이 파생되어 오늘날은 '더 나아가, 게다가' 등의 의미도 나타내게 되었습니다. further와 형태가 비슷한 farther는 주로 거리를 강조하는 단어이니 둘을 혼동하지 않게 주의해야 합니다.

1 I decided to walk further down the road.
나는 그 길을 더 걸어가기로 결심했다.

2 If you have any further questions, please feel free to contact me.
다른 질문이 더 있으시면 언제든 제게 연락하시기 바랍니다.

Plus+ contact 동 (전화, 편지 등으로) 연락하다

1733

eve

[iːv]

명 (축제일의) 전날[전날 밤], 전야, (중요 사건 따위의) 직전

eve는 주로 중요한 날이나 축제의 '전날 밤'을 가리키는 명사입니다. 원래는 그냥 '저녁'이나 '밤'을 의미했으나 보통 다음날에 있을 행사 등에 설레는 시간이 그때쯤이기 때문에 차츰 의미가 변하여 축제나 중요한 날의 '전날 밤'이나 '직전'을 의미하는 단어로 발전하였습니다.

1 I had a family gathering on New Year's Eve.
나는 새해 전날에 가족 모임을 가졌다.

2 The city comes alive on Christmas Eve.
이 도시는 크리스마스 이브에 활기를 띤다.

Plus+ gathering 명 모임 come alive 활기를 띠다

1734

annoy

[ə'nɔɪ]

동 짜증 나게 하다, 귀찮게 굴다, 성가시게 하다, 괴롭히다

annoy는 '증오스럽게 만들다, 혐오스럽게 만들다'라는 아주 강한 뜻에서 출발했습니다. 그러나 시간이 지나면서 차츰 뜻이 약화되어 지금은 '짜증 나게 하다, 성가시게 하다, 귀찮게 굴다, 괴롭히다' 정도를 표현하게 되었습니다.

1 Jake kept talking to me when I was busy, which was really annoying.
바쁠 때 Jake가 계속 말을 걸어서 나는 정말 짜증이 났다.

2 The constant noise annoys him every day.
끊임없는 소음이 매일 그를 성가시게 한다.

Plus+ constant 형 끊임없는

1735

slight

[slaɪt]

형 약간의, 근소한, 가느다란[가냘픈]

동 경시[무시]하다

slight는 기본적으로 '작은, 약간의'를 의미합니다. 그러다 여기에서 의미가 파생되어 형용사로는 '약간의, 근소한'을 뜻합니다. 동사로는 '경시하다, 무시하다'를 의미하는데, 이는 어떤 대상을 전체가 아닌 일부, 즉 작은 부분만 보고 속단하는 행동이라는 맥락에서 파생된 의미인 것 같습니다.

1 I felt a slight pain in my arm.
나는 팔에 미미한 통증을 느꼈다.

2 There is a slight difference between the two surveys.
두 설문 조사 사이에는 약간의 차이가 있다.

Plus+ pain 명 고통 difference 명 차이
survey 명 설문 조사

1736

separate

['sepəreɪt]

동 분리되다[하다], 갈라서다[헤어지다], 분할[구획]하다, 식별[구별]하다

separate의 기본 의미는 '나누다'입니다. 이 기본 의미를 바탕으로 정말 다양한 뜻이 파생되었는데 물체나 개념을 '분리하고 나누는' 것을 뜻하기도 하고 사람과 사람 사이의 관계를 갈라놓는 것, 즉 '헤어지다'를 의미하기도 합니다. 또한 공간을 나눈다는 뜻에서 '분할하다, 구획하다'를 나타내거나 아주 미세한 차이를 나누는 맥락에서 '식별하다, 구별하다'를 뜻하기도 합니다. 의미가 참 다양하죠?

1 He separated the clothes by color before washing them.
그는 빨래하기 전에 옷을 색깔별로 분리했다.

2 They decided to separate after 10 years of marriage.
그들은 결혼한 지 10년 만에 헤어지기로 결심했다.

Plus+ marriage 명 결혼

1737

shudder

['ʃʌdə(r)]

동 몸서리치다, 벌벌 떨다

명 떨림, 전율

shudder의 기본 의미는 '벌벌 떨다'입니다. 우리가 흔히 '몸서리치다'라고 표현하는 정도로 사람이 떠는 것을 나타냅니다. 주로 두려움, 충격, 혐오감 등으로 인해 몸이 벌벌 떨리거나 전율하는 상황에서 쓰입니다. 그밖에 명사로는 '떨림, 전율'이라는 의미를 나타냅니다.

1 He shuddered at the sight of the spider.
그는 거미를 보고 몸서리쳤다.

2 The sudden noise made her shudder with fear.
갑작스러운 소리에 그녀는 무서워서 벌벌 떨었다.

Plus+ at the sight of ~을 보고 with fear 무서워하며

1738

grief

[gri:f]

명 비탄[비통], 큰 슬픔, 슬픔의 원인, 불행한 일

grief는 원래 '무겁게 하다'를 뜻하는 동사에서 유래했는데, 오늘날에는 '비탄, 비통, 큰 슬픔' 등을 나타냅니다. 우리도 마음이 좋지 않을 때 '마음이 무겁다'라고 표현하지요? grief는 마음에 무언가가 '얹혀있다'는 개념을 적용하여 말로 표현한 단어라고 보시면 됩니다.

1 Alex was overwhelmed with grief when his cat died.
반려묘가 세상을 떠난 후 Alex는 큰 슬픔에 휩싸였다.

2 The entire community shared their grief for the victims.
지역사회 전체가 희생자들에 대한 큰 슬픔을 함께 나눴다.

Plus+ overwhelm 동 (격한 감정이) 휩싸다 share 동 함께 나누다
victim 명 희생자

1739

health

[helθ]

명 건강, 보건

health는 '건강'과 '보건'을 의미하는 명사입니다. 원래 '온전함, 완전함'을 뜻했다고 하는데, 생각해 보면 건강한 상태란 어디 아픈 데 없고 부족함 없는 것을 의미하지요. 그래서 영어권에는 이런 격언도 있습니다. Health is wealth.(건강이 재산이다.) 그렇습니다. 건강을 잃으면 모든 것을 잃는 것입니다.

1 Maintaining an appropriate weight is important for your health.
적정 체중을 유지하는 것은 건강에 중요하다.

2 He studies public health at university.
그는 대학에서 공공보건을 공부하고 있다.

Plus+ appropriate 형 적절한 weight 명 체중
public 형 공공의

1740

bracelet

['breɪslət]

명 팔찌, 수갑

bracelet은 주로 '팔찌'를 뜻합니다. 간혹 비유적으로 '수갑'을 표현하기도 합니다. 우리도 속된 말로 '감옥'을 '학교'라고 하고 수감 생활을 '콩밥 먹는다'라고 표현하죠? 이와 비슷한 결의 비유적 표현이라고 이해하시면 됩니다.

1 Henry wore a golden bracelet on his wrist.
Henry는 손목에 금 팔찌를 착용했다.

2 The police officer put a pair of bracelets on the thief.
경찰관이 도둑에게 수갑을 채웠다.

Plus+ wrist 명 손목

Review Test 58

우리말에 맞게 빈칸에 알맞은 단어를 쓰세요. (정답은 본문을 확인하세요.)

1	The next step is a ____________ to the right.	다음 단계는 오른쪽으로 발을 구르는 것이다.
2	This issue ____________ all of them.	이 문제는 그들 모두와 관련이 있다.
3	He was lying on the ____________.	그는 소파에 누워 있었다.
4	Some horses ____________ and stamped their feet.	몇 마리의 말이 콧바람을 불며 발을 굴렀다.
5	He has some ____________ around his eyes.	그는 눈가에 주름이 좀 있다.
6	Citizens ____________ the government's decision.	시민들이 정부의 결정에 대해 항의하고 있다.
7	I like the sound of firewood ____________.	나는 장작이 타는 소리를 좋아한다.
8	She was promoted to a higher ____________ in the company.	그녀는 회사에서 더 높은 직책으로 승진했다.
9	Children are playing on the ____________.	아이들이 잔디밭에서 놀고 있다.
10	He double-____________ on the file to open it.	그는 파일을 두 번 클릭하여 열었다.
11	We ____________ along the beach absent-mindedly.	우리는 하염없이 해변을 거닐었다.
12	I ____________ lattes to americanos.	나는 아메리카노보다 라떼를 더 선호한다.
13	She was charged with a serious ____________.	그녀는 중대 범죄 혐의로 기소되었다.
14	This product line is our ____________ cow.	이 제품 라인이 우리의 효자 상품이다.
15	His face ____________ due to an allergic reaction.	알레르기 반응 때문에 그의 얼굴은 부풀어 올랐다.
16	The hummingbird ____________ in front of the flower.	벌새가 꽃 앞에서 맴돌았다.
17	I felt a ____________ in the air after the sun went down.	해가 지고 난 후 쌀쌀한 기운이 느껴졌다.
18	I want to ____________ the project deadline.	나는 프로젝트의 마감 기한을 연장하고 싶다.
19	The moon began to rise above the ____________.	달이 수평선 위로 떠오르기 시작했다.
20	Eric clenched his ____________ in anger.	Eric은 화가 나서 주먹을 쥐었다.
21	He tried to ____________ the baby with toys.	그는 장난감으로 아기의 주의를 딴 데로 돌리려고 했다.
22	I decided to walk ____________ down the road.	나는 그 길을 더 걸어가기로 결심했다.
23	The city comes alive on Christmas ____________.	이 도시는 크리스마스 이브에 활기를 띤다.
24	The constant noise ____________ him every day.	끊임없는 소음이 매일 그를 성가시게 한다.
25	I felt a ____________ pain in my arm.	나는 팔에 미미한 통증을 느꼈다.
26	He ____________ the clothes by color before washing them.	그는 빨래하기 전에 옷을 색깔별로 분리했다.
27	He ____________ at the sight of the spider.	그는 거미를 보고 몸서리쳤다.
28	Alex was overwhelmed with ____________ when his cat died.	반려묘가 세상을 떠난 후 Alex는 큰 슬픔에 휩싸였다.
29	He studies public ____________ at university.	그는 대학에서 공공보건을 공부하고 있다.
30	Henry wore a golden ____________ on his wrist.	Henry는 손목에 금 팔찌를 착용했다.

레벨별 단어 사용 빈도

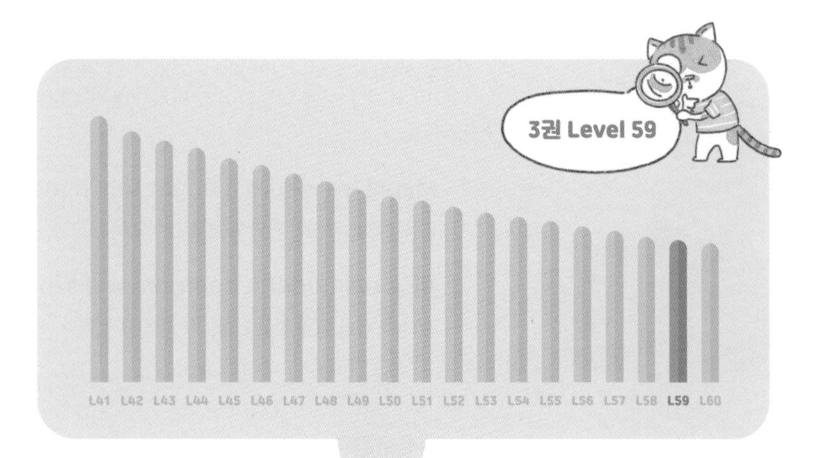

LEVEL 1~20 | LEVEL 21~40 | **LEVEL 41~60** | LEVEL 61~80 | LEVEL 81~100

1741 □□

jewel

['dʒuːəl]

명 보석

jewel은 원래 '즐거움을 주는 물건'을 뜻했습니다. 그러다 시간이 지나면서 의미가 확장되어 '보석'을 의미하게 되었지요. 비슷한 뜻을 나타내는 단어로 gem이 있는데, 이는 보석이 되는 '원석' 자체를 의미하는 경우가 많습니다. jewel과는 또 다른 느낌이죠?

1 She couldn't take her eyes off the jewels.
그녀는 보석에서 눈을 뗄 수 없었다.

2 My daughter, Leah, is the jewel of my life.
나의 딸인 Leah는 내 인생에서 가장 소중한 보물이다.

Plus+ take one's eyes off ~에서 눈을 떼다 necklace 명 목걸이

1742 

maple

['meɪpl]

명 단풍나무, 담갈색

maple은 주로 '단풍나무'를 의미하며, 그 나무의 색깔인 '담갈색'을 뜻하기도 합니다. 아마 maple이 들어가는 단어 중 우리에게 가장 익숙한 것은 maple syrup(단풍 시럽)일 겁니다. maple syrup 하면 어디가 떠오르시나요? 캐나다죠? 캐나다의 국기를 보면 나뭇잎이 그려져 있는데 그것이 바로 maple leaf(단풍잎)입니다.

1 Maple trees turn a bright red in the fall.
단풍나무는 가을이 되면 밝은 빨간색으로 변한다.

2 Nick painted the bedroom walls in a nice maple color.
Nick은 침실 벽을 멋진 단풍나무 색으로 칠했다.

Plus+ turn 동 (~한 상태로) 변하다 wall 명 벽

1743 □□

belt

[belt]

명 허리띠, 벨트, 띠 모양의 것, (분포) 지대, 해협[수로]

belt는 원래 '끈'이나 '띠'를 총칭하는 단어였습니다. 그러다 세월이 지나면서 '허리띠'를 가리키게 되면서 지금의 의미가 완성되었습니다. 하지만 지금도 belt는 '띠 모양의 것'이라는 뜻이 남아있어서 '지대'나 '해협' 등의 의미를 나타내기도 합니다. 아마도 '지대, 해협'의 물리적인 형태가 띠 모양이기 때문인 것 같군요.

1 He fastened his seat belt before starting the car.
그는 시동을 걸기 전에 안전벨트를 맸다.

2 The asteroid belt lies between Mars and Jupiter.
소행성대는 화성과 목성 사이에 놓여 있다.

Plus+ fasten 동 매다 start 동 (기계 등에) 시동을 걸다
asteroid 명 소행성 lie 동 놓여 있다

1744 □□

staircase

['sterkeɪs]

명 계단

staircase는 주로 건물 내부에 있는 연속된 '계단'을 뜻합니다. 예를 들어, spiral staircase는 '나선형 계단'을 가리키고, an emergency staircase는 '비상 계단'을 의미합니다. staircase와 비슷한 뜻을 나타내는 단어로는 stairway, stairs가 있는데 이들은 사실상 같은 단어로 보셔도 좋습니다.

1 The grand staircase in the mansion is made of marble.
그 대저택의 웅장한 계단은 대리석으로 만들어져 있다.

2 Johnson walked up the staircase to find his son.
Johnson은 그의 아들을 찾기 위해 계단을 걸어 올라갔다.

Plus+ grand 형 웅장한　　mansion 명 대저택
marble 명 대리석

1745 □□

bandit

['bændɪt]

명 노상 강도[산적], 무법자[악당]

bandit이라는 단어는 참 재미있습니다. 원래는 '금지하다, 추방하다'를 뜻했는데 주로 범죄를 저지른 사람들에게 쓰였습니다. 그런데 이 사람들이 금지된 행위를 해서 추방당하고 나니 산적이 되는 일이 벌어진 겁니다! 그래서 오늘날 bandit은 '노상 강도, 산적, 무법자, 악당'을 의미하게 되었습니다.

1 The bandit robbed many travelers at gunpoint.
그 노상 강도는 총을 들이대고 많은 여행자들을 강탈했다.

2 A group of bandits is terrorizing the town.
한 무리의 산적들이 그 마을을 공포에 떨게 하고 있다.

Plus+ rob 동 강탈하다, 약탈하다　　at gunpoint 총구를 들이대고
terrorize 동 공포에 떨게하다

1746 □□

mule

[mju:l]

명 노새, 잡종, (국제적인) 마약 운반책, 슬리퍼

mule은 원래 '노새'만을 의미했습니다. 그런데 '노새'가 암말과 수나귀의 교배로 탄생한 동물이어서 '잡종'이라는 뜻이 파생되었습니다. 또 '노새'의 주 역할이 물건을 나르는 것이라 '마약 운반책'을 완곡히 표현하는 단어가 되었습니다. 마지막으로 슬리퍼를 신으면 발뒤꿈치가 드러나는데 이것이 노새의 발과 비슷하게 생겼다 하여 '슬리퍼'까지 뜻하게 되었답니다.

1 Mules are a cross between a male donkey and a female horse.
노새는 수컷 당나귀와 암컷 말의 교배종이다.

2 Mindy was traveling with a mule.
Mindy는 노새 한 마리를 끌고 여행 중이었다.

Plus+ a cross between ~의 이종 교배　　donkey 동 당나귀

1747

tape

[teɪp]

명 **납작한 끈[띠], (접착용) 테이프, (녹화) 테이프**

동 **테이프로 붙이다, 끈으로 묶다, 녹음[녹화]하다**

tape는 원래 '띠'라는 뜻의 단어에서 유래했습니다. 그러다 어떤 '띠'를 만드는지에 따라 다양한 뜻을 나타내게 되었죠. 접착성이 있는 띠가 바로 우리가 잘 알고 있는 '접착용 테이프'입니다. 또 '녹음'이나 '녹화 테이프'라는 말 역시 그 안에 들어있는 '띠'가 핵심입니다.

1 Before digital music, we enjoyed music on tapes.
디지털 음악이 나오기 전에는 테이프로 음악을 즐겼다.

2 The gift is securely taped shut.
선물은 안전하게 테이프로 밀봉되어 있다.

Plus+ securely 부 안전하게

1748

result

[rɪ'zʌlt]

명 **결과**

동 **결과로서 생기다**

result는 원래 '뒤로 튀다, 되돌아오다'를 의미하는 단어에서 유래했습니다. 그러다 어떤 원인이나 조건이 초래한 일이 되돌아오는 경우, 즉 '결과'를 뜻하게 되었지요. 예를 들어, as a result는 '결과적으로'를 뜻하고, result in은 '어떤 결과를 초래하다'를 의미합니다.

1 The result of the experiment was not very surprising.
그 실험의 결과는 별로 놀랍지 않았다.

2 All of their hard work resulted in great success.
그들의 모든 노력은 엄청난 성공으로 이어졌다.

Plus+ experiment 명 실험

1749

pattern

['pætərn]

명 **(정형화된) 양식, 무늬, 모범, 견본**

pattern은 '정형화된 양식이나 무늬, 모범, 견본' 등을 나타내는 명사입니다. 보통 예술, 과학, 수학 등의 분야에서 사용되는데 '모범'이라는 기본 의미에서 '견본'과 '양식'이라는 뜻이 파생되었습니다. 예를 들어, break the pattern이라고 하면 '기존 양식을 파괴하다'를 의미하고, set a pattern은 '기준을 정하다' 정도의 뜻이 됩니다.

1 There is no pattern to his behavior.
그의 행동에는 패턴이 없다.

2 You can see the numbers follow a pattern.
숫자들이 양식을 따라가는 것을 알 수 있다.

Plus+ behavior 명 행동 see 동 (보고) 알다
follow 동 따라가다

1750 □□

pity

['pɪti]

명 연민[동정], 유감스러운[애석한] 일

동 연민[동정]하다, 유감스러워[애석해] 하다

pity는 명사로는 '동정심, 연민'을 나타내고, 동사로는 '연민하다, 유감스러워 하다'를 뜻합니다. 원래 '자애, 사랑'을 뜻하는 단어에서 유래했습니다. 생각해 보면 '자애로운' 사람만이 누군가를 '연민하고 동정할' 수 있으며 어떤 일을 '애석해' 할 수 있겠군요.

1 It is a pity that she couldn't make it to the concert.
그녀가 콘서트에 오지 못한 것은 유감이다.

2 Sally pitied her friend after hearing about his tragedy.
Sally는 친구의 비극적인 소식을 듣고 애석해했다.

Plus+ make it (모임 등에) 가다, 참석하다 tragedy 명 비극(적인 사건)

1751 □□

observe

[əb'zɜːrv]

동 관찰[주시]하다, 보다[목격하다], (행동 등을) 유지하다, (규칙 등을) 준수하다

observe는 기본적으로 '관찰하다, 보다'를 뜻합니다. 맥락에 따라 '규칙을 지키다, 준수하다' 등을 의미하기도 하는데, 이는 '관찰하다'라는 기본 의미가 세부 사항들을 '세세히 본다'는 뉘앙스를 나타내서 파생된 것으로 추정합니다.

1 The man with the glasses enjoys observing people.
안경을 쓴 그 남자는 사람들을 관찰하는 것을 즐긴다.

2 You have to observe the pool rules when playing in the water.
물놀이를 할 때는 수영장 규칙을 준수해야 한다.

Plus+ have to V ~해야 한다 rule 명 규칙

1752 □□

jail

[dʒeɪl]

명 감옥[교도소]

동 투옥[수감]하다

jail은 원래 '(동물이나 새의) 우리'를 뜻했는데, 시간이 지나면서 범죄자를 구금하는 장소, 즉 '감옥'을 뜻하게 되었습니다. 동사로는 '투옥하다, 수감하다'를 의미하기도 합니다. prison(감옥)과 굳이 차이가 있다면 jail이 보다 '짧은 기간의 구금'을 가리키는 경우가 많습니다.

1 The smuggler was sentenced to six months in jail.
그 밀수업자는 6개월의 징역형을 선고받았다.

2 The police officer decided to take him to jail for drunk driving.
경찰관은 음주운전으로 그를 수감하기로 결정했다.

Plus+ smuggler 명 밀수업자 be sentenced to 형을 받다
drunk driving 음주 운전

1753

chore

[tʃɔ:(r)]

명 허드렛일[잡일], 힘들고 귀찮은 일

동 잡일을 하다

chore의 기본 의미는 '반복적이고 지루하며 귀찮은 일'입니다. 그래서 '허드렛일, 잡일' 등으로 많이 표현됩니다. 그래서 '집안일'을 house chore라고 하지요. 그밖에 chore는 동사로는 '잡일을 하다'를 의미하기도 합니다.

1 **I have to finish my chores at home before I can go out with you.**

나는 너랑 놀러 가기 전에 집안일을 끝내야 한다.

2 **Cleaning the house every day feels like a never-ending chore.**

매일 집을 청소하는 것은 끝이 없는 힘든 일처럼 느껴진다.

Plus+ go out 외출하다, 나가다 never-ending 끝이 없는

1754

physicist

['fɪzɪsɪst]

명 물리학자

physicist는 physics(물리학)과 -ist(전문직 종사자)가 결합한 단어로 '물리학자'를 뜻합니다. 우리가 잘 알고 있는 Albert Einstein(알버트 아인슈타인)이나 Isaac Newton(아이작 뉴턴) 등이 대표적인 physicist에 속합니다.

1 **The physicist was doing experiments all afternoon.**

그 물리학자는 오후 내내 실험 중이었다.

2 **Joe's dream was to become a physicist.**

Joe의 꿈은 물리학자가 되는 것이었다.

Plus+ experiment 명 실험 동 실험하다

1755

log

[lɔ:g, lɑ:g]

명 통나무, 일지[기록]

동 일지에 기록하다, 벌채[벌목]하다

log의 주요 뜻은 크게 두 가지입니다. 첫 번째 뜻은 긴 나무를 잘라낸 '통나무'이고, 두 번째 뜻은 '기록'이나 '일지'입니다. 예전에 항해를 할 때 '통나무'에 걸어 둔 도구에 '항해 일지'를 썼기 때문에 log가 '기록이나 일지'를 의미하게 되었습니다. log는 동사로 '일지에 기록하다, 벌목하다' 등의 뜻을 나타내기도 합니다.

1 **We used logs to build our cabin.**

우리는 통나무를 사용해 오두막집을 지었다.

2 **Our captain kept a detailed log of the ship's voyage.**

선장은 배의 항해에 대한 상세한 일지를 가지고 있었다.

Plus+ cabin 명 오두막집 keep 동 가지고 있다
detailed 형 상세한 voyage 명 항해

1756 

swirl

[swɜːrl]

동 **소용돌이치다, (빙빙 돌듯이) 현기증이 나다**

명 **소용돌이 [모양]**

swirl은 동사로는 물체가 빙빙 돌거나 소용돌이 치는 것을 나타내고, 명사로는 소용돌이 모양 자체를 의미합니다. 일상에서도 swirl을 활용하는 경우가 많은데 예를 들어, give it a swirl이라고 하면 '빙빙 돌려보다'를 뜻하고, a swirl of emotions는 '감정의 소용돌이'를 의미합니다.

1 A lot of leaves swirled around in the wind.
바람에 많은 낙엽들이 소용돌이치며 날아갔다.

2 He swirled the wine in the glass hesitantly.
그는 머뭇거리며 잔에 든 와인을 빙빙 돌렸다.

Plus + hesitantly 부 머뭇거리며

1757 

cellar

['selə(r)]

명 **(포도주, 식량 등이 있는) 지하 저장실, (저장실에 있는) 포도주, (스포츠) 최하위**

동 **(식량, 포도주 등을) 지하실에 저장하다**

cellar는 주로 지하에 위치한 '저장 공간'을 의미합니다. 서양에서는 주로 이런 곳에 포도주나 식료품을 보관하는데, 이러한 맥락에서 '포도주'라는 의미가 파생되었습니다. 그리고 이런 지하실은 보통 가장 밑에 위치한다는 점에 착안하여 스포츠에서 '최하위 팀'을 지칭하기도 합니다.

1 We stored our homemade wine in the cellar.
우리는 집에서 만든 포도주를 지하 저장실에 저장했다.

2 The baseball team I support is in the cellar.
내가 응원하는 야구팀은 맨 꼴찌이다.

Plus + store 동 저장하다 support 동 (특정 스포츠 팀을) 응원하다

1758

cot

[kɑːt]

명 **휴대용 침대, 어린이용 침대, 해먹, 작은 집**

cot은 원래 작은 집이나 오두막을 뜻하는 단어에서 유래했습니다. 오늘날은 주로 작은 '휴대용 침대'를 의미하며 맥락에 따라 '어린이용 작은 침대나 해먹, 작은 집' 등 다양한 뜻을 나타낼 수 있습니다.

1 Sarah set up a cot for the guest to sleep on.
Sarah는 손님을 위해 휴대용 침대를 준비했다.

2 The baby is sleeping peacefully in her cot.
아기가 어린이용 침대에서 평온하게 잠들어 있다.

Plus + set up 준비하다 peacefully 부 평온하게

1759 

pond

[pɑ:nd]

명 연못

동 (물을 막아서) 연못을 만들다

pond는 명사로는 '연못'을 의미하고, 동사로는 '물을 막아서 연못을 만드는' 것을 뜻합니다. pond를 활용한 표현으로 across the pond가 있는데, 이는 '대서양을 건너'를 뜻합니다. 실제로 대서양은 매우 넓지만 영국과 미국 두 나라 사이의 친밀함과 연결성을 부각시키려 일부러 pond라고 표현하는 것입니다.

1 We built a small pond in our garden.
우리는 정원에 작은 연못을 만들었다.

2 The pond dried up because it hadn't rained for a while.
한동안 비가 내리지 않아 연못이 말라버렸다.

Plus+ build 동 만들어 내다　　dry up 바싹 마르다

1760 

alarm

[ə'lɑ: rm]

명 경보(기), 놀람[경악], 비상 신호[소집]

동 경보를 발하다, 깜짝 놀라게 하다

alarm은 그 탄생 배경이 참 특이한 단어입니다. 원래는 이탈리아어로 '무기를 들어라!'라는 명령어였다고 해요. 여기서 의미가 확장되어 명사로는 '경보(기), 놀람, 비상 신호' 등을 뜻하고, 동사로는 경보를 발하거나 누군가를 놀라게 하는 것을 의미하게 되었지요. 전반적으로 다급한 뉘앙스가 느껴지시나요?

1 The fire alarm went off in the middle of the day.
한낮에 화재 경보가 울렸다.

2 He was alarmed to hear strange noises outside.
그는 밖에서 이상한 소리를 듣고 깜짝 놀랐다.

Plus+ go off (경보기 등이) 울리다　　in the middle of 중간 무렵에
strange 형 이상한

1761 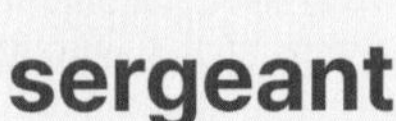

sergeant

['sɑ:rdʒənt]

명 병장, 하사관, 경사

sergeant은 군대에서는 '병장, 하사관'을 의미하고, 경찰 조직내에서는 '경사'를 의미합니다. 원래 '수행원'이라는 뜻을 가진 단어에서 유래했기 때문에 일종의 '중간 책임자' 같은 어감을 나타냅니다.

1 After five years of service, Linda was promoted to sergeant.
5년간의 복무 후 Linda는 병장으로 진급했다.

2 My brother was discharged from the navy as a sergeant.
우리 오빠는 해군에서 병장으로 제대했다.

Plus+ service 명 병역, 근무　　be discharged 제대하다
navy 명 해군

evil

['i:vl]

형 사악한, 악마의, (도덕적으로) 나쁜, 불길한

evil은 악마처럼 '사악한' 행동이나 생각 또는 '도덕적으로 나쁘거나 불길한' 무언가를 나타내는 형용사입니다. 이러한 의미로 인해 evil을 활용하여 악행을 나타내는 표현들이 많습니다. 그 예로 evildoer(악행을 저지르는 사람), evil eye(독기를 품은 눈초리) 등이 있습니다.

1 **She was an evil dictator who oppressed her people.**
그녀는 국민을 탄압한 사악한 독재자였다.

2 **Paul had an evil plan to take over the company.**
Paul은 회사를 장악하려는 나쁜 계획을 품고 있었다.

Plus+ dictator 명 독재자 / oppress 동 탄압하다
take over 장악하다

double

['dʌbl]

형 두 배의, 갑절의, 2중의, 2인용의

double의 기본 의미는 '두 배의'입니다. 두 배로 증가한 것이나 두 개로 된 것, 또는 2인용 등을 나타내는 형용사입니다. 예를 들어, double check는 '두 번 확인하다'를 뜻하고, double-edged는 '두 가지로 해석될 수 있는'을 의미합니다.

1 **Tom has a double room in the hotel.**
Tom은 호텔에서 2인용 객실을 사용하고 있다.

2 **Double the expected number of people showed up for the party.**
예상 인원의 두 배가 넘는 수의 사람들이 파티에 왔다.

Plus+ the number of ~의 수 / expected 형 예상되는
show up (예정된 곳에) 나타나다

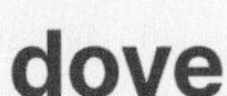

dove

[dʌv]

명 비둘기, 온건파, 귀여운 사람

dove의 기본 의미는 '비둘기'입니다. '비둘기'는 전통적으로 평화의 상징이죠? 이런 의미를 바탕으로 베트남 전쟁 시기에 dove는 '온건파'를 뜻하기 시작했습니다. 재밌는 것은 hawk(매)가 '강경파'를 뜻한다는 점입니다.

1 **White doves are often a symbol of peace.**
흰 비둘기는 종종 평화의 상징이다.

2 **She is known as a dove in the political circles.**
그녀는 정계에서 온건파로 알려져 있다.

Plus+ symbol 명 상징 / peace 명 평화
be known as ~로 알려져 있다 / political circle 정계

1765 □□

museum

[mju'zi:əm]

명 **박물관, 미술관, 기념관**

museum은 원래 예술의 신으로 알려진 muse(뮤즈)를 숭배하는 장소를 의미했습니다. 그러다 의미가 확장되어 '박물관, 미술관, 기념관'과 같은 고대 유물이나 예술품, 역사적 사건 등을 전시하는 건물이나 시설을 뜻하게 되었습니다.

1 They visited the museum to see the relics of ancient times.
그들은 고대 유물을 보기 위해 박물관을 방문했다.

2 This art museum exhibits an impressive collection of paintings.
이 미술관은 인상적인 회화 작품들을 전시하고 있다.

Plus+ relic 명 유물, 유적 exhibit 동 전시하다
impressive 형 인상적인

flap

[flæp]

동 **(깃발 등이) 펄럭이다, (날개 등을) 퍼덕거리다, 찰싹 치다, 당황하다**

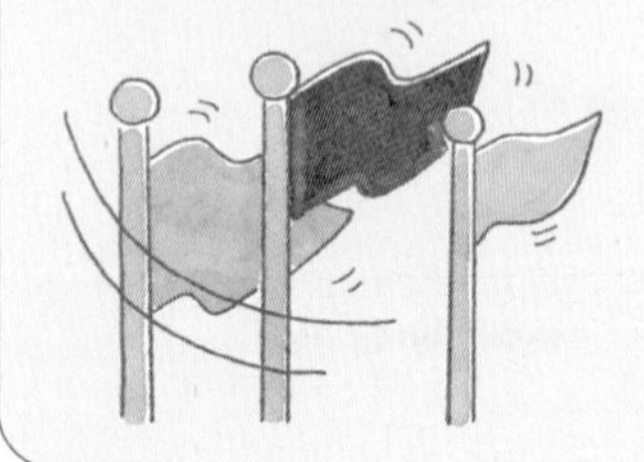

flap은 깃발이 바람에 '펄럭이거나' 새가 날개를 '퍼덕이는 것', 또는 무언가 '찰싹 치는' 소리 등을 나타냅니다. 예를 들어, flap wings는 '날개를 퍼덕이다'라는 뜻이고, flap in the wind는 '바람에 나부끼다'를 의미합니다.

1 The flags flapped in the wind.
깃발들이 바람에 펄럭였다.

2 The birds flapped their wings and took off.
새들이 날개를 퍼덕이며 날아올랐다.

Plus+ take off 날아오르다

motor

['moʊtə(r)]

명 **전동기, 원동력, 운동 근육[신경]**

형 **모터가 달린**

motor는 기계나 장치를 작동시키는 '원동력, 전동기'를 의미합니다. 그리고 맥락에 따라 사람의 운동과 관련된 '근육'이나 '신경'을 나타내기도 합니다. 실제로 인체에서 '운동을 조절하는 신경 세포'를 motor neuron이라고 부릅니다.

1 The motor in the washing machine is broken.
세탁기의 전동기가 고장났다.

2 The drug is known to boost one's motor skills.
그 약은 운동 능력을 향상시키는 것으로 알려져 있다.

Plus+ broken 형 고장난 boost 동 증진시키다

1768 

lung

[lʌŋ]

명 폐, 허파

lung은 '폐'를 의미합니다. 주로 의학이나 생물학, 건강과 관련된 맥락에서 많이 쓰입니다. 예를 들어, lung capacity는 '폐활량'을 뜻하고, a lung condition은 '폐질환'을 의미합니다.

1 Smoking can cause serious damage to your lungs.
흡연은 폐에 심각한 손상을 줄 수 있다.

2 Divers have good lung capacity.
잠수부들은 폐활량이 좋다.

Plus+ damage 명 손상 diver 명 잠수부
capacity 명 용량, 수용력

1769 

puzzle

['pʌzl]

명 퍼즐[수수께끼], 당혹[곤혹]

동 갈피를 못잡게 하다, 당황[곤혹]하게 하다

우리에게 '퍼즐'이란 외래어로 익숙한 puzzle은 원래 '부끄러워 하다'라는 뜻에서 출발했습니다. 이후 시간이 지나면서 우리가 알고있는 '수수께끼'나 머리속에서 해결해야 하는 '어려운 문제' 등을 나타내게 되었습니다. 맥락에 따라 '갈피를 못 잡거나 당황하게 하는' 것을 뜻하기도 합니다.

1 I like to do crossword puzzles when I have time.
나는 시간이 있을 때 십자말풀이 하는 것을 좋아한다.

2 I was puzzled by his sudden request.
나는 그의 갑작스러운 요청에 당황했다.

Plus+ crossword 명 십자말풀이 sudden 형 갑작스러운
request 명 요청

1770

security

[sə'kjʊrəti]

명 보안, 경비, 안보, 안심

security는 동사 secure(단단히 고정시키다)에서 파생된 명사입니다. 그래서 주로 '보안, 경비, 안보, 안심' 등을 뜻하지요. 예를 들어 high-security라고 하면 '경비가 철저한' 상태를 나타내며 a breach of security는 '안보의 파괴'를 의미합니다.

1 The security guard checked everyone's identification.
경비원은 모든 사람의 신분증을 확인했다.

2 The building's security system is of the highest level.
그 건물의 보안 시스템은 최고 수준이다.

Plus+ check 동 확인하다 identification 명 신분증
level 명 (가치, 질 등의) 수준

Review Test 59

우리말에 맞게 빈칸에 알맞은 단어를 쓰세요.

(정답은 본문을 확인하세요.)

1 She couldn't take her eyes off the ____________. 그녀는 보석에서 눈을 뗄 수 없었다.

2 ____________ trees turn a bright red in the fall. 단풍나무는 가을이 되면 밝은 빨간색으로 변한다.

3 He fastened his seat ____________ before starting the car. 그는 시동을 걸기 전에 안전벨트를 맸다.

4 Johnson walked up the ____________ to find his son. Johnson은 그의 아들을 찾기 위해 계단을 걸어 올라갔다.

5 A group of ____________ is terrorizing the town. 한 무리의 산적들이 그 마을을 공포에 떨게 하고 있다.

6 Mindy was traveling with a ____________. Mindy는 노새 한 마리를 끌고 여행 중이었다.

7 The gift is securely ____________ shut. 선물은 안전하게 테이프로 밀봉되어 있다.

8 The ____________ of the experiment was not very surprising. 그 실험의 결과는 별로 놀랍지 않았다.

9 There is no ____________ to his behavior. 그의 행동에는 패턴이 없다.

10 It is a ____________ that she couldn't make it to the concert. 그녀가 콘서트에 오지 못한 것은 유감이다.

11 The man with the glasses enjoys ____________ people. 안경을 쓴 그 남자는 사람들을 관찰하는 것을 즐긴다.

12 The smuggler was been sentenced to six months in ____________. 그 밀수업자는 6개월의 징역형을 선고받았다.

13 I have to finish my ____________ at home before I can go out with you. 나는 너랑 놀러 가기 전에 집안일을 끝내야 한다.

14 The ____________ was doing experiments all afternoon. 그 물리학자는 오후 내내 실험 중이었다.

15 We used ____________ to build our cabin. 우리는 통나무를 사용해 오두막집을 지었다.

16 A lot of leaves ____________ around in the wind. 바람에 많은 낙엽들이 소용돌이치며 날아갔다.

17 The baseball team I support is in the ____________. 내가 응원하는 야구팀은 맨 꼴찌이다.

18 The baby is sleeping peacefully in her ____________. 아기가 어린이용 침대에서 평온하게 잠들어 있다.

19 We built a small ____________ in our garden. 우리는 정원에 작은 연못을 만들었다.

20 The fire ____________ went off in the middle of the day. 한낮에 화재 경보가 울렸다.

21 After five years of service, Linda was promoted to ____________. 5년간의 복무 후 Linda는 병장으로 진급했다.

22 She was an ____________ dictator who oppressed her people. 그녀는 국민을 탄압한 사악한 독재자였다.

23 Tom has a ____________ room in the hotel. Tom은 호텔에서 2인용 객실을 사용하고 있다.

24 She is known as a ____________ in the political circles. 그녀는 정계에서 온건파로 알려져 있다.

25 They visited the ____________ to see the relics of ancient times. 그들은 고대 유물을 보기 위해 박물관을 방문했다.

26 The flags ____________ in the wind. 깃발들이 바람에 펄럭였다.

27 The ____________ in the washing machine has broken down. 세탁기의 전동기가 고장 났다.

28 Divers have good ____________ capacity. 잠수부들은 폐활량이 좋다.

29 I was ____________ by his sudden request. 나는 그의 갑작스러운 요청에 당황했다.

30 The building's ____________ system is of the highest level. 그 건물의 보안 시스템은 최고 수준이다.

레벨별 단어 사용 빈도

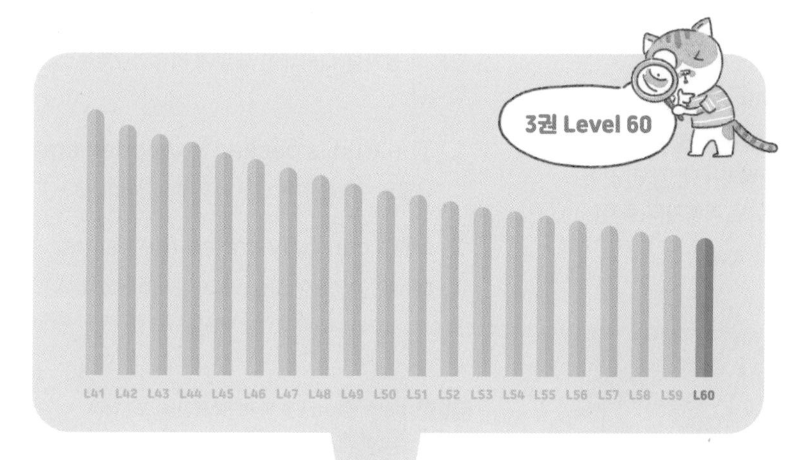

LEVEL 1~20 LEVEL 21~40 LEVEL 41~60 LEVEL 61~80 LEVEL 81~100

1771 □□

yawn

[jɔːn]

동 하품하다, (아가리, 구멍 등이) 크게 벌어지다

명 하품

yawn의 기본 의미는 '입을 벌리다'입니다. 그리고 입을 벌리는 모습에서 의미가 파생되어 동사로는 '하품하다', 명사로는 '하품'을 의미하게 되었지요. 그밖에 어떤 이유로 인해 '입이 크게 벌어지는' 것을 나타내기도 합니다.

1 Julie yawned as she worked alone at home.
Julie는 집에서 혼자 일을 하다가 하품을 했다.

2 Yawning helps regulate our body temperature.
하품은 우리의 체온을 조절하는 데 도움을 준다.

Plus+ regulate 동 (온도 등을) 조절하다 temperature 명 체온, 온도

1772 □□

crate

[kreɪt]

명 (수송 등을 위한) 나무[플라스틱, 철제] 상자, 낡은 비행기[자동차]

동 상자에 담다

crate는 다양한 물건을 운송하거나 보관하기 위해 사용되는 상자를 말합니다. 보통 나무나 플라스틱, 철제로 만들어집니다. 또한 주로 물건 수송을 위한 격자 형태의 상자를 나타내기 때문에 비유적으로는 '낡은 비행기, 자동차'를 뜻하기도 합니다.

1 The fruit is packed in wooden crates for shipment.
과일은 수송을 위해 나무 상자에 포장되어 있다.

2 Mike carefully crated the paints.
Mike는 페인트를 조심스럽게 상자에 담았다.

Plus+ pack 동 (수송을 목적으로 물건을) 포장하다 shipment 명 수송
carefully 부 조심스럽게

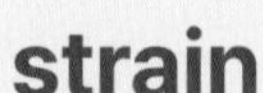
1773 □□

strain

[streɪn]

명 중압[압박], (근육 등의) 염좌, (질병 등의) 종류[유형], 팽팽함[긴장]

동 뒤틀게 하다, 세게 잡아 당기다, (근육 등을) 삐다, 접질리다

strain은 '조이다'라는 뜻의 동사에서 유래했습니다. 기본적으로 무언가에 의해 조이는 상태를 나타내는데, 스트레스로 인한 '긴장'이나 '(근육 등의) 염좌' 등을 나타내기도 합니다. 또한 맥락에 따라 질병 등의 종류를 의미하기도 하고 당겨져서 팽팽해진 상태를 뜻할 수 있습니다.

1 Tim's health is suffering from the strain of working long hours.
Tim의 건강은 장시간 근무의 압박으로 고통 받고 있다.

2 She strained her back while lifting the heavy box.
그녀는 무거운 상자를 들다가 허리를 삐끗했다.

Plus+ suffer from ~로 고통 받다 lift 동 (다른 위치로 옮기기 위해) 들어올리다

goodness

['gʊdnəs]

명 선량함, (도덕적으로) 착함, (질이) 좋음[우수], 좋은 점

goodness는 '좋은'을 뜻하는 good과 어떠한 '성질'를 나타내는 -ness가 결합한 명사입니다. 직역하면 '좋은 성질, 상태'인데, 맥락에 따라 '선량함, 착함, (질이) 좋음, 우수함' 등을 의미합니다. 예를 들어, goodwill이라고 하면 '선의'를 뜻하고, good natured는 '성격이 좋은'을 의미합니다.

1 His goodness touched everyone's heart.
그의 선량함이 모두의 마음을 감동시켰다.

2 I think we have innate goodness.
나는 우리가 타고난 선량함을 가지고 있다고 생각한다.

Plus+ touch 동 감동시키다 innate 형 타고난, 선천적인

public

['pʌblɪk]

형 대중의, 공공의, 대중적으로 알려진

명 일반 사람들

public은 형용사로는 '대중의, 공공의' 등을 뜻하고, 명사로는 '일반 사람들'을 의미합니다. 주로 대중에게 공개된 것을 나타내지요. 영어에는 public을 활용한 표현이 다양한데 예를 들면 public opinion(대중 여론), public transportation(대중 교통), public speaking(대중 연설) 등이 있습니다.

1 The government increased its annual budget for public health.
정부는 공중 보건을 위해 매년 예산을 늘렸다.

2 The library is open to the public.
그 도서관은 대중에게 개방되어 있다.

Plus+ annual 형 연간의, 매년의 budget 명 예산
be open to ~에 개방되어 있다

1776

devil

['devl]

명 악마[악귀], 마왕, 극악한 사람, 저돌적인[무모한] 사람

devil의 기본 의미는 '악마, 악귀'입니다. 여기서 의미가 파생되어 악의와 부정적인 힘을 상징하기도 하고, 비유적으로는 '악하거나 행동이 무모하고 위험한 사람'을 의미하기도 합니다. devil을 활용한 재미있는 표현 중 speak of the devil이 있습니다. '악마 얘기를 하면 악마가 나온다'는 옛 미신에서 비롯된 말로 누군가를 언급하다가 진짜 그 사람이 나타나는 것을 의미합니다.

1 Some people believe in the existence of the devil.
어떤 사람들은 악마의 존재를 믿는다.

2 The murderer was called a devil by the media.
그 살인범은 대중 매체에 의해 악마라고 불렸다.

Plus+ existence 명 존재 murderer 명 살인범
media 명 (신문, 텔레비전 등의) 대중 매체

1777 □□

height

[haɪt]

명 높이, (사람의) 키[신장], 고도, 높은 곳, 절정[극치]

height는 형용사 high(높은)에서 파생된 명사입니다. 주로 물체의 '높이나 고도', 또는 '(사람의) 키'를 나타냅니다. 추상적으로는 어떤 사건이나 현상의 '정점, 절정'을 의미하기도 합니다. 예를 들어, lose height라고 하면 '고도를 낮추다'를 뜻하고, at the height of는 '~의 절정에, ~이 한창일 때에'를 의미합니다.

1 **The height of the building was really overwhelming.**
그 건물의 높이는 정말 압도적이었다.

2 **At the height of the empire, it included more than half of Europe.**
전성기 시절에 그 제국은 유럽의 절반 이상을 포함하고 있었다.

Plus+ overwhelming 형 압도적인
include 동 포함하다
empire 명 제국
half 명 반, 절반

1778 □□

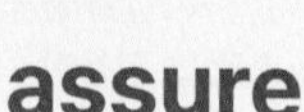

assure

[ə'ʃʊr]

동 장담하다, 보증[보장]하다, 확신시키다[하다]

assure를 자세히 보면 sure가 들어있죠? sure는 사실 secure(단단히 고정시키다)와 같은 뿌리를 가지고 있습니다. 그래서 assure는 무언가를 고정시켜서 '확실하게 하다'라는 의미를 갖고 있죠. 이는 맥락에 따라 '장담하다, 보증하다' 등을 나타낼 수 있습니다. 예를 들어, I assure you of her ability.라고 하면 '그녀의 능력은 내가 보증한다.'라는 뜻이 되고, assure a safe distance는 '안전거리를 확보하다'를 의미합니다.

1 **James assured us that everything would be fine.**
James는 모든 것이 괜찮을 것이라고 우리에게 장담했다.

2 **Emily assured me of her innocence.**
Emily는 내게 자신의 결백을 확신했다.

Plus+ innocence 명 결백, 무죄

1779 □□

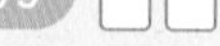

local

['loʊkl]

형 (특정) 지역의, 현지의, 장소의

명 현지인

local은 '장소'를 뜻하는 단어에서 유래했습니다. 그래서 주로 특정 지역이나 장소, 또는 그와 관련된 사람들을 나타냅니다. 때로 국지적이거나 한정된 범위의 사항을 설명하기도 합니다. 예를 들어, local restaurant는 '지역[현지]에 있는 식당'을 나타내고, local custom은 '지역의 풍습'을 의미합니다.

1 **The local newspaper reported the accident.**
지역 신문이 그 사고 소식을 보도했다.

2 **When I travel, I always ask the locals where to eat.**
나는 여행을 할 때 항상 현지인에게 어디에서 식사하는지 물어본다.

Plus+ report 동 (신문 등에서) 보도하다
ask 동 물어보다, 묻다
accident 명 사고

1780 

tune

[tuːn]

명 곡조[선율], 음질[색], 협조[조화]

동 (악기의) 음을 맞추다, 조율하다

tune의 기본 의미는 '음'입니다. 주로 '곡조, 음질, 조화' 등을 나타내며 음악과 관련된 맥락에서 자주 쓰입니다. 동사로는 악기의 음을 맞추거나 다양한 요소들이 조화를 이루는 것을 나타내기도 합니다.

1 I recognized the tune but forgot the title.
나는 그 곡조는 알겠는데 곡명이 생각이 안나.

2 On stage, the performers tuned their instruments.
무대에서 연주자들은 악기를 조율했다.

Plus+ recognize 동 (어떤 사물 등을 듣고) 알다 / forget 동 생각이 안 나다 / performer 명 연주자 / instrument 명 악기

1781 

seize

[siːz]

동 체포하다[붙잡다], 장악[점령]하다, (꽉) 붙잡다, (기회 등을) 포착하다

seize의 기본 의미는 '붙잡다, 사로잡다'입니다. 물리적으로 무언가를 붙잡거나 장악하는 것부터 추상적인 기회나 순간을 포착하는 것까지 표현할 수 있습니다. seize를 활용한 매우 유명한 표현이 있는데, 바로 seize the day입니다. 직역하면 '그날을 잡아라'인데, 삶을 즐기고 매일 최선을 다하라는 뜻으로써 라틴어 *Carpe Diem*을 번역한 것입니다.

1 The boy seized the rope to pull his friend up from the hill.
소년은 친구를 언덕에서 끌어올리기 위해 밧줄을 꽉 잡았다.

2 My motto is to "Seize the day."
나의 좌우명은 '현재를 즐겨라'이다.

Plus+ rope 명 밧줄, 로프 / motto 명 좌우명

1782

arrow

[ˈærou]

명 화살(표)

arrow는 기본적으로 '화살'을 의미하고 화살 모양의 기호인 '화살표'를 나타내기도 합니다. 우리가 화살을 쏘면 직선으로 날아가지요? 그래서 arrow를 활용한 표현 중에는 straight as an arrow가 있습니다. '정직하고 솔직한' 것을 묘사하지요.

1 The archers shot an arrow at the target.
궁수들은 목표물을 향해 화살을 쏘았다.

2 The arrow pierced the apple on her head.
화살이 그녀의 머리 위에 있는 사과를 뚫었다.

Plus+ archer 명 활 쏘는 사람 / target 명 목표물, 표적 / pierce 동 (뾰족한 기구로) 뚫다

1783 

original

[ə'rɪdʒɪnl]

형 원래[본래]의, 독창적인, 원본의, 최초의[원시의]

original은 기본적으로 '원래의, 처음의'를 의미합니다. '처음의' 상태라는 것은 어떠한 다른 요소가 첨가되지 않은 상태를 말하겠죠? 그래서 맥락에 따라 '독창적인, 원본의, 최초의' 등을 뜻하기도 합니다. 예를 들어, the original plan이라고 하면 '원래의 계획'을 뜻하고, original price는 '정가'를 의미합니다.

1 This is the original manuscript of the novel.
이것이 그 소설의 원본 원고이다.

2 Critics called Bella's writing "original" and "fresh."
비평가들은 Bella의 글을 "독창적"이고 "신선하다"라고 평가했다.

Plus + manuscript 명 원고 critic 명 비평가
fresh 형 참신한

1784 

fry

[fraɪ]

동 (기름에) 튀기다[부치다], (기름에) 볶다[데치다], (햇볕에) 타다

명 튀김[프라이]

fry는 동사로는 주로 음식을 기름에 튀기거나 볶는 것을 나타냅니다. 명사로는 '튀김'을 의미하지요. 아마 우리에게 가장 친숙한 fry는 French fries(감자튀김)이 아닐까 합니다. 그밖에도 맥락에 따라 사람이 햇볕에 타는 것을 의미할 수도 있습니다.

1 Luna fried the vegetables in a little oil.
Luna는 야채를 약간의 기름으로 볶았다.

2 He ordered French fries and a salmon steak for dinner.
그는 저녁으로 감자튀김과 연어 스테이크를 주문했다.

Plus + vegetable 명 야채 order 동 주문하다
salmon 명 연어

1785

canal

[kə'næl]

명 운하, 수로, (체내의) 관(管)

동 운하를 만들다

canal은 '대나무, 갈대' 등을 의미하는 단어에서 유래했습니다. 그러다 물을 통과시키는 관이 대나무나 갈대와 비슷하게 생겼다고 하여 '관'을 canal이라 불렀습니다. 오늘날 canal은 대부분 '인공적으로 만들어진 물길'을 의미하며 생물학적 맥락에서 '(체내의) 관', '통로' 등을 나타내기도 합니다.

1 The canal was built to transport goods.
운하는 물품을 운송하기 위해 건설되었다.

2 The canal will be closed until the 2nd of May.
그 운하는 5월 2일까지 폐쇄될 예정이다.

Plus + transport 동 수송하다 close 동 폐쇄하다, 닫다

1786

sway

[sweɪ]

동 (전후좌우로) 흔들리다 [흔들다], (마음 따위를) 동요시키다, ~의 의견을[결의를] 움직이다

명 동요[흔들림]

sway의 기본 의미는 '움직이다, 흔들다'입니다. 물리적인 움직임이나 정신적 동요를 모두 나타낼 수 있습니다. 예를 들어, under someone's sway라고 하면 '누군가의 영향력 아래에 있다'를 뜻합니다. 누군가 움직이는 대로 움직이게 되기 때문입니다.

1 The wind made the tree sway.

바람에 나무가 흔들렸다.

2 Consumers are easily swayed by advertising.

소비자들은 광고에 쉽게 동요된다.

Plus+ consumer 명 소비자 advertising 명 광고(하기)

1787

gentleman

['dʒentlmən]

명 신사, (정중한 표현으로) 남자분

gentleman은 주로 예의 바르고 세련되었으며 '공손한 남성'을 의미합니다. 이 때문에 gentleman을 활용한 표현들은 정중한 뉘앙스를 갖습니다. 예를 들어, gentleman's agreement는 '서면으로 명시되지 않은, 당사자간의 신뢰에 기반한 합의'를 뜻하고, a gentle man and a scholar는 '지식과 예의를 겸비한 사람'을 의미합니다.

1 He is a true gentleman who treats everyone equally.

그는 모두를 평등하게 대하는 진정한 신사다.

2 The gentleman in the suit is your new boss.

정장을 입은 남자분이 여러분의 새로운 상사이다.

Plus+ true 형 진정한 treat 동 (특정한 태도로) 대하다
equally 부 평등하게 boss 명 (직장의) 상사

1788

sour

['saʊə(r)]

형 (음식의 맛이) 신[시큼한], 상한[냄새가 나는], 시큰둥한[언짢은], (휘발유 등이) 질이 떨어진 [표준 이하의]

sour는 주로 '신 맛'을 표현하며 음식이 상하거나 냄새가 나는 상태를 나타내기도 합니다. 우리가 신 음식을 먹으면 절로 인상을 찌푸리게 되지요? 이런 모습에서 '시큰둥한, 언짢은'과 같은 부정적인 감정이나 태도를 표현하는 뜻이 파생되었습니다. 그밖에 휘발유 등의 '질이 떨어진' 상태를 나타내기도 합니다.

1 The milk went sour because the weather was hot.

날씨가 너무 더워서 우유가 상했다.

2 Ann sat with a sour face throughout the meeting.

Ann은 회의 내내 시큰둥한 얼굴로 앉아 있었다.

Plus+ go sour (음식물 따위가) 시어지다 throughout 전 내내, ~동안 쭉

1789

target

['tɑːrgɪt]

명 (목표로 하는) 대상, 표적[목표물], 과녁

동 목표로 삼다[정하다]

target은 명사로는 '목표, 대상, 표적' 등을 의미하고, 동사로는 어떤 대상을 목표로 정하는 것을 나타냅니다. target은 앞에 전치사 on과 off를 붙여서 on target '목표에 맞추다, 예상대로 되다', off target '목표에서 벗어나다, 예상과 다르게 되다' 등으로 표현하기도 합니다.

1 **We need to analyze the target consumer group.**
우리는 대상 소비자군을 분석해야 한다.

2 **The base of the castle is our main target.**
성의 기지가 우리의 주요 표적이다.

Plus + analyze 동 분석하다 group 명 무리, 집단 base 명 (군사) 기지

1790

reckon

['rekən]

동 계산하다, ~라고 여기다, 평가하다, 청산하다

reckon은 원래 '계산하다, 세다'를 뜻하는 단어에서 유래했습니다. 이후 다양한 의미가 파생되어 오늘날 reckon은 '~라고 여기다, 평가하다, 청산하다' 등을 뜻할 수 있습니다. 예를 들어, reckon on은 '~을 기대하다, 예상하다'를 뜻하고 reckon for는 '~의 책임을 지다'를 뜻합니다.

1 **I reckon the total cost to be around $500.**
나는 총 비용이 대략 500달러일 것으로 계산한다.

2 **I reckon Jimmy is the best candidate for the job.**
나는 Jimmy가 그 일에 가장 적합한 후보자라고 생각한다.

Plus + cost 명 비용 around 부 약, ~쯤 candidate 명 (일자리의) 후보자

1791

switch

[swɪtʃ]

동 전환되다[하다], 바꾸다, 회초리로 때리다

명 전환

switch는 기본적으로 어떤 대상을 다른 것으로 바꾸거나 전환하는 것을 의미합니다. 전기 스위치를 켜고 끄거나 선택 사항을 변경하는 상황도 switch로 표현할 수 있어요. switch를 활용한 표현 중 switch gears가 있는데 실제로 기어를 변경하는 것도 의미하지만 갑자기 극적으로 태도나 방침을 바꾸는 것을 뜻합니다. switch의 어감이 잘 와 닿죠?

1 **John decided to switch careers.**
John은 직업을 바꾸기로 결심했다.

2 **Can you switch places with Jake?**
Jake와 자리를 바꿔줄 수 있니?

Plus + career 명 직업 place 명 (사람 등이 앉거나 들어갈) 자리

1792

exhaust

[ɪgˈzɔːst]

동 기진맥진하게 만들다, 고갈[소진]시키다, 다 써버리다, 철저히 규명하다[다루다]

exhaust는 기본적으로 무언가 빨아들여서 밖으로 빼내는 것을 의미합니다. 그리고 안에 있는 것을 모두 빨아낸다는 의미에서 '기진맥진하게 만들다, 고갈시키다, 다 써버리다' 등을 나타내기도 합니다. 예를 들어, exhaust resources는 '자원을 고갈시키다'를 뜻하고, exhaust all measures는 '모든 조치를 다 쓰다'를 의미합니다.

1 **I was exhausted from walking in the hot sun.**
나는 뜨거운 햇볕 아래서 걷느라 지쳐 있었다.

2 **The severe drought exhausted the water supply.**
심각한 가뭄으로 물 공급이 바닥났다.

Plus+ severe 형 심각한 drought 명 가뭄
supply 명 공급

1793

brilliant

[ˈbrɪliənt]

형 훌륭한, 찬란한, 명석한, 눈부신

brilliant는 '눈부시게 빛나거나 뛰어난' 무언가를 나타내는 형용사입니다. 주로 능력이나 성과, 성취 등에 많이 쓰입니다. 물리적으로 빛나는 것부터 추상적인 개념까지 모두 표현할 수 있습니다. 예를 들어, a brilliant idea는 '탁월한 아이디어'를 뜻하고, make a brilliant figure라고 하면 '두각을 나타내다'를 의미합니다.

1 **A brilliant idea struck Tim while he was walking.**
Tim은 걸어가던 중에 갑자기 멋진 생각이 떠올랐다.

2 **The sun is brilliant in the clear sky.**
맑은 하늘에 햇빛이 찬란하다.

Plus+ strike 동 갑자기 떠오르다

1794

midnight

[ˈmɪdnaɪt]

명 자정, 한밤중

형 한밤중의, 캄캄한

midnight은 mid(중간)와 night(밤)이 결합한 단어로 밤의 중간 시간, 즉 '자정'을 의미합니다. 그리고 '밤 12시'라는 뜻에서 '한밤중의, 캄캄한' 등의 의미가 파생되었습니다. midnight을 활용한 표현 중 burn the midnight oil이 있는데, 이는 '공부나 일을 하느라 밤늦게까지 불을 밝히는 것'을 표현합니다.

1 **Leah burned the midnight oil yesterday.**
Leah는 어제 밤늦게까지 일을 했다.

2 **This report must be completed by midnight.**
이 보고서를 자정까지 끝내야 한다.

Plus+ report 명 보고서 complete 동 끝마치다, 완료하다

lately

['leɪtli]

부 최근에, 요사이, 얼마 전에

lately는 과거의 어느 시점부터 현재 사이의 짧은 기간을 나타내는 부사입니다. 그래서 맥락에 따라 '최근에, 요사이, 얼마 전에' 등을 뜻하지요. 예를 들어, Lately, I've been feeling tired.라고 하면 '저는 요즘 피곤해요.'를 의미합니다.

1 **Lately, he has been studying a lot for his exams.**
최근에 그는 시험을 준비하기 위해 열심히 공부하고 있다.

2 **I heard Kate has been hard to contact lately.**
나는 Kate가 요즘 연락이 잘 되지 않는다고 들었다.

Plus+ contact 동 연락하다

defend

[dɪ'fend]

동 방어[수비]하다, 옹호하다, 변호하다

defend는 물리적인 공격을 '방어하는' 것부터 비판이나 비난으로부터 어떤 주장이나 사람을 '옹호하거나 변호하는' 것까지 다양한 의미를 나타내는 동사입니다. 예를 들어, defend one's honor이라고 하면 '명예를 지키다'를 의미합니다.

1 **Soldiers defended their country against the invaders.**
병사들은 침략자들로부터 조국을 지켰다.

2 **He defended Nora's controversial views.**
그는 Nora의 논쟁의 여지가 있는 견해를 옹호했다.

Plus+ invader 명 침략자 controversial 형 논쟁의 여지가 있는, 논란이 많은
view 명 (개인적인) 견해

lonely

['loʊnli]

형 외로운, 고독한, 적막한, 외딴

lonely는 형용사 lone(혼자 있는)에서 파생된 단어입니다. 주로 '외로운, 고독한, 적막한, 외딴' 등 고립되거나 멀리 떨어져 있을 때 느끼는 감정이나 분위기를 나타내지요. 영어에는 lonely at the top이라는 표현이 있는데, 이는 '성공한 사람이 더 외로운'이라는 뜻입니다.

1 **Tony was lonely after his friends moved away.**
Tony는 친구들이 이사간 후 외로웠다.

2 **Sally lived a lonely life after her husband passed away.**
Sally는 남편이 세상을 떠난 후 고독한 삶을 살았다.

Plus+ move away 이사하다 pass away 사망하다

1798 

imagination

[ɪˌmædʒɪ'neɪʃn]

명 **상상(력), 심상(心像), 공상**

imagination은 상상하는 능력이나 그런 상상의 결과물을 의미하는 명사입니다. 그래서 시각적인 것을 표현하는 형용사와 함께 잘 쓰입니다. 예를 들어, vivid imagination이라고 하면 '생생한 상상'을 의미합니다. 마치 실제처럼 머릿속으로 장면을 그려내는 것이죠. 그밖에 '상상력이 부족하다'는 lack imagination이라고 표현할 수 있어요.

1 **Her imagination knows no limits.**
그녀의 상상력에는 끝이 없다.

2 **The painting captured Andy's imagination.**
그 그림은 Andy의 상상력을 사로잡았다.

Plus + know no limits 끝이 없다 capture 동 사로잡다

1799 

medical

['medɪkl]

형 **의학의, 의료의, 내과의**

명 **건강 진단**

medical은 의료 기기, 의료 서비스, 의학 연구 등 의학적 관점에서 의료와 관련된 것들을 나타내는 단어입니다. 예를 들어, medical profesional은 의사와 간호사, 약사 등 '의학 전문 지식을 가진 사람들'을 의미합니다. medical examination은 우리가 받는 '건강 진단'을 뜻하지요.

1 **My uncle works in the medical field.**
나의 삼촌은 의료계에서 일한다.

2 **The hospital provides various medical services.**
병원에서는 다양한 의료 서비스를 제공한다.

Plus + field 명 분야 provide 동 제공하다
various 형 다양한

1800 

canteen

[kæn'ti:n]

명 **구내식당[매점], (군인 등이 쓰는) 수통 [휴대용 식기]**

canteen은 원래 '모서리, 구석, 지하 저장고'라는 뜻을 가진 단어에서 유래했다고 합니다. 그러다 현대로 오면서 '구내식당, 매점'을 뜻하게 되었어요. 아마 초창기 구내 식당, 매점의 위치나 생김새가 옛 뜻과 비슷했나 봅니다. 또한 맥락에 따라서 군인이나 캠핑객들이 사용하는 '휴대용 식기, 수통'을 의미하기도 합니다.

1 **We usually eat lunch in the school canteen.**
우리는 보통 학교 구내 식당에서 점심을 먹는다.

2 **They filled their canteens before training.**
그들은 훈련 전에 수통을 채웠다.

Plus + fill 동 채우다 training 명 (특정 직업, 일에 필요한) 훈련

Review Test 60

우리말에 맞게 빈칸에 알맞은 단어를 쓰세요.

(정답은 본문을 확인하세요.)

1	Julie ____________ as she worked alone at home.	Julie는 집에서 혼자 일을 하다가 하품을 했다.
2	The fruit is packed in wooden ____________ for shipment.	과일은 수송을 위해 나무 상자에 포장되어 있다.
3	She ____________ her back while lifting the heavy box.	그녀는 무거운 상자를 들다가 허리를 삐끗했다.
4	His ____________ touched everyone's heart.	그의 선량함이 모두의 마음을 감동시켰다.
5	The library is open to the ____________.	그 도서관은 대중에게 개방되어 있다.
6	Some people believe in the existence of the ____________.	어떤 사람들은 악마의 존재를 믿는다.
7	The ____________ of the building was really overwhelming.	그 건물의 높이는 정말 압도적이었다.
8	Emily ____________ me of her innoncence.	Emily는 내게 자신의 결백을 확신했다.
9	The ____________ newspaper reported the accident.	지역 신문이 그 사고 소식을 보도했다.
10	I recognized the ____________ but forgot the title.	나는 그 곡조는 알겠는데 곡명이 생각이 안나.
11	My motto is to "____________ the day."	나의 좌우명은 '현재를 즐겨라'이다.
12	The archers shot an ____________ at the target.	궁수들은 목표물을 향해 화살을 쏘았다.
13	This is the ____________ manuscript of the novel.	이것이 그 소설의 원본 원고이다.
14	Luna ____________ the vegetables in a little oil.	Luna는 야채를 약간의 기름으로 볶았다.
15	The ____________ was built to transport goods.	운하는 물품을 운송하기 위해 건설되었다.
16	The wind made the tree ____________.	바람에 나무가 흔들렸다.
17	The ____________ in the suit is your new boss.	정장을 입은 남자분이 여러분의 새로운 상사이다.
18	The milk went ____________ because the weather was hot.	날씨가 너무 더워서 우유가 상했다.
19	The base of the castle is our main ____________.	성의 기지가 우리의 주요 표적이다.
20	I ____________ the total cost to be around $500.	나는 총 비용이 대략 500달러일 것으로 계산한다.
21	John decided to ____________ careers.	John은 직업을 바꾸기로 결심했다.
22	I was ____________ from walking in the hot sun.	나는 뜨거운 햇볕 아래서 걷느라 지쳐 있었다.
23	The sun is ____________ in the clear sky.	맑은 하늘에 햇빛이 찬란하다.
24	Leah burned the ____________ oil yesterday.	Leah는 어제 밤늦게까지 일을 했다.
25	____________, he has been studying a lot for his exams.	최근에 그는 시험을 준비하기 위해 열심히 공부하고 있다.
26	He ____________ Nora's controversial views.	그는 Nora의 논쟁의 여지가 있는 견해를 옹호했다.
27	Tony was ____________ after his friends moved away.	Tony는 친구들이 이사간 후 외로웠다.
28	Her ____________ knows no limits.	그녀의 상상력에는 끝이 없다.
29	My uncle works in the ____________ field.	나의 삼촌은 의료계에서 일한다.
30	They filled their ____________ before training.	그들은 훈련 전에 수통을 채웠다.

Index

A

abandon 24
academy 53
accept 58
account 210
ache 177
acorn 56
action 81
activity 212
admire 204
adventure 191
advice 185
agent 23
aim 161
aisle 192
alarm 238
alley 58
altar 105
amaze 167
ancient 184
ankle 97
annoy 227
apologize 132
apron 102
armor 200
armpit 209
arrange 120
arrest 71
arrow 247
assume 173
assure 246
atom 192
attach 179
attend 107
audience 214
avenue 67
awake 109
aware 137

B

bake 153
balloon 224
bandage 202
bandit 233
bang 40
bare 108
bark 186
barn 16
barrel 90
base 96
basement 72
bath 65
beard 179
beauty 137
beer 91
belly 126
belt 232
bent 80
bike 104
bind 164
birth 196
blame 45
blast 180
bleed 117
bloody 190
bog 113
boil 80
border 79
bore 46
borrow 104
bounce 61
bracelet 229
brilliant 251
brow 112
buddy 22
bug 115
bump 129
bundle 187
bunny 180
burden 112
burning 222
burst 33
bust 148
buzz 211

C

cabin 72
cadaver 43
calm 131
canal 248
cane 197
canteen 253
cap 29
captain 34
capture 157
carpet 105
carriage 200
carve 19
cash 224
cast 61
castle 138
cell 19
cellar 237
century 169
chamber 141
chapel 157
character 60
cheer 124
chill 225
chip 186
choke 167
chop 184
chore 236
cigarette 140
citizen 91
claim 52
claw 82
clench 199
click 223
cling 106
cloak 162
clone 121
closely 217
club 57

coal 155
coffin 52
collapse 145
collar 132
colt 204
comfort 152
comfortable 77
committee 208
community 82
complain 20
complete 125
concentrate 144
concern 220
condition 202
confuse 95
connect 149
contain 160
convince 64
corn 97
costume 205
cot 237
cottage 185
cotton 168
couch 220
council 154
court 32
courtyard 160
cousin 58
crash 116
crate 244
create 84
creek 203
crime 224
crouch 46
crush 208
cure 93
curious 49
curse 37

D

dart 143
dash 165
date 178
dawn 55
decision 40
declare 172
deer 113
defend 252
definitely 109
deliver 94
dentist 215
describe 22
desert 168
deserve 64
design 106
detail 22
determine 156
devil 245
dining 213
dip 55
dirty 81
discuss 96
distant 108
distract 226
dive 198
dock 24
doll 78
double 239
dove 239
downstairs 33
drawer 23
drip 85
drown 65
duck 30
due 18
dumb 151
dump 56
duty 89

E

earn 139
ease 133
east 59
echo 128
effect 176
elbow 25
elder 132
embarrass 127
emerge 175
energy 78
enormous 54
entrance 139
envelope 17
eve 227
event 115
eventually 82
evil 239
examine 32
example 118
excite 180
excuse 43
exhaust 251
exist 169
explode 191
explosion 188
extend 225

F

factory 152
faint 72
fair 17
famous 181
fancy 67
fare 42
fat 42
fetch 59
fiction 210
flap 240
flee 20
flick 129
flight 203
flip 52

flow	66
flutter	214
focus	79
fog	49
fool	21
footstep	125
forgive	174
fork	163
fortune	54
frame	47
freedom	73
freeze	66
frost	215
fry	248
further	227

G

gap	201
gas	17
general	162
gentle	67
gentleman	249
ghost	41
giggle	161
goodness	245
gown	136
grand	42
grateful	176
grave	44
greet	81
grief	229
groan	148
growl	76
grumble	199
grunt	212
gut	205

H

halfway	198
handful	45
handle	78
hare	192
haul	77
health	229
heap	193
heaven	100
heavily	162
height	246
hero	117
hip	66
hiss	16
holiday	130
holy	216
homework	145
honey	89
honor	151
horizon	226
horn	172
horrible	44
horror	85
hover	225
howl	217
hum	166
hunt	92
hush	189

I

idiot	210
imagination	253
ink	153
intend	96
interesting	92
interrupt	48
introduce	169

J

jail	235
jewel	232
journal	65
juice	184

K

kingdom	120
knowledge	25
knuckle	226

L

lately	252
lawn	222
leather	29
ledge	217
length	69
level	197
lick	70
lid	41
lion	209
lizard	150
load	102
local	246
log	236
lonely	252
loose	59
lump	48
lung	241

M

magistrate	213
male	172
manner	185
maple	232
market	25
mask	140
mass	164
massive	154

match 60
medical 253
melt 106
merely 152
midnight 251
million 76
miracle 118
mission 175
mood 70
mosquito 203
motion 189
motor 240
mule 233
muscle 21
museum 240
mystery 141

N

nail 125
natural 202
nature 48
nearby 211
nightmare 95

O

oak 160
obey 196
observe 235
obvious 148
occur 60
oil 131
onion 94
opportunity 92
ordinary 116
original 248
otherwise 128

P

pace 93
pan 83
panic 95
passage 101
patient 45
pattern 234
paw 23
peach 117
pearl 141
peek 103
peel 138
perform 176
permission 133
personal 61
pet 198
photograph 128
physicist 236
pilgrim 24
pillow 37
pin 142
pinch 166
pine 80
pistol 190
pit 36
pity 235
plague 88
plain 21
planet 83
plastic 47
pleasure 139
plenty 28
poison 44
pole 129
pond 238
post 222
potato 33
precious 77
prefer 223
presence 154
present 100
price 83
pride 178
priest 34
princess 105
private 35
produce 165
program 193
property 187
protest 221
proud 47
prove 37
provide 88
public 245
puff 34
punch 114
punish 88
purpose 127
purse 177
puzzle 241

Q

quarry 150
quit 124

R

rabbit 30
rag 151
rage 126
rare 200
rattle 149
reaction 209
reckon 250
record 121
relieve 113
replace 119
rescue 143
respect 144
respond 190
response 137
restaurant 186

result	234
reveal	35
rib	57
ridge	156
ridiculous	175
rifle	18
robe	73
rocket	53
root	104
ruin	70

S

salt	120
savvy	166
scary	46
scatter	130
scene	91
scent	121
scold	189
scoop	90
scrap	213
scrub	191
section	208
security	241
seek	94
seize	247
separate	228
sergeant	238
series	142
service	36
settlement	107
sew	127
shade	31
shame	109
shell	114
shelter	115
sheriff	69
shin	119
shop	41
shudder	228
sidewalk	102
silk	103
silly	201
situation	114
skill	101
skip	143
skull	53
slice	177
slight	228
slope	216
smart	19
smash	157
smooth	103
snort	221
soak	140
soap	168
sob	188
society	118
sock	93
solid	193
somehow	31
soup	199
sour	249
speech	56
speed	29
spider	153
spill	36
spit	68
splash	167
split	165
spoon	188
spy	84
squint	149
stable	161
stack	73
staircase	233
stall	131
startle	68
statue	136
steep	201
stiff	163
stir	28
stomp	220
stool	145
stove	35
strain	244
straw	181
strip	173
stroke	197
stroll	223
suffer	79
supply	32
surface	31
suspect	133
sway	249
swell	116
swirl	237
switch	250
system	54

T

tank	126
tape	234
target	250
task	100
tattoo	215
tease	178
telephone	138
tend	155
terrify	164
terror	119
thread	90
threaten	196
thump	212
ticket	71
tide	173
tile	211
tilt	68
tin	57
title	97
tomb	49
tone	76
tool	163
torch	214

tough 130
trail 28
treasure 150
trick 16
trot 142
tumble 71
tune 247
type 187

U

ugly 205
unable 40
underneath 108
uniform 84
union 156
upset 181
upstairs 107
useful 216

V

valley 89
vanish 101
vast 204
vision 112

W

waist 55
warmth 179
waste 69
weather 64
weed 124
weep 136
weigh 174
weird 20
welcome 174
whistle 155
willing 144
wine 30
worth 85
wound 43
wrinkle 221

Y

yawn 244
yesterday 18

영어독립

VOCA 3000 ❸